組織の経済学入門

Introduction to Organizational Economics
New Institutional Economics Approaches

新制度派経済学アプローチ

菊澤研宗
KIKUZAWA Kenshu

有斐閣

はしがき

　日本では，長い間，大学の経営学者や経済学者は必ずしも実践性を顧みず，もっぱら理論的でアカデミックな研究に没頭してきた。それゆえ，ビジネスの現場にいる人々のみならず大学の学部学生もまた，大学で学ぶ知識は実践的ではないと割り切ってきた。

　しかし，近年，ビジネスの現場の知識があまりにもバラバラであることに気づき，もっと体系的に学びたいという社会人が増えてきた。また，大学でも理論的でかつより実践的な知識を学びたいという学生も増えてきた。さらに，アカデミックな世界でも，より実践志向の強い研究者が多くなってきた。こうした状況のもとに登場してきたのが，「組織の経済学」である。

　「組織の経済学」は，経済学と経営学の両方にまたがる学際的な学問領域であり，経営学で扱われてきたさまざまな対象を経済学的な手法を用いて分析するという新しい研究領域である。この分野は経済学の理論性と経営学の実践性を兼ね備えた分野であり，今日，経済学や経営学分野で最も注目され，急速に発展してきた学問領域であり，今後もこの分野の研究はますます発展していくものと思われる。

　しかも，この分野は日本人との関わりが非常に深い。というのも，組織の経済学では伝統的な新古典派経済学とは異なり，米国流の市場経済システムを唯一絶対的な効率的資源配分システムとはみなさないからである。何よりも，系列取引に代表される日本的なあいまいな資源配分システムの効率性も説明しようとする。それゆえ，これまで多くの日本人研究者がこの研究分野の発展に貢献してきたし，社会科学分野では珍しく現在でもこの分野をリードしている日本人は多い。この意味で，組織の経済学をできるだけ多くの日本人に学んでもらいたい。

　しかし，残念なことに，日本にはこの組織の経済学に関する適切なテキストは意外に少ない。とくに，経営学部や経済学部の学生やMBAの社会人学生にも容易に理解できるようなテキストはほとんどない。確かに，今日，欧米の優れたテキストは翻訳されている。しかし，ある欧米のテキストはあまりにも

数学的な表現が多いため，数学を苦手とする学生をこの研究領域から遠ざけている。また，別のテキストでは，この分野の主要な理論である取引コスト理論が十分に扱われていなかったり，所有権理論の説明が省略されていたりもする。さらに，その分量があまりにも多いため，独力で読み続けるモチベーションを喪失してしまうテキストもある。また，当然ながら，日本企業の事例を扱っているテキストは少ない。

本書はこれらの点を十分考慮し，学部学生でも十分理解できるように可能な限り数学的な表現を避け，取引コスト理論や所有権理論の有効性についても十分に説明した。また，ある程度，独力で読み通せるように分量を抑え，コンパクトにまとめた。さらに，欧米の事例だけでなく，意識的に日本企業の事例も取り上げ，また理論の応用例として国際比較制度分析するように努力した。そして，最後の章では，最近，話題になっている進化経済学，行動経済学，そして法と経済学といった広い意味で「組織の経済学」と呼ばれている分野についても部分的ではあるが，触れた。この意味で，本書をとおして，この分野の最近の動向も知ることができるだろう。

本書は，以上のような特徴をもつが，本書の目的はあくまで組織の経済学を構成する主要な諸理論を理解させることであって，学者や研究者を養成するためのテキストではない。しかし，もし本書をとおしてこの分野の理解が深まり，実践への応用に強い関心が芽生えたならば，その応用編として拙著『比較コーポレート・ガバナンス論——組織の経済学アプローチ』（有斐閣，2004年）や拙編著『業界分析　組織の経済学——新制度派経済学の応用』（中央経済社，2006年）がすでに出版されているので，こちらのほうもあわせて読んでいただきたい。

さて，本書の完成に至るまでに，多くの人々から，知識，知的刺激，助言をいただいた。何よりもまず，慶應義塾大学商学部菊澤ゼミナールの学生諸君および私の講義に参加してくれた大学院生諸君に感謝したい。彼らの有益なコメントのおかげで，本書はより読みやすいものになった。また，中央大学国際会計研究科冨塚嘉一教授，中央大学総合政策学部丹沢安治教授，林昇一教授，中

央大学経済学部高橋宏幸教授，明治学院大学経済学部大平浩二教授，熊本学園大学商学部貞松茂教授，そして慶應義塾大学商学部の渡部直樹教授および榊原研互教授にも感謝したい。さらに，絶えず私の研究に関心をもって見守ってくださっている元一橋大学教授平田光弘先生，元日本大学教授菊池敏夫先生，元横浜国立大学教授吉森賢先生，國学院大学経済学部教授海野潔先生に感謝したい。そして，私を研究者として育ててくださった故慶應義塾大学教授小島三郎先生には心から感謝したい。

　最後に，本書のような新しい分野のテキストの価値を理解してくださり，出版の機会を与えてくださった有斐閣書籍編集第2部の鹿島則雄部長に感謝するとともに，組織の経済学という分野について十分理解したうえで，丁寧にかつ効率的に編集してくれた同部の尾崎大輔氏に心からお礼を申し上げたい。

　2006年9月

三田山上にて

菊澤　研宗

目　次

第1章　組織の経済学登場の歴史　　1

1. 新古典派企業の理論　2
2. 企業の行動理論　3
3. 所有と支配の分離論　4
4. 経営者支配の企業理論　6
5. 新制度派組織の経済学　7
- ■第1章の参考文献 …………………………………………… 11

第2章　取引コスト理論　　13

1. 取引コスト理論の基本原理 ………………………………… 14
   - 1-1　コースの新古典派経済学批判　14
   - 1-2　コースの素朴な取引コスト理論　17
   - 1-3　ウィリアムソンの洗練された取引コスト理論　19
   - 補論A　ウィリアムソンの取引コスト理論の数学モデル　25
2. 取引コスト理論と組織デザイン ……………………………… 30
   - 2-1　基本的組織デザインの取引コスト理論分析　30
   - 2-2　巨大組織デザインの取引コスト理論分析　36
   - 2-3　中間組織の取引コスト理論分析(1)　40
   - 2-4　中間組織の取引コスト理論分析(2)　44
3. 取引コスト理論と経営戦略──企業の境界 …………………… 52
   - 3-1　垂直的統合戦略の取引コスト理論分析　52
     - ▶事例：垂直的統合をめぐる日米独自動車メーカーの取引コスト理論分析（59）
   - 3-2　水平的多角化戦略の取引コスト理論分析　62

▶事例：多角化をめぐる日本企業の取引コスト理論分析 (67)

　3-3　多国籍化戦略の取引コスト理論分析　70

　3-4　日米多国籍企業の取引コスト理論分析　73

4　取引コスト理論とコーポレート・ファイナンス …………… 76

　4-1　取引コスト理論　76

　4-2　資金調達と2つのガバナンスの方法　77

　4-3　LBO の取引コスト理論分析　78

5　取引コスト理論と組織・戦略の不条理 ………………………… 82

　5-1　戦略変更をめぐる不条理　83

　5-2　不条理をもたらすワンマン経営　84

　5-3　不条理をもたらす取締役会　86

　■第2章の参考文献 …………………………………………………… 88

第3章　エージェンシー理論　91

1　エージェンシー理論の基本原理 ………………………………… 92

　1-1　新古典派経済学の企業観　92

　1-2　エージェンシー理論の基本仮定と基礎概念　93

　1-3　エージェンシー理論の理論的構想　94

2　モラル・ハザードとアドバース・セレクション・モデル ……… 97

　2-1　モラル・ハザードと多様な制度　97

　2-2　多様なアドバース・セレクション現象　100

　2-3　シグナリング，スクリーニング，自己選択　103

3　エージェンシー理論とコーポレート・ガバナンス ………… 107

　3-1　エージェンシー理論の企業観　107

　3-2　株主と経営者のエージェンシー関係とコーポレート・ガバナンス　108

　3-3　債権者と経営者のエージェンシー関係とコーポレート・ガバナンス　111

　3-4　日米独コーポレート・ガバナンスのエージェンシー理論分析

　　　　　114

　　補論B　ジェンセン＝メックリングのエージェンシー理論の数学モデル
　　　　　124

4　エージェンシー理論と組織形態 …………………………………… 132
　　4-1　契約の束としての企業組織　132
　　4-2　組織形態分析　133
　　4-3　組織形態のエージェンシー理論分析　134
　　4-4　信託，エージェンシー問題，エリサ法　137

5　エージェンシー理論と人事労務 …………………………………… 140
　　5-1　情報の対称性のケース　141
　　5-2　情報の非対称性のケース　142
　　5-3　情報の一部対称性のケース　146
　　5-4　拡張された研究　148
　　5-5　日米独賃金制度のエージェンシー理論分析　150

6　エージェンシー理論とコーポレート・ファイナンス …………… 153
　　6-1　資本構成論をめぐる簡単な歴史　153
　　6-2　エージェンシー関係とエージェンシー・コスト　154
　　6-3　自己資本調達をめぐるエージェンシー・コスト　156
　　6-4　負債調達をめぐるエージェンシー・コスト　157
　　6-5　最適資本構成のエージェンシー理論分析　159
　　6-6　最適資本構成とLBO　161
　　6-7　日米独資本構成とコーポレート・ガバナンス　162

7　エージェンシー理論と組織の不条理 ……………………………… 165
　　7-1　不条理をもたらすエージェンシー問題　165
　　7-2　ボルボをめぐる不条理　166
　　7-3　ノンバンクと悪質な取立て　167

　■第3章の参考文献 ……………………………………………………… 171

第 4 章　所有権理論　　　175

- 1　所有権理論の原理 …………………………………………… 176
  - 1-1　新古典派ワルラス・モデルの理論的基礎　176
  - 1-2　所有権理論の基本仮定と基礎概念　177
  - 1-3　所有権理論の基本原理と理論的構想　179
- 2　所有権理論と環境問題 ……………………………………… 183
  - 2-1　コースの社会的コスト論　183
  - 2-2　デムゼッツの北米インディアンの土地所有制発生の所有権理論分析　186
  - 2-3　ゴミ問題をめぐる行政行動の所有権理論分析　188
  - 2-4　公害環境問題をめぐる日米独の所有権理論分析　190
- 3　所有権理論と企業組織 ……………………………………… 193
  - 3-1　企業形態の所有権理論分析　193
  - 3-2　組織文化の所有権理論分析　199
  - 3-3　日米独組織文化の発生　202
  - 3-4　組織構造の所有権理論分析　204
  - 3-5　日米独組織構造の所有権理論分析　208
- 4　所有権理論と経営戦略 ……………………………………… 214
  - 4-1　残余コントロール権としての所有権　214
  - 4-2　統合戦略の所有権理論　216
  - 4-3　GMとフィッシャー・ボディ社の合併　217
  - 補論C　ハートの新所有権理論の数学モデル　220
- 5　所有権理論と組織・戦略の不条理 ………………………… 232
  - 5-1　不条理をもたらす所有権　232
  - 5-2　捕虜大量虐殺の不条理　233
  - 5-3　連帯責任制度の不条理　235
  - ■第4章の参考文献 …………………………………………… 240

第 5 章　新しい組織の経済学アプローチ　　243

- 1　進化経済学と企業間関係 ……………………………………………… 244
  - 1-1　ルーティン集合としての企業組織　244
  - 1-2　ルーティンの突然変異と淘汰　247
  - 1-3　企業間取引の進化プロセス　248
- 2　行動経済学と企業間関係 ……………………………………………… 250
  - 2-1　プロスペクト理論　250
  - 2-2　心理会計　255
  - 2-3　企業間関係への心理会計の応用　258
- 3　法の経済学と企業間関係 ……………………………………………… 261
  - 3-1　法と経済学アプローチとは　261
  - 3-2　企業間取引をめぐる法と経済学アプローチ　263
- 4　ゲーム理論と企業間関係 ……………………………………………… 268
  - 4-1　企業間関係と囚人のジレンマ　268
  - 4-2　繰り返し企業間関係とジレンマからの脱出　269
  - 4-3　1つの企業と多数の企業との取引関係とジレンマからの脱出　270
- ■　第5章の参考文献 ……………………………………………………… 273

組織の経済学に関する基本文献 ───────────────── 275

索　引 ──────────────────────────── 282

● Column 一覧

- 2-1　ブランド商品を購入する女性ピア・グループの取引コスト理論分析（32）
- 2-2　参謀本部制組織の意味（34）
- 2-3　ジョイント・ベンチャー IS-TIM の取引コスト理論分析（46）
- 2-4　ソニーの社内公募制の取引コスト理論分析（48）

2–5　マクドナルド社の取引コスト理論分析（50）
2–6　アメリカン・カン社の無関連的多角化（69）
2–7　ジャンク・ボンドとドレクセル・バーナム・ランバート社（80）
2–8　ガダルカナル戦における日本軍の不条理分析（85）
3–1　日米独雇用状況のエージェンシー理論分析（99）
3–2　日米独ワーク・シェアリングのエージェンシー理論分析（102）
3–3　シグナリングとしての学歴（105）
3–4　強制的契約（142）
3–5　出来高賃金制（143）
3–6　賃金契約（145）
3–7　中間的な報酬契約（146）
3–8　最近のプロ野球選手の報酬（148）
3–9　インパール作戦をめぐる日本軍の不条理分析（169）
4–1　企業の所有構造と効率性（196）
4–2　分社化の非効率説と効率説（219）
4–3　不条理を回避したジャワ占領統治の所有権理論分析（237）

第1章

組織の経済学登場の歴史

「組織の経済学（organizational economics）」あるいは「新制度派経済学（new institutional economics）」と呼ばれる新しい理論は，経営学と経済学を統合した理論である。これまで，経済学と経営学はある意味で相互に対立した状況にあった。経済学側からすると，経営学はほとんど体系性がなく，非理論的でアカデミックでない学問とみなされてきた。これに対して，経営学側からすると，経済学はあまりにも非現実的であり，現実に対してそれほど役に立たない学問とみなされてきた。このような状態にあった経営学と経済学とが互いに歩み寄り，相互に融合した学際的研究，すなわち「組織の経済学」がどのようにして登場してきたのか。その歴史をたどることから始めてみたい。

1　新古典派企業の理論

　アダム・スミス（A. Smith）やアルフレッド・マーシャル（A. Marshall）のような古典的な経済学者は，もともと企業組織の存在に注目し，組織についても比較的多く語っていた。しかし，その後，ほとんどの経済学者は市場の役割に魅了され，もっぱら市場の役割だけを研究するようになった。

　とくに，20世紀の主な経済学者は，「新古典派経済学」の名のもとに，市場の理論を高度な数学を用いて精緻化しようとした。そして，新古典派経済学者は，企業の組織的特徴をほとんど無視し，企業をとるに足らない質点として扱った。

　より具体的にいえば，新古典派経済学では，経済主体として基本的に消費者と企業が仮定される。いずれの経済主体も完全に情報を収集でき，完全に情報を処理でき，そして完全にその結果を表現伝達できるという完全合理的な人間として仮定される。このような完全合理的な情報処理能力のもとに，図1.1のように一方で消費者は効用最大化するために労働力を供給し，財を需要する。他方，企業は利潤最大化するために，労働力を需要し，財を生産し供給する。そして，このような多数の消費者と企業によって，多様な市場が形成されることになる。

図1.1　市場経済

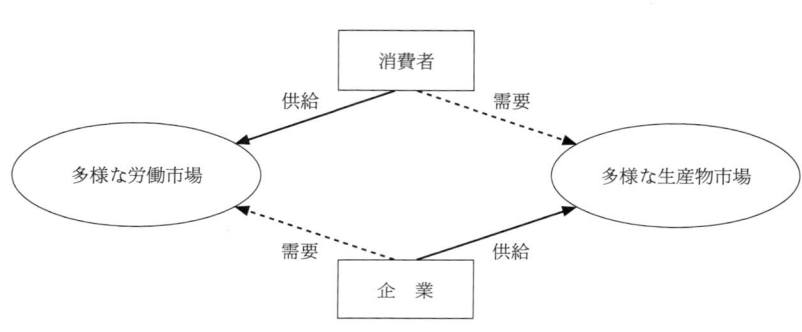

ここで，もしある財をめぐって需要よりも供給が多ければ，価格は下がる。この場合，この下がった価格でも，なお能力のある企業は財を生産して供給でき，能力のない企業は市場から退出する。逆に，供給よりも需要が多い場合には，価格は上がる。この場合，能力のない消費者は財を購入できないので退場し，能力のある消費者はこの高い価格でもなお購入できるので市場に残る。

　このように，市場価格の変化によって能力のある人々が市場取引に参入でき，能力のない人々は市場から退出させられることになる。したがって，市場では価格が調整役となって，資源は能力のない人々から流出し，能力のある人々に配分され，利用されることになる。

　以上のような意味で，市場システムは価格メカニズムのもとに能力のある人々にヒト・モノ・カネなどの資源を配分する効率的資源配分システムであるといえる。このことを厳密に数学的に説明している理論が，新古典派経済学なのである。

　しかし，注意しなければならないのは，新古典派経済学では市場を唯一絶対的な効率的資源配分システムとして説明するために，企業は「完全合理的」に「利潤最大化」する経済人として擬人化され，単純化されている点である。つまり，企業はあたかも組織的広がりをもたない物理学の質点のような存在として仮定されている点である。このような新古典派の企業観は，以下のように経営学分野と経済学内部から，それぞれ批判を受けることになった。

2　企業の行動理論

　さて，経済人に対して，経営学分野から厳しい批判を投げかけたのは，1978年にノーベル経済学賞を受賞したサイモン（H. A. Simon）である。彼は，著書『経営行動』において，人間は経済学で仮定されているような完全合理的な経済人ではないとし，何よりも人間の情報収集・処理・伝達能力は限定されており，限定された情報の中で意図的に合理的にしか行動できないということ，つまり人間は「限定合理性（bounded rationality）」に従って行動しているとした（Simon［1961］）。

図1.2　参加者の連合体としての企業

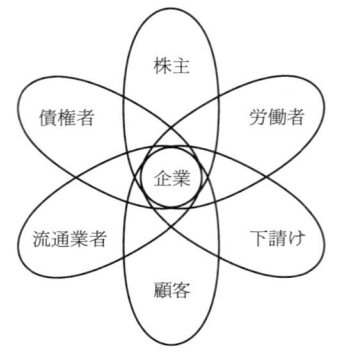

しかも，サイモンはこのような限定合理的な人間には行動に至るまでに多様な心理的な意思決定プロセスが存在し，どの意思決定プロセスをとおして最終的に行動に至るかは，その人間の満足度・要求水準に依存すると考えた。そして，企業行動や人間行動を理解するためには，まず行動に至るまでの意思決定プロセスを明らかにし，その心理プロセスを理解する必要があると主張した。

このような考えのもとに，サイモン，サイアート＝マーチらによって展開されたのが，「企業の行動理論」である（Cyert and March［1963］）。彼らによると，新古典派経済学の主張に反して，企業は必ずしも利潤最大化を目的としていないとした。というのも，企業組織は，図1.2のように株主，労働者，債権者，流通業者，下請け，顧客等のさまざまな固有の利害をもつ参加者の連合体とみなされ，株主の利益だけを最大化することは不可能だと考えたからである。

ここでは，すべての参加者は組織への「貢献」の見返りとして組織から「インセンティブ（誘因）」を受け取ることになる。そして，もし組織が提供するインセンティブが参加者の貢献よりも大きいならば，参加者は組織に参加し続ける意思決定を行うことになる。

しかし，参加者の利害はそれぞれ異なるので，組織内ではコンフリクトが発生する。これら異なる利害をもつ参加者間に発生するコンフリクトはいかにして解決されうるのか，その意思決定プロセスを記述することによって，企業行動を理解しようとする研究が企業の行動理論だったのである。

3　所有と支配の分離論

他方，経済学内部から新古典派の企業観を批判してきたのは，企業の制度的側面に関心をもっていたヴェブレン（T. Veblen）を中心とする制度派経済学

図1.3 所有と支配の分離した企業

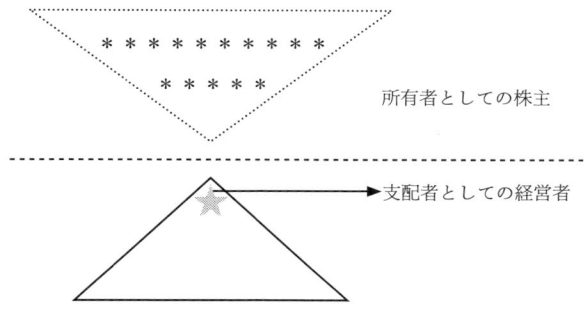

者たちであった。とくに，この制度派経済学の流れから，質点としての新古典派的企業観に対して決定的な批判を行ったのは，バーリ゠ミーンズであった。彼らは，著書『近代株式会社と私有財産』において，巨大企業では所有と支配が分離しているため，現代巨大企業は利潤最大化していないとして新古典派経済学を批判した（Berle and Means [1932]）。

　バーリ゠ミーンズによると，企業は規模が小さいときは，企業を所有し利益を得る権利（所有），企業の人事を支配する権利（支配），企業を経営する権利（経営）は資本家である企業家に集中するとした。しかし，企業が大きくなると，企業経営は複雑になり，この状態を克服するために，すべての機能を専門化することが効率的となる。このような状況では，出資しているという理由だけでは，企業を経営することはもはやできない。それゆえ，経営を専門とする専門経営者が登場してくることになる。しかし，この段階では，資本家はなお支配権としての人事権をもっており，経営者は資本家の忠実な代理人に留まっている。

　さらに，企業が巨大化すると，株式は広く多くの株主に分散し，いかなる単一の株主も企業を支配するだけの十分な株式を所有していない状態になる。この段階では，企業を支配しているのはもはや株主ではない。支配しているのは株式をもたない専門経営者であり，しかも所有者である株主と支配者である経営者との利害は互いに異なるために，経営者は単なる株主の代理人ではなくなる。

したがって，バーリ゠ミーンズによると，現代の巨大企業は伝統的な経済学が仮定するような単なる質点ではなく，図1.3のように所有者と支配者が分離した巨大企業組織であり，しかも所有者と支配者の利害が異なるため，単純に株価最大化や利潤最大化ができない存在であるとした。しかも，このような現実の企業を研究することなくして，市場の役割も十分理解できないのではないか，という疑問も投げかけられた。

4 経営者支配の企業理論

　バーリ゠ミーンズの所有と支配の分離というテーゼを積極的に取り入れながら米国では新しい一連の企業理論が展開されていった。それが，ボーモル（Baumol [1959]），マリス（Marris [1963]），そしてウィリアムソン（Williamson [1967]）などによって展開された「経営者支配の企業理論」である。彼らによると，所有と支配の分離によって自由裁量を勝ち取った経営者は，もはや株主の忠実な代理人として利潤最大化するのではなく，何らかの制約のもとに経営者自身が望む固有の目的を追求するものと考えた。

　たとえば，ボーモルは経営者の報酬や名声が売上高に関係していることに注目し，企業は維持に必要な最低限の利潤を制約条件として売上高を最大化しているとする売上高最大化仮説を展開した。また，マリスは，現代企業は利潤最大化ではなく，物的，人的，知的資源の蓄積に関心をもち，成長率を最大化しているとする企業成長率最大化仮説を展開した。さらに，ウィリアムソンは現代企業の経営者は裁量可能な利益を最大化するという経営者の効用最大化仮説を展開し，経営者は自らの威信を高めるために大規模なスタッフ組織の上に君臨しようとするとした。

　これらのモデルは，それぞれ異なっているが，いずれも株主の利益を犠牲にして経営者自身が自らの効用を最大化するという点では同じであった。

5 新制度派組織の経済学

　以上のような経営学と経済学の流れから，人間は限定された情報能力の中で意図的に合理的にしか行動できないという「限定合理性」の仮定と人間は効用を最大化するという「効用最大化」の仮定を受け継いで登場してきたのが組織の経済学あるいは新制度派経済学[1]である。

　この新しい企業の理論研究の動きは，主に企業をめぐる組織制度の形成や発生を分析しようとしているので，「制度派」と呼ばれている。しかし，企業の制度的側面に注目した研究は，過去，ヴェブレンたちによってすでに展開されていたため，現代のこの新しい制度論の動きは「新制度派経済学」と呼ばれている。

　しかも，この新制度派経済学は単一の理論ではなく，コース（Coase [1937]）やウィリアムソンたちによって展開された取引コスト理論（Williamson [1975]），ジェンセン＝メックリング（Jensen and Meckling [1976]）やファーマ（Fama [1980]）たちによって展開されてきたエージェンシー理論，そしてアルチャン（Alchian [1965]）やデムゼッツ（Demsetz [1967]）たちによって展開されてきた所有権理論などの一連の理論群から構成されている。

取引コスト理論　これらのうち，コースによって生み出された取引コスト理論は，今日，ウィリアムソンによって精力的に展開され，限定合理性と効用最大化（機会主義：opportunism）という人間の行動仮定のもとにさまざまな分野に応用されている。とくに，この取引コスト理論では，企業組織は基本的に市場にとって代わる資源配分システムとみなされる。

　たとえば，いまある人がある商品を製造するためにすべての部品を市場から購入することもできるし，自分でヒト・モノ・カネを集めて組織的に自製する

---

[1]　新制度派経済学の全体像については，Picot, Dietl and Frank [1997] と菊澤 [1998] に詳しい。

こともできるとする。市場から購入する場合，見知らぬ人々と取引することになるので，限定合理的な人間は互いに相手の不備につけ込んで機会主義的に自分に有利に取引を進めようとする。それゆえ，相互にだまされないように互いに駆け引きが起こり，取引上の無駄，つまり「取引コスト」が発生する。この取引コストがあまりにも高い場合，それを節約するために市場取引に代わって自分でヒト・モノ・カネを調達し，命令して組織的に資源を配分して部品を製造したほうが安くなる。

このように，市場での取引コストがあまりにも高い場合，それを節約するために，市場に代わる組織的な資源配分システムが形成され選択されることになるということ，これが取引コスト理論からみた企業組織である。

エージェンシー理論　　また，ジェンセン＝メックリング（Jensen and Meckling［1976］）によって展開されたエージェンシー理論では，企業は経営者を中心とする複数のエージェンシー関係（依頼人―代理人関係）から構成される契約の束（ネクサス）とみなされる。

その中でも，とくに重要なエージェンシー関係は，株主と経営者との間のエージェンシー関係であるが，ここでは経営者は株主の単なるエージェントとはみなされない。というのも，すべての人間は限定合理的に効用最大化しようとするので，プリンシパルである株主とエージェントである経営者の利害は必ずしも一致せず，しかも両者の情報もまた非対称的なので，バーリ＝ミーンズが主張したように経営者は常に株主の不備につけ込んで非効率に行動する可能性があるからである。

しかし，新古典派経済学が主張するように，巨大企業の経営者が必ずしもそのような非効率な行動をとらないのは，経営者の非効率的行動を抑制するために，事前に取締役会制度，会計監査制度，報酬制度，株式市場制度などのさまざまなフォーマル，インフォーマル，そしてセミフォーマルな統治制度が形成されているからだと考えるのが，制度論としてのエージェンシー理論である。

所有権理論　　さらに，デムゼッツ（Demsetz［1967］）が指摘したように，所有権理論では人々が取引しているのは実はモノそれ自体ではなく，所有権であることが強調される。たとえば，われわれは，冷蔵庫を購入した場合，主にその冷却機能の所有権を購入しているので

あって，金属物質としての特性を含めて購入しているわけではない。それゆえ，もし購入したばかりの冷蔵庫の冷却機能が働かないならば，われわれはそれをすぐに購入した店に返しにいくだろう。

ここで，もし人間が完全合理的ならば，すべての財の特性をめぐる所有権は明確にだれかに帰属され，財の使用によって発生するプラス・マイナス効果はその所有権者に帰属されることになる。そのため，所有権者は自分の効用を高めるために，マイナス効果を避け，プラス効果を生み出すように効率的に財を利用しようとするだろう。そして，もし努力してもマイナス効果しかでなければ，市場を利用してその財を売り，その代わりにプラス効果をもたらすような財を購入しようとするだろう。このように，市場取引をとおして資源が効率的に配分されるためには，何よりも基本前提として所有権制度の確立が必要であることが明らかにされた。

しかし，実際には，人間は限定合理的なので，すべての財の所有権が必ずしも明確にだれかに帰属されるわけではない。そのため，たとえだれかが非効率に財を使用し，それによってマイナス効果が発生したとしても，その効果は使用者に帰属されず，財は無責任に非効率に利用され続ける可能性がある。このような非効率を抑制するために，所有権を明確にするさまざまなフォーマル，インフォーマル，セミフォーマルな制度が発生し，形成されると考えるのが制度論としての所有権理論である。

とくに，所有権理論では，企業は財を効率的に利用するために，財の所有権を特定の人々に集中させたり，分散させたりする制度とみなされる。たとえば，個人企業は資源を効率的に利用するために所有権を特定の所有経営者に集中させる制度であり，株式会社は資源を効率的に利用するために逆に所有権を適度に分散させる制度とみなされる。

以上のような新制度派経済学を構成する3つの理論はいずれも組織を経済学的に分析しているので，今日，狭い意味で「組織の経済学」と呼ばれている[2]。もちろん，広義には組織上のさまざまな制度をゲーム理論によって説明しようとする研究も広く組織の経済学と呼ばれており，さらにネルソン＝ウインターによって展開された企業組織の歴史的発展プロセスを経済学的に説明しようと

する進化経済学も今日組織の経済学と呼ばれている（Nelson and Winter [1982]）。これら広義の組織の経済学研究が，今日，現代企業理論のフロンティアを形成している。

本書では，まず取引コスト理論，エージェンシー理論，所有権理論を中心にできるだけやさしく説明し，最後に最近の新しい組織の経済学アプローチも紹介してみたい。

練習問題

1 市場は効率的資源配分システムといわれる。この意味を説明しなさい。
2 新古典派経済学に対するサイモンの批判について説明しなさい。
3 新古典派経済学に対するバーリー＝ミーンズの批判について説明しなさい。
4 所有と支配の分離とはどのようなことをいうのかを説明しなさい。

2）　新制度派経済学の3つの理論の関係については，Williamson [1990]，Picot, Dietl and Frank [1997]，そして菊澤 [1998] に詳しい。ウィリアムソンは，所有権理論を基礎として事前の制度設計に関心をもっているのが，エージェンシー理論であり，事後的制度設計に関心をもっているのが，取引コスト理論だとしている。ピコーらは所有権理論を基礎として取引コスト理論とエージェンシー理論が相互に交わっているという関係を指摘している。また，菊澤は3つの理論が相互に集合論的な交わりの関係にあることを指摘している。

第1章の参考文献

Alchian, A. A. [1965] "Some Economics of Property Rights," *Il Politico*, 30 : 816-829.

Baumol, W. J. [1959] *Business Behavior, Value and Growth*, Macmillan.（伊達邦春・小野俊夫訳『企業行動と経済成長』ダイヤモンド社，1962年）

Berle, A. A. and G. C. Means [1932] *The Modern Corporation and Private Property*, Commerce Clearing House.（北島忠男訳『近代株式会社と私有財産』文雅堂書店，1985年）

Coase, R. H. [1937] "The Nature of the Firm," *Economica*, 4 : 386-405.

Cyert, R. M. and J. G. March [1963] *A Behavioral Theory of the Firm*, Prentice Hall.（松田武彦監訳・井上恒夫訳『企業の行動理論』ダイヤモンド社，1967年）

Demsetz, H. [1967] "Toward a Theory of Property Rights," *American Economic Review*, 57 : 347-359.

Fama, E. F. [1980] "Agency Problems and the Theory of the Firm," *Journal of Political Economy*, 88 : 288-307.

Jensen, M. C. and W. H. Meckling [1976] "Theory of The Firm : Managerial Behavior, Agency Costs and Ownership Structure," *Journal of Financial Economics*, 3 : 305-360.

菊澤研宗 [1998]『日米独組織の経済分析――新制度派比較組織論』文眞堂。

Marris, R. [1963] "A Model of the 'Managerial' Enterprise," *Quarterly Journal of Economics*, 77 : 185-209.

Nelson, R. R. and S. G. Winter [1982] *An Evolutionary Theory of Economic Change*, Harvard University Press.

Picot, A., H. Dietl, and E. Frank [1997] *Organization : eine ökonomische Perspektive*, Schaffer-Poeschel Verlag.（丹沢安治・榊原研互・田川克生・小山明宏・渡辺敏雄・宮城徹訳『新制度派経済学による組織入門――市場・組織・組織間関係へのアプローチ』白桃書房，1999年）

Simon, H. A. [1961] *Administrative Behavior : A Study of Decision-Making Processes in Administrative Organization*, 2nd ed., Macmillan.（松田武彦・高柳暁・二村敏子訳『経営行動』ダイヤモンド社，1965年）

Williamson, O. E. [1967] *The Economics of Discretionary Behavior : Managerial Objectives in a Theory of the Firm*, Markham. (井上薫訳『裁量的行動の経済学——企業理論における経営者目標』千倉書房, 1982 年)

Williamson, O. E. [1975] *Markets and Hierarchies : Analysis and Antitrust Implications*, Free Press. (浅沼萬里・岩崎晃訳『市場と企業組織』日本評論社, 1980 年)

Williamson, O. E. [1990] "A Comparison of Alternative Approaches to Economic Organization," *Journal of Institutional and Theoretical Economics*, 146 : 61-71.

第2章

取引コスト理論

　ここでは，1991年にノーベル経済学賞を受賞したR. H. コースやO. E. ウィリアムソンによって展開されてきた取引コスト理論（transaction cost economics）をできるだけ単純な形で整理してみたい。そのために，まず取引コスト理論の基本原理を明らかにし，次にこの理論がさまざまな分野に応用できることを説明する。これによって，取引コスト理論が現実のさまざまな組織現象を説明する非常に有力な理論であることが明らかにされるだろう。

1

取引コスト理論の基本原理

1-1 コースの新古典派経済学批判

　取引コスト理論はコースによる新古典派経済学批判から生まれてきた理論的構想である。コースは，新古典派経済学に内在する2つの問題を解く形で取引コスト理論を展開した。以下，コースが見出した問題とその解決案としての彼の取引コスト理論[1]を説明してみたい。

新古典派市場理論　新古典派経済学によると，市場は効率的な資源配分システムとみなされる。ここで，「効率的」という意味は，ヒト・モノ・カネなどの稀少資源が能力のある人に配分され，無駄なく利用されるという意味である。

　この意味からすると，初めからヒト・モノ・カネが能力のある人に配分されている保証はまったくない。最初は，能力のない人が多くの資源を保有しているかもしれない。それゆえ，初めに資源が非効率に配分されている可能性がある。

　しかし，たとえ初めに非効率に資源が配分されていたとしても，資源が自由に取引される市場さえあれば，結果的に資源は能力のある人々に配分され，効率的に資源は利用されることになる。これが，新古典派経済学の考え方である。

---

1) ここで説明しているコースの取引コスト理論については，Coase［1937, 1988］に詳しい。

新古典派によると，市場があれば，一方で資源をうまく利用できない人は資源をたくさん保有していたとしても効用が高まらないし，場合によってはマイナスとなるので，そのような資源を売り始めることになる。他方，うまく利用できる人はさらに満足を高めるために多少高くてもその資源を購入しようとする。このように，自由な市場取引をとおして，資源を効率的に利用できない人々から資源は流出し，資源を効率的に利用できる人々に資源が流入し，配分され，資源は効率的に利用されることになる。

　しかも，このような市場という資源配分システムでは，たとえ多くの人々が誤って資源を過度に需要したり過度に供給したりしても，価格が上下に変化して本当に資源を購入したい人や本当に資源を売りたい人だけを市場に残すように調整する役割を果たす。

　たとえば，いまある資源をめぐって，過剰に多くの人々が購入を希望しているとしよう。この場合，その資源の価格は上昇する。このとき，価格が高くなってもなおそれ以上の価値で利用できる能力のある人々だけがその資源の購入を希望し続けるだろう。また，たとえ誤って過剰に多くの人々が資源を販売したいと思っても，その価格が下がるので，それでもなお売りたい人々だけが市場に残ることになる。

　このような価格調整メカニズムにもとづく自由な市場取引をとおして，能力のない人々は資源を売り，能力のある人々だけが資源を購入することになるので，市場取引をとおして資源は効率的に配分され利用されることになる。このような資源配分システムは，個々人が自分の利益を追求することによって自然に展開される。それゆえ，市場システムは「見えざる手（invisible hand）」による資源配分システムとも呼ばれている。これが新古典派の市場経済学のエッセンスである。

組織の存在問題

　しかし，コースによると，実際にはこのような市場メカニズムが当てはまらない多くの領域があると主張する。たとえば，ある企業内で労働者や従業員がある部門から別の部門に異動するのは，賃金が変化したことで異動するわけではない。この場合，彼らは経営者の命令によって異動する。また，たとえ企業内で従業員が別の部門に異動したいと思っていたとしても，経営者の調整によって多くの従業員の要求は

抑制されるだろう。

　つまり，企業内では価格によって調整されるのではなく，経営者が組織的にヒト・モノ・カネなどの資源を配分し，権限にもとづいて調整しているといえる。このような特定の人間の命令による組織的な資源配分システムは「見える手（visible hand）」による資源配分システムといわれている。

　コースによると，このような企業組織が現実に存在していることを，これまで多くの経済学者は認めてきたという。しかし，市場取引の効率性をあまりにも強調しようとしたために，経済学者はあえて組織の存在を無視してきたというのが，コースの批判である。なぜ市場とは別に組織が存在するのか。これがコースの第1の問いである。

企業の境界問題

　コースはまた，新古典派経済学による企業規模の決定についての説明にも注目した。新古典派経済学によると，企業は規模の経済性にもとづいて大きくなる。しかし，規模をどこまでも大きくすることによって効率性が高まるわけではない。ある規模を超えると，管理の限界などがネックとなって逆に非効率が発生する。それゆえ，この場合，生産物1個増産して発生するコスト（限界コスト）が生産物1個増産してえられる収入（限界収入）を超えるような状態になる。このような規模にもとづく生産は採算があわないので，限界コストと限界収入が等しくなる点で，企業の規模が決定されるとしてきた。

　しかし，コースによると，企業の生産活動は1種類の生産物の生産に限定される必要はなく，企業は複数の生産物を生産でき，実際にも多くの企業は多角化していると主張する。このことを考慮すると，1つの生産物の生産コストの逓増が企業規模を制限する理由にはならない。つまり，たとえ1つの生産物の限界コストが限界収入を超えたとしても，企業はなお多角化して別の生産物を生産して販売することによって企業は規模を拡大することができる。

　したがって，これまでの経済理論による企業規模の決定に関する説明には問題があるといえる。だとすれば，企業の規模はどのようにして決定されるのか。企業の境界はどのようにして決定されるのか。これが，コースの第2の問題である。

　以上のような2つの問題を解くことによって，より現実的な企業の定義をし

たいというのが，コースの意図だったのである。

1-2　コースの素朴な取引コスト理論

さて，以上のような企業をめぐる2つの問題，すなわち第1になぜ企業組織は存在するのか，第2に企業組織の境界はどのようにして決定されるのか，これらがコースの古典的論文「企業の性質」（Coase [1937]）で問われ，以下のように経済学的に解かれることになる。

企業組織の存在理由と取引コスト節約原理　コースによると，これら2つの問題はいずれも同じ経済原理で説明できるとする。まず，企業組織は市場と同様にヒト・モノ・カネを配分する一種の資源配分システムとみなされる。しかも，いずれの資源配分システムを利用する場合でも取引コスト[2]が発生するとされる。

たとえば，市場で取引する場合，相手にだまされないために，事前に取引相手を探索しようとするので，探索コストが発生する。また，契約するときにもコストが発生する。そして，契約後も契約履行をめぐってモニタリング・コストが発生する。これら市場取引にかかわる一連のコストが市場取引コストである。同様に，組織内でも，経営者が各職務に従業員を割り当てる形で資源を配分する場合，経営者と従業員との間に駆け引きが発生し，組織内取引コストが発生する。経営者は従業員をある職務に割り当てる前に従業員の能力を把握する必要があるだろう。また，職務を割り当てた後も従業員の行動を監視する必要がある。これら一連の活動で発生するコストが組織内取引コストである。

これら取引コストを節約するように企業は行動するということ，これがコースの取引コスト節約原理である。そして，もし組織的な資源配分システムを利用するのに必要な組織内取引コストが市場取引を利用するのに必要な市場取引

---

[2]　取引コスト理論の原点であるコースの論文（Coase [1937]）では，「取引コスト」という用語は使用されていない。「取引コスト（transaction cost）」という用語を世の中に広めたのは，ウィリアムソンである。

コストよりも高いならば，市場取引が利用される。逆に，もし市場メカニズムを利用するのに必要な市場取引コストが組織内取引コストよりも高いならば，取引コストを節約するために組織内取引が発生する。

これが，第1の企業組織の存在問題に対するコースの答えである。

企業組織の境界と取引コスト節約原理

これに対して，第2の企業組織の境界問題に対するコースの答えは，こうである。まず，1種類の生産物あるいは複数の種類の生産物を生産している企業を考えよう。しかも，この企業では，すべての部品を他社から市場取引をとおして調達して製品を生産することができるし，逆に組織内で完全に部品を製造して生産することもできるとしよう。

いま，この企業がすべての部品を他社と市場取引して調達しているとすれば，図2.1のように市場取引コストは最大となり，組織内取引コストはゼロとなる。ここで，市場取引コストを節約するために，市場取引で調達している部品の一部を徐々に企業内で内製していけば，図のように市場取引コストは徐々に減少する。しかし，企業が部品を内製化し，組織内取引を増加させると，図のようにそれに対応して組織内取引コストも徐々に増加することになる。

これら2つの取引コストを加えた総コストが図の総取引コストであり，その

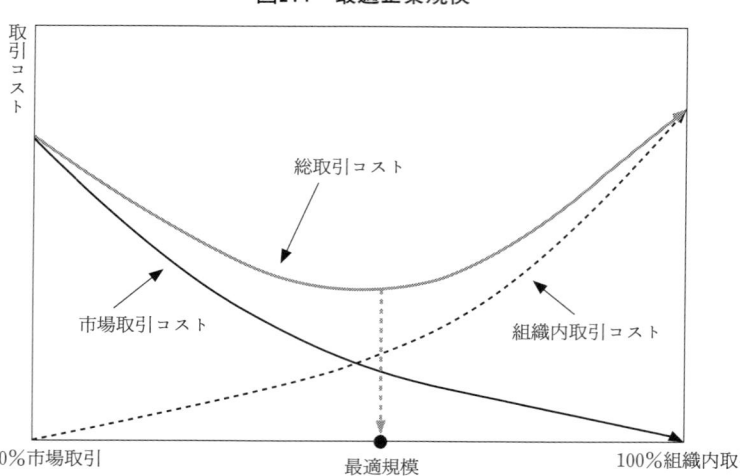

図2.1　最適企業規模

最小点まで企業は取引を内部組織化し，規模を拡大することができる。つまり，最適な企業の組織規模は，企業が徐々に取引を組織化して節約できる市場取引コストの減少と組織化によって発生する組織内取引コストの増分が等しくなる点であるといえる。より正確に言えば，限界市場取引コストの減少と限界組織内取引コストの増加が等しくなる点が企業組織の境界となる（図2.1の市場取引コスト曲線と組織内取引コスト曲線の交点が最適規模ではない。数学的に言えば，それぞれの曲線の接線の傾きの絶対値が等しくなる点が最適規模となる）。これが，第2の問題に対するコースの答えである。

1-3 ウィリアムソンの洗練された取引コスト理論

取引コストとその発生メカニズム

ところで，コースの取引コスト理論では，取引する場合，そもそもなぜ取引コストが発生するのかという基本的な問題が解かれていない。この問題に強い関心をもち，コースの議論をより体系的に展開しようとしたのは，ウィリアムソン（O. E. Williamson）[3]である。

ウィリアムソンは，取引コストの発生メカニズムを説明するために，以下のような新古典派経済学で仮定されてきた「効用最大化仮説」（NC_1）と人間の「完全合理性」（NC_2）の仮定に注目した。

（NC_1）　すべての人間は効用最大化しようとする。
（NC_2）　すべての人間は完全な情報収集，情報処理，そして情報伝達能力をもち，その能力を用いて完全に合理的に行動する（全知だが全能ではない）。

そして，ウィリアムソンは，これらの仮定のうち完全合理性の仮定を非現実的としサイモン（Simon [1961]）の影響を受けて，以下のような「限定合理

3）　ウィリアムソンの取引コスト理論については，Williamson [1975, 1996] に詳しい。

I 取引コスト理論の基本原理　**19**

性（bounded rationality）」（TC_2）の仮定と「機会主義（opportunism）」（TC_1）の行動仮定を取り入れた。

(　TC_1　)　すべての人間は自分の利益のために悪徳的に行動する可能性がある（この「機会主義」の仮定は，「効用最大化」の仮定と本質的には同じものである。というのも，内面からみたときに効用最大化している人間行動は，外からみると悪徳的な機会主義的行動としてみえるからである）。

(　TC_2　)　すべての人間は情報の収集，情報の計算処理，そして情報の伝達表現能力に限界があり，「合理的であろうと意図されているが，限定的でしかありえない」（Simon［1961］p.xxiv.）。

　このように，限定合理的で機会主義的な人間同士が取引するとすれば，取引コストが発生する。人間は情報の収集，処理，そして伝達能力に限界があり，機会主義的な性向をもつので，互いに取引する場合，相手をだましてでも利益を得ようとするだろう。このとき，相手にだまされないために，互いに取引契約前に相手を調査し，取引契約中に正式な契約書を交し，そして取引契約後も契約履行を監視する必要があり，そのためにコストが発生する。これら取引をめぐる一連のコストが取引コストであり，これがウィリアムソンの考える取引コスト発生メカニズムなのである。

　このような取引コストを節約するために，人間の機会主義的行動の出現を抑止するさまざまな統治制度やガバナンス制度が展開されうるということ，これがコースから継承したウィリアムソンの取引コスト節約原理である。

取引コストと取引状況　しかも，ウィリアムソンは，以下のように資産特殊性，不確実性，そして取引頻度といった取引状況の特徴に依存して，取引コストは増減することに気づいた。

　資産特殊性（asset specificity）　まず，ウィリアムソンによると，取引は資産特殊な取引と資産特殊でない取引に区別される。資産特殊な取引とは，取引当事者が保有している資産が特殊である取引であり，そのような特殊な資産とはある人と取引をするとその価値は高まるが，別の人と取引をするとその価値が低下するような資産であり，一般に相互依存関係にある資産はすべて特殊

だといえるだろう。

　このような特殊な資産にかかわる取引では，一般に取引は少数者に限定される。たとえば，特殊な部品を必要とする組立メーカーとそのような特殊な部品を供給できる特殊な工作機械を保有している部品メーカーとの取引がこれである。このような資産特殊な取引では，取引当事者はともに限定合理的であり，しかも互いに機会主義的に行動する可能性があるので，取引当事者は互いに駆け引きし，そのために不必要な取引コストが発生することになる。

　また，いったん取引契約が締結され，一方の当事者が取引に特殊な投資をして特殊な資産を形成してしまうと，この特殊な投資を回収するために，長くこの取引契約関係を続ける必要性が生じる。この場合，取引当事者はともに限定合理的で，しかもともに機会主義的に行動しうるので，この特殊な投資は「人質」[4]となり，良好な取引関係を続けていかないと，この「人質」は犠牲になり，回収不可能な埋没コストになる可能性がある。それゆえ，特殊な投資をした取引当事者は，常に他の当事者によって機会主義的に駆け引きを仕掛けられる可能性があり，この特殊な関係を打ち切るように脅されたり，法外な要求をつきつけられたりするホールド・アップ（hold up：お手上げ）問題に巻き込まれる可能性がある。

　以上のように，一般に特殊な資産に関連する取引では，取引当事者間で不必要な駆け引きや交渉がなされるので，市場取引コストは高くなる。

　不確実性（uncertainty）　　次に，ウィリアムソンによると，取引は不確実で錯綜した取引と確実で明確な取引に区別される。取引相手の情報がほとんど得られないような不確実で錯綜した取引では，取引当事者はともに限定合理的であり，相互に機会主義的にだましあいをする可能性がある。それゆえ，一般にこのような取引状況では，取引コストは高くなる。

　頻度（frequency）　　最後に，取引には1回限りの取引と繰り返しなされる取引がある。取引頻度が高い取引では，たとえ取引当事者が限定合理的で，機会主義的に行動する可能性があるとしても，取引回数に比例して相互に相手の情報を得ることができるならば，機会主義的行動は抑制され，取引コストは

　4）「人質」に関するウィリアムソンの議論は Williamson [1983] に詳しい。

節約される。しかし，たとえ取引頻度が高くても，相手の情報がまったく得られない場合には，逆に頻度に比例して機会主義が現れるので，取引コストは増加する。たとえば，経営コンサルタントとの取引が，これである。コンサルティング料が果たして適切なのかどうかは，何回，取引してもわからないのである。

以上のように，資産特殊性，不確実性，そして頻度などの取引状況の特徴によって，取引コストは増減する。

取引コストと制度

これら3つの取引状況の特性のうち，ウィリアムソンがとくに重要だとみなしているのは資産特殊性である。この資産特殊性と取引コストと制度との関係は，取引コスト節約原理にもとづいて，以下のように説明される。

まず，ある企業が保有している資産の特殊性を k としよう。いま，図2.2 [5)] のように資産特殊性のない一般的資産にもとづく生産を $k=0$ で表し，特殊な資産にもとづく生産を $k>0$ で表すことにしよう。

一般的資産（$k=0$）にもとづく生産とは，広く一般的な購入者のための生産である。この場合，たとえ取引当事者が限定合理的で機会主義的であっても，その生産物の取引をめぐって駆け引きはなされない。というのも，そのような生産物を生産する企業もそのような生産物を購入する消費者もたくさんいるので，駆け引きされると容易に別の取引相手をみつけることができるからである。それゆえ，このような取引では，取引コストはそれほど多く発生しないので，生産物は市場価格（Mp）で販売されることになる。

これに対して，特殊な資産（$k>0$）にもとづく生産は特定の購入者をターゲットにした生産であり，より効率的に生産し供給するためにも資産が特殊化される場合が多い。そのため，生産コストが節約でき，その販売価格は市場価格（Mp）よりも安いかもしれない。

しかし，このような特殊な資産にもとづく取引では，取引当事者たちは限定合理的で機会主義的であるために，相互に駆け引きする可能性がある。そのた

---

5) この図は Williamson［1996］に詳しい。

図2.2　簡単な契約図式

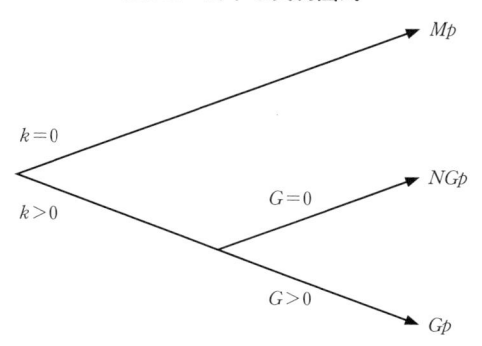

```
         k=0 ─────────────→ Mp
         ・
         k>0    G=0 ─────→ NGp
                ・
                G>0 ─────→ Gp
```

め，図2.2のように取引コストを節約する何らかの統治制度，ガバナンス制度（G）が必要となる。

　ここで，もしガバナンス制度が何もなければ（$G=0$），たとえ生産コストが安くても，生産者は駆け引きを恐れ，取引コストを含めたより高い販売価格（NGp）を要求するだろう。これに対して，もし何らかのガバナンス制度が設置されている（$G>0$）ならば，より安い生産コストに対応したより低い販売価格（Gp）を要求することになるだろう。

　このように，取引コスト理論によると，資産特殊性が生み出す取引コストを節約するために，機会主義的な行動の出現を抑止するさまざまな統治制度，ガバナンス制度が発生するものとみなされる。

市場，組織，ハイブリッド型資源配分システムと資産特殊性

　さて，取引コストを節約するガバナンス制度は多様に存在するが，資源配分システムという観点から類型化すると，市場的な資源配分システム，組織的な資源配分システム，そして市場と組織の中間的な資源配分システムに区別されうる。ウィリアムソンは，最後の制度をハイブリッド型資源配分システムとも呼ぶ。

　取引コスト理論では，唯一絶対的に効率的な資源配分システムはない。つまり，取引コスト理論は多元論的な立場に立つアプローチである。しかも，可能な制度を相互に比較し，ある状況では市場型資源配分システムがより効率的であり，別の状況では組織的な資源配分システムが効率的であり，またある状況ではハイブリッド型資源配分システムが効率的であることを明らかにする比較

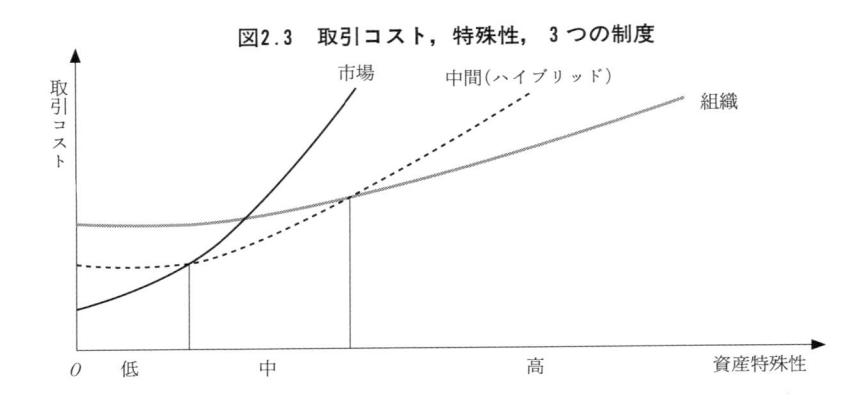

図2.3 取引コスト，特殊性，3つの制度

制度分析としての特徴をもつ。

　とくに，ウィリアムソンは資産特殊性が高い取引であればあるほど，市場取引する場合，相互に駆け引きする可能性が高くなるため，取引コストは高くなるとする。それゆえ，資産特殊な取引を展開する場合，取引コストを節約するために組織的資源配分システムがより効率的となると主張する。

　これに対して，資産特殊性が低い場合，市場取引であっても駆け引きはそれほど発生しない。というのも，たとえ駆け引きが起きたとしても，資産特殊性は低いので，容易に別の企業と取引できるからである。

　そして，資産特殊性が中程度である場合，市場と組織の中間組織的な取引形態が効率的となる。この取引形態は，必要なときに自由にだれとでも取引できるような自由な市場的取引ではなく，また常に同じ相手と継続的に取引するような固定的な組織的取引でもない。ある程度，継続的で固定的であるとともに，ある程度自由に相手を変えることもできる取引である。たとえば，系列取引，アライアンス（戦略的提携），ジョイント・ベンチャーなどは複数の企業が1つの組織として合併するわけでもないし，まったく自由に市場取引するような関係でもないという意味で，中間組織的な取引形態であるといえる。

　以上のことから，(1)資産特殊性が低い場合，市場取引は中間組織や組織取引よりも取引コストは低く，(2)資産特殊性が高い場合には，組織内取引が市場取引や中間組織よりも取引コストが低い。そして，(3)資産特殊性が中程度の場合には，中間組織が最も取引コストが低い。いま，横軸に資産特殊性をとり，縦

軸に取引コストをとるならば，これらの関係は図2.3のように描くことができるだろう[6]。

取引のファンダメンタル・トランスフォーメイション

さて，ウィリアムソンによると，取引状態は時間とともに根本的に変容する可能性が常にあるとする。初めは，取引当事者たちが互いに多く存在し，一般的資産しか保有していなかったとしよう。この場合，相互に駆け引きができないので，必要なときに必要なだけ取引するスポット契約取引つまり市場取引が取引コストを節約する方法となる。

しかし，たまたま同じ相手とスポット契約取引を数回続けると，互いにより効率的な取引を行うために，資産を特殊化する可能性がある。こうして，取引状況は根本的に変化し，相互に資産特殊な取引になっていく。この場合，長期契約取引か統合が互いに取引コストを節約するより効率的な方法となる。

このように取引状況が基本的に変化する現象のことを，ウィリアムソンはファンダメンタル・トランスフォーメイション（根本的変容）と呼ぶ。このような現象も分析しようとする点で，取引コスト理論は比較静学的な理論のみならず，動学的な理論あるいは進化論的な理論でもあるといえる。この点については，取引コスト理論のさらなる発展が期待されている。

補論 A　ウィリアムソンの取引コスト理論の数学モデル

取引コストと生産費はどのような関係[7]にあるのだろうか。この関係を理解するために，ウィリアムソンの簡単な数理モデルによる説明を紹介してみたい。

まず，組立メーカーが部品を市場から買ったほうがよいのか，自分で作ったほうがよいのか。この問題を取引コストの観点から考えてみよう。いま，kを資産特殊性とし，資産特殊性kのもとに組織で内製する場合の組織内取引コストを$B(k)$とし，市場から購入する場合の市場取引コストを$M(k)$とする。

---

6) この図はWilliamson [1996] に詳しい。
7) 取引コストと生産費の関係はWilliamson [1989, 1996] に詳しい。

図2.4　相対的なガバナンス・コスト

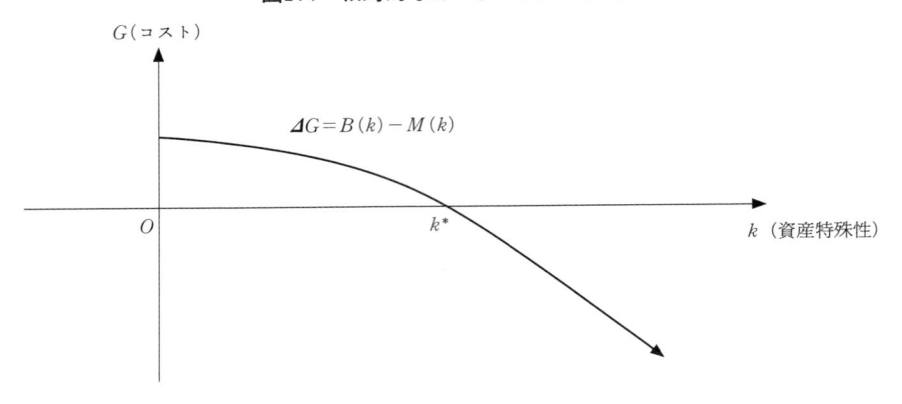

そして，組織内取引コストから市場取引コストを引いた差額を $\Delta G = B(k) - M(k)$ とする。

　ここで，もし資産特殊性 k が低いならば，だれとでも自由に市場取引できる状態にあることを意味する。このような状況で，もし駆け引きを仕掛けるような企業があれば，駆け引きされた企業は容易に別の相手をみつけることができるので，そのような企業はすぐに淘汰されてしまうだろう。それゆえ，資産特殊性 k が低い場合，市場取引コスト $M(k)$ は比較的低いといえる。このような取引をあえて自社内に持ち込んで組織内部に部品を作り出すことは，いたずらに管理費や間接費などの組織内取引コスト $B(k)$ を高めるだけである。したがって，この場合，組織内取引コスト $B(k)$ のほうが市場取引コスト $M(k)$ よりも大きく，その差額 ΔG はプラスになるだろう。

　これに対して，資産特殊性 k が高い取引では，取引相手が限定されるため，相互に駆け引きが発生しやすく，市場での取引コスト $M(k)$ は高くなる。この場合，たとえ管理費や間接費などの組織内取引コスト $B(k)$ が発生しても，市場で買うよりも自分で作ったほうが安くなる可能性がある。それゆえ，資産特殊性 k が高い場合，組織内取引コスト $B(k)$ よりも市場取引コスト $M(k)$ のほうが高く，その差額 ΔG はマイナスとなるだろう。

　以上のことを図式化すると，図2.4となる。図の資産特殊性 k^* よりも資産特殊性 k が低い場合，市場取引のほうが組織内取引よりも有利である。しか

し,資産特殊性 k が k^* よりも高くなると,市場取引よりも組織内取引が有利となる。そして,k^* の近辺では市場でも組織内でもほとんど同じとなる。

さて,市場から買ったほうがよいのか,自分で作ったほうがよいのか。今度は,生産費の観点から考えてみよう。いま,市場で別の企業から部品を購入する場合,その企業の生産費を $Mc(k)$ とし,自社で生産する場合の生産費を $Bc(k)$ とする。そして,その差額を $\Delta C = Bc(k) - Mc(k)$ としよう。

ここで,資産特殊性 k が低い場合,市場取引をとおして購入したほうが生産費は安くなる。というのも,市場では専門企業が同じような仕事を受注し,規模の経済性を発揮するような大量生産を行えるからである。それゆえ,この場合,市場取引による生産費 $Mc(k)$ のほうが内部組織による生産費 $Bc(k)$ よりも安くなる。それゆえ,資産特殊性 k が低いときは,市場取引による生産費 Mc と内部組織による生産費 Bc の差額 ΔC は大きい。

しかし,資産特殊性 k が高くなると,固有の生産物を注文することになるので,規模の経済性はそれほど働かず,外部から購入するメリットは少なくなる。しかし,それでもなお外部の供給者はより多くの注文をまとめることができ,規模の経済性を実現できるため,市場取引による生産費 Mc と内部組織による生産費 Bc の差額 ΔC は小さくなるものの,マイナスになることはないとウィリアムソンは主張する。それゆえ,ΔC は図2.5のように限りなく漸近的にゼロに近づくだけで,マイナスになることはない。

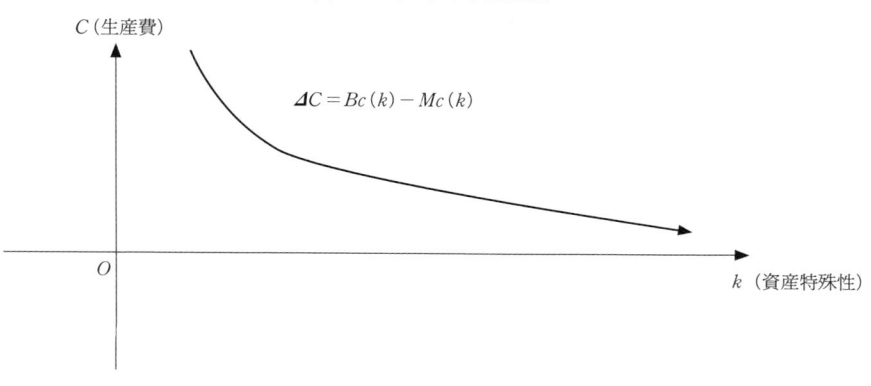

図2.5　相対的な生産費

I　取引コスト理論の基本原理

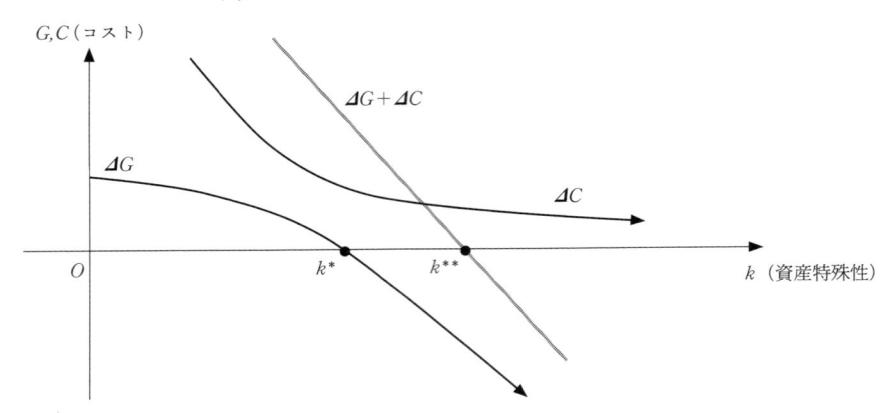

図2.6　相対的な生産費とガバナンス・コスト

　この点は，重要である。ウィリアムソンが漸近的にゼロに近づくだけで，決してマイナスになることを認めないのは，以下の理由によるものと思われる。すなわち，もしマイナスになることを認めてしまうと，垂直的統合によって企業は生産費を節約でき，それが競争優位を生み出し，独占化へと進むため，政府介入を招くことになる。これに対して，ウィリアムソンは垂直的統合は決して生産効率を高めるためではなく，あくまで取引コストを節約するためであり，それゆえ垂直的統合に対する政府介入は不要だという立場をとるからである。

　以上の議論から，取引コストの差額 ΔG と生産費の差額 ΔC を加えた曲線 $\Delta G+\Delta C$ は図2.6のように描ける。ここでは，取引コストの差額 ΔG だけを考慮したときよりも，市場利用の範囲が広くなっていることがわかる。つまり，k^* よりも k^{**} のほうが大きくなる。

　以上のことから，資産特殊性 k が低い場合，市場からの調達が有利となる。これに対して，資産特殊性 k が高い場合，内部組織化が有利となる。中程度の資産特殊性の場合には，市場から調達することと内部で生産することは無差別である。さらに，生産費の観点からすると，市場からの部品調達に比べて内製化は常に不利になるので，生産費の節約という観点からだけでは，企業と企業は相互に統合することはない。あくまで，取引コストが高いときに，統合や組織化が起こるとウィリアムソンは主張する。

練習問題

1 人間の限定合理性について具体的事例を用いて説明しなさい。
2 人間の機会主義的行動の具体的事例を述べなさい。
3 取引コストに対応すると思われる具体的なコストについて述べなさい。
4 資産特殊性の意味を具体的な事例を用いて説明しなさい。
5 ファンダメンタル・トランスフォーメイションはどのようなとき発生するのか。
6 企業は生産費を削減するためだけに統合はしない。なぜか。

2

取引コスト理論と組織デザイン

　これまで組織デザインは，さまざまな観点から分析されてきた。とくに，組織は社会学的に分析されることが多く，組織形態の違いは命令伝達システムの違いとみなされてきた。これに対して，取引コスト理論では，多様な組織デザインは組織内に発生するメンバーの非効率な機会主義的行動を抑制し，取引コストを節約するために展開される一種の「統治制度」あるいは「ガバナンス制度」とみなされる。ウィリアムソンによると，企業とはまさにガバナンス制度そのものなのである。

　　　　　企業 ＝ ガバナンス制度

　以下，現存するさまざまな組織デザインを取引コスト理論にもとづいて体系的に説明できることを明らかにしてみたい[8]。

2-1　基本的組織デザインの取引コスト理論分析

市場とピア・グループ　もしすべての人間が完全合理的であるならば，人々は取引をめぐって相手の情報をコストをかけることなく収集できる。このような人間同士の取引では，相手をだまして利益を得ようとするような悪徳的な行動は起こらない。というのも，そのような行動はす

---

8) 組織デザインの取引コスト理論分析については，Williamson [1975, 1986]，Douma and Schreuder [2002]，菊澤 [1998] に詳しい。

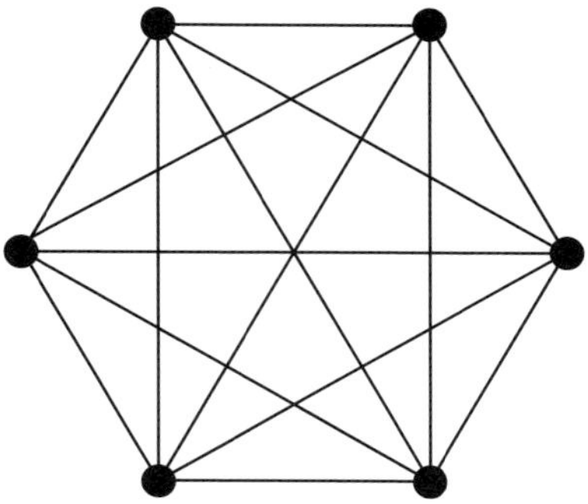

ぐに見破られ，そのような行動を行った人間は市場取引から排除されてしまうからである。

　何よりも，完全合理的な人間世界では，能力のある人はコストをかけずに資源を購入でき，能力のない人もコストをかけずに資源を売り出すことができる。それゆえ，自由な市場取引によって，能力のない人から資源は流出し，能力のある人に資源は配分されることになる。このような意味で，市場取引は効率的な資源配分制度であるといえる。

図2.7　ピア・グループ

　しかし，実際には，人間は完全合理的ではない。人間の合理性は限定されており，人間はすきがあればたとえ悪徳的であっても自己利害を追求する機会主義的な存在となる。このような限定合理的な人間世界では，市場取引する場合，互いに取引を有利に進めようと駆け引きが起こるので，取引上の無駄，つまり取引コストが発生する。この取引コストが少ない場合には市場取引は続けられるが，このコストがあまりにも高い場合，市場取引に代わって組織が発生してくることになる。これがウィリアムソンの考えである。

　ここで，市場に代わる最もシンプルな組織は，ピア・グループ（peer group）である。ピア・グループとは仲間組織のことであり，図2.7のように上下の階層がなく，直接的な監督者もいない単純な平面的な組織である。このような組織では，各メンバーは同じ意思決定権をもち，相互調整メカニズムによって調整され，収益はある規則に従ってメンバー間に平等あるいは公正に分配される。たとえば，このような組織の例として，弁護士グループ，公認会計士グループ，医師グループ，そして経営コンサルタント・グループ等の比較的小さな共同経営組織が挙げられる。

　このピア・グループの効率性を取引コスト理論的に分析するために，いますべての人間が限定合理的で，しかも機会主義的であるとしよう。このような人間からなる世界では，個々人が相互に情報を市場取引する場合，自分の立場を有利にするために情報を意図的に歪曲して伝達表現する可能性がある。それゆ

> **Column 2-1　ブランド商品を購入する女性ピア・グループの取引コスト理論分析**
>
> 　ある一定の収入をもち，シャネルやルイ・ヴィトンなどのブランド商品を買い求めている女性たちの中には，個々に商品を購入する人々もいるが，ピア・グループを形成して集団として購入活動を行っている人々もいる。
> 　個々人で雑誌やマスコミなどからお気に入りのブランドの情報を収集したり，個々人で海外に出かけてブランド商品を購入したりする場合，意外に取引コストがかかる。このようなコストを節約するために，ブランドをめぐる情報を共有するピア・グループが形成される。
> 　ピア・グループを形成すれば，シャネルやルイ・ヴィトンなどのブランド商品を購入するために，集団でフランスに買い物に出かけることができ，航空運賃や宿泊費を節約することができるとともに，交渉もしやすく，取引コストを大幅に節約することができる。
> 　しかし，このようなグループも大きくなると，他人の情報にただ乗りする人々が出現してくる。これが，メンバー間の信頼を下げ，グループを危機に導くことになる。

え，情報獲得をめぐる取引コストは高い。この取引コストは，組織を形成し，メンバーと情報を共有することによって節約されうる。というのも，組織を形成することによって，個人は情報をめぐる私的利益を追求できなくなるからである。このように，個々人が情報を集め，個々に占有するよりも組織的に情報を共有することによって取引コストが節約される場合，ピア・グループが形成される。

　また，個々人は，個々に行動する場合，不慮の事故や事件に巻き込まれたり，あるいは仕事がないというリスクを自己負担しなければならない。このリスクを削減するために，たとえば，個々人は保険会社と市場取引できる。この場合，人間は限定合理的で，しかも機会主義的に行動する可能性があるので，保険会社との市場取引では高い取引コストが発生する。たしかに，死亡や傷害などのリスクに対しては，保険会社と保険契約を結ぶことができるだろう。しかし，仕事がないというリスクのために保険に入ることは非常に難しい。これに対して，もし個人が組織メンバーとなり，組織によって所得がある程度保証されるならば，このような組織化によって取引コストは削減され，リスクは軽減される。それゆえ，ピア・グループを形成することがより効率的となる。

さらに，人間は限定合理的で，しかも機会主義的に行動する可能性があるので，何の制約もないならば，ある人は打算的で怠けて手を抜き，生産性を低下させるだろう。しかし，このような個人に組織の中で公正な持ち分の仕事が与えられると，打算が責任感に変わり，手抜きもせず生産性を高める可能性がある。この場合も，ピア・グループを形成することが効率的となる。

以上のように，取引コストを節約するために，機会主義的行動を抑制するガバナンス制度としてピア・グループが形成される可能性があるといえる。しかし，このピア・グループが規模の経済性を求めて巨大化していくと，別の問題が発生し，別のガバナンス構造が必要となる。

このことを説明するために，いまピア・グループの各メンバーが限定合理的で，しかも機会主義的に行動する可能性があるとしよう。このようなメンバーから構成されるピア・グループが巨大化すると，メンバーは相互に他のメンバーの行動を十分把握できなくなる。そのため，相互監視システムや相互調整メカニズムが十分働かない。このような状況では，メンバーは相互にサボり出し，他のメンバーの成果にただ乗りしようとする機会主義的行動（フリー・ライダー）が出現する。それゆえ，巨大化したピア・グループでは，資源は非効率に利用されることになる。

この問題を解決するためには，ピア・グループ組織を解体し，再び個々人が市場取引を展開するか，あるいは別の統治構造を展開するかのいずれかとなる。このうち，後者の方向で

単純階層組織

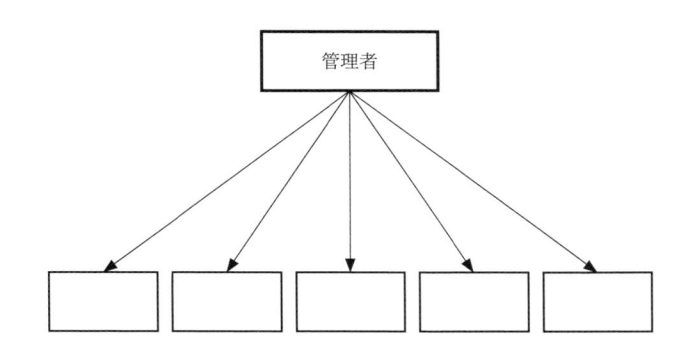

図2.8　単純階層組織

> **Column 2-2** 参謀本部制組織の意味
>
> 　統合型組織の1つとして「参謀本部制組織」がある。スタッフが強い権限をもって全体を指揮する組織である。この組織は，軍隊組織として有名であり，非常に効率的なイメージを抱く人も多いだろう。
> 　しかし，このようなスタッフが強い権力をもつ組織は，どんな企業にも当てはまる組織形態とはいえない。もともと，参謀本部制組織は王国の軍隊組織として発展してきた組織形態である。王国では，王位は代々子に受け継がれていくことになる。それゆえ，このような方式では，常に優秀な王や軍事に明るい王が育ってくるとは限らない。時には，能力の低い王，あるいは軍事に弱い王が誕生するかもしれない。
> 　それでも，王国を守るために，王の軍事能力や軍事資質とは無関係に強い軍隊組織をつくる必要がある。こうした必要性のもとに，登場してきた組織が参謀本部制組織である。したがって，もしこの組織形態が現代の企業で有効に働くとすれば，創業者一族が代々社長を務めているような企業であろう。

展開される統治構造が1人の管理者をもつ単純階層組織である。

　この組織では，管理者がメンバーの賃金を決定し，グループ構造を変更でき，そしてメンバーに何をすべきかについて述べる権利をもつ。このようなガバナンス構造によって，メンバーのサボりやただ乗り等の機会主義的行動は抑制されうる。

　しかも，図2.8のように，ピア・グループでは情報がメンバーからメンバーに多元的に伝達されるのに対して，単純階層組織では情報は1人の管理者から各メンバーに伝えられるため，数学的に情報伝達をめぐる取引コストは大幅に節約されるだろう。同様に，意思決定に必要な時間に関しても，ピア・グループよりも単純階層組織のほうが短いので，情報をめぐる取引コストも節約される。したがって，このような組織はより効率的な資源配分システムといえるだろう。

　しかし，この単純階層組織のもとに，規模の経済性を求めて組織がさらに巨大化していくと，問題が出現する。すなわち，組織が巨大化すると，管理者は限定合理的なので，1人の管理者によってすべてのメンバーを十分に監視することはできない。それゆえ，メンバーの機会主義的行動が出現し，メンバーはサボり始めるので，彼らを監視し，調整するために，組織内取引コストはきわ

めて高くなる。

統合型組織　このような組織内取引コストを削減するために，階層が2層以上ある多段階階層組織構造が新しいガバナンス構造として展開されうる。この統治構造では，図2.9のように各専門の管理者が設置され，さらにこれら専門管理者を調整し監視する経営者が設置される。このような組織構造を，ウィリアムソンは統合型組織（unitary form）あるいはU型企業と呼んだ。この組織構造よって，組織メンバーはより効率的に管理され，組織内取引コストは削減されることになる。

しかし，この多段階階層組織でも，規模の経済性を求めて組織がさらに巨大化すると，経営者は限定合理的であるため，日常業務的な調整に追われ，十分な管理ができないだけでなく，とくに経営者は長期的な戦略的意思決定ができなくなる。また，十分な管理を行うために，管理範囲（スパン・オブ・コントロール）の原則のもとに管理者を増やし，階層を増加するならば，命令が伝達されるたびに命令内容に雑音が入り，情報伝達をめぐる取引コストが高くなる。

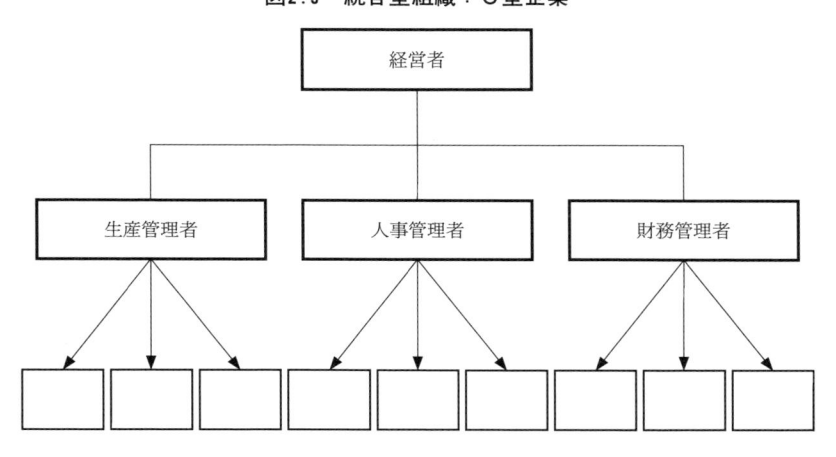

図2.9　統合型組織：U型企業

2-2 巨大組織デザインの取引コスト理論分析

事業部制組織

これら一連の問題を解決するために，事業部制組織（multidivisional form）あるいはM型企業と呼ばれるガバナンス構造が展開されうる。その基本構造は，図2.10のように，本部，スタッフ，そして各事業部に分化されて構成される点にある。

この統治構造では，本部は各事業部への資源配分等の戦略的意思決定にかかわり，スタッフは助言機能と監査機能を果たすことになる。これに対し，各事業部は業務的意思決定に対する責任が任され，準自律的な存在となる。

このようなガバナンス構造は，命令伝達プロセスが短いので，情報伝達をめぐる取引コストが大幅に節約される。また，戦略的意思決定と業務的意思決定が分離され，経営者は戦略的意思決定に専念できるので，効率的に意思決定することができ，経営資源は効率的に配分され利用される。さらに，各事業部に大幅に権限が委譲され，その自由な決定に対する責任が問われることになる。それゆえ，事業部は自己統治せざるをえなくなり，これによって本部のモニタリング・コストも節約されることになる。

しかし，このような組織デザインでは，本部が限定合理的で，しかも各事業部が機会主義的に行動する可能性があるので，事業部同士での取引では相互に甘えが発生し，駆け引きが起こる。たとえば，同じ企業内ということで，いくぶん割高に部品を購入することを勧めてくる事業部があるかもしれない。

このような事業部間での高い組織内取引コストを避けるために，逆に過度に事業部同士が疎遠になる場合もある。このとき，多重投資が発生する。本来，1つの工場で2つ以上の事業部に製品を供給できる能力があるにもかかわらず，事業部間が相互に独立している場合，同じような能力をもつ工場を2つ建設してしまう可能性があり，過剰な生産能力に導かれる可能性がある。

また，事業部間が相互に交流がないため，相互に競合するような商品開発や商品生産を行い，企業内で事業部間の過当競争が発生することもある。たとえば，1980年代，IBMは各事業部で固有のコンピュータを開発したため，相互

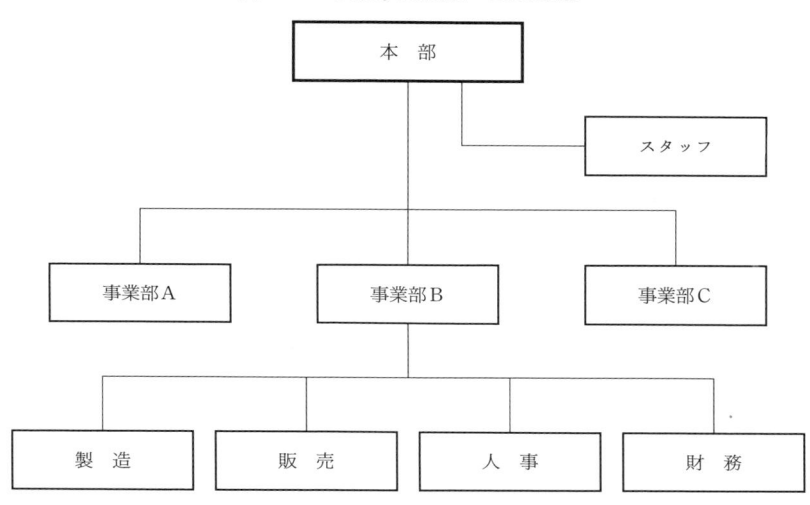

図2.10　事業部制組織：M型企業

```
            本　部
              │
              ├────── スタッフ
              │
     ┌────────┼────────┐
   事業部A   事業部B   事業部C
              │
      ┌───┬───┼───┬───┐
     製造  販売  人事  財務
```

に競合するという非効率な状況に陥ったことがある。

　さらに，本部と事業部との密接な人間関係のために，たとえある事業部が明らかに時代遅れで不採算であったとしても，その事業部を清算処理できない場合がある。というのも，そのような事業部を清算処理しようとすると，相互に駆け引きが発生し，あまりにも高い組織内取引コストが発生するからである。

マトリックス組織とSBU

　以上のような事業部制組織をめぐる問題のうち，多重投資を回避するために開発された組織がマトリックス組織[9]である。この組織構造は，基本的に事業部制であるために，図2.11のように本部は事業部制を展開し，事業部長が事業部を管理する構造になっている。

　しかし，事業部間が相互に交流をもたず，相互に同じような投資を展開するのを避けるために，マトリック組織では図2.11のように本部は営業担当役員，生産担当役員，研究開発担当役員などの役員を配置し，各事業部を横切って水

　9）　マトリック組織については，たとえばDaft［2001］をみよ。

図2.11 マトリックス組織

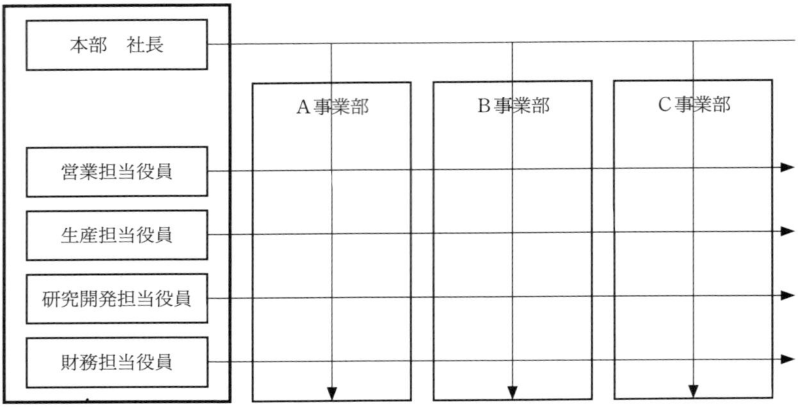

```
本部　社長 ─────┬──────────┬──────────┬──────────→
              │A事業部    │B事業部   │C事業部
営業担当役員 ───┼──────────┼──────────┼──────────→
生産担当役員 ───┼──────────┼──────────┼──────────→
研究開発担当役員 ┼──────────┼──────────┼──────────→
財務担当役員 ───┼──────────┼──────────┼──────────→
              ↓          ↓          ↓
```

平的に管理し，調整するような仕組みを作り出すことになる。

　このような統治構造によって，事業部間でダブって投資しているかどうかがチェックされ，事業部間での多重投資による非効率性が排除されることになる。このような組織は，本部から各事業部へという縦列からの統治構造と本部の各担当役員から各事業部へという横の行の統治構造からなるという意味で，マトリックス（行列）組織といわれている。

　同様に，事業部間の過当競争を回避し，組織内取引コストを節約するために展開される組織がSBU（Strategic Business Unit）である。この組織は，図2.12のように縦軸は本部が効率的に組織を管理するために事業部制を展開する。また，横軸には各事業部の戦略や事業が相互に重複し競合しないように本部に戦略別の担当重役を設置する。これによって，事業部間同士の過当競争による非効率性が排除されることになる。

　以上のように，マトリックス組織やSBUによって事業部制をめぐるいくつかの問題は解決されうる。しかし，これらの組織デザインには致命的な問題が内在している。それは，1人の従業員に2人の上司が配置されてしまう点である。そのため，この構造のもとでは限定合理的で機会主義的な上司は事業部の失敗に対して責任を回避することができる。また，限定合理的で機会主義的な事業部長も矛盾した命令のもとに手抜きができ，言い逃れができることになる。

図2.12　ＳＢＵ

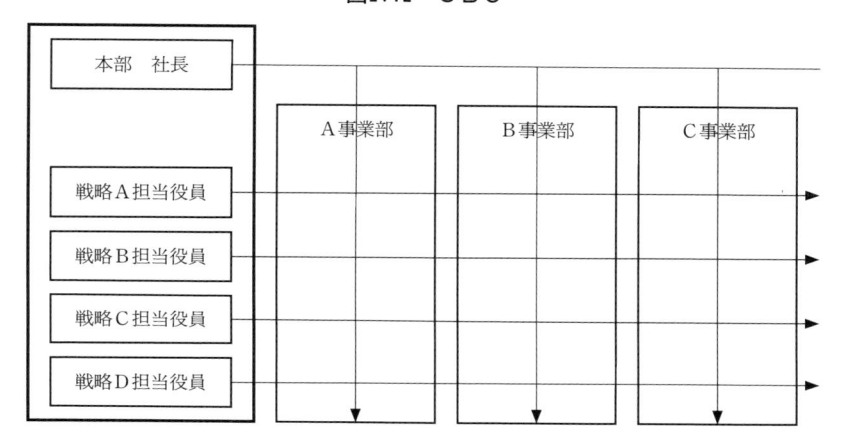

```
┌─────────────────┐
│  本部　社長      │────┬──────────┬──────────┬──────────
├─────────────────┤    │ A事業部   │ B事業部   │ C事業部
│                 │    │          │          │
│  戦略A担当役員   │────┼──────────┼──────────┼──────────→
├─────────────────┤    │          │          │
│  戦略B担当役員   │────┼──────────┼──────────┼──────────→
├─────────────────┤    │          │          │
│  戦略C担当役員   │────┼──────────┼──────────┼──────────→
├─────────────────┤    │          │          │
│  戦略D担当役員   │────┼──────────┼──────────┼──────────→
└─────────────────┘    ↓          ↓          ↓
```

持株会社

　さて，事業部制では，しばしば人間関係のために，つまり組織内取引コストが高いために，本部が環境にあわなくなった不要な事業部を処理することをためらう場合がある。この問題を解決するために展開される取引コスト節約制度が持株会社制度である。

　持株会社制度では，図2.13のように持株会社は子会社の株式を所有し，株式保有をとおして子会社をコントロールする。子会社は，独立した株式会社として活動し，主要株主として持株会社に接することになる。子会社は完全に独立しているので，常に自己責任・自己統治が問われ，株式市場からの圧力にさらされることになる。

　持株会社と子会社の関係は，株式保有関係だけである。このような関係では，持株会社は子会社との駆け引きにとらわれることなく，自己の利益だけを考えて効率的に会社を売却することが可能となる。この意味で，この形態は取引コスト節約制度とみなしうる。

　しかし，この形態も決して完全な形態ではない。持株会社内の人間は限定合理的であるため，所有している企業の財務情報を完全に入手することはできない。他方，子会社の経営者も機会主義的に嘘の財務諸表を公表するかもしれない。このように，持株会社制度でも，子会社の完全な情報を得ることができないために，適切に企業を売却できない可能性があるといえる。

2　取引コスト理論と組織デザイン

図2.13　持株会社

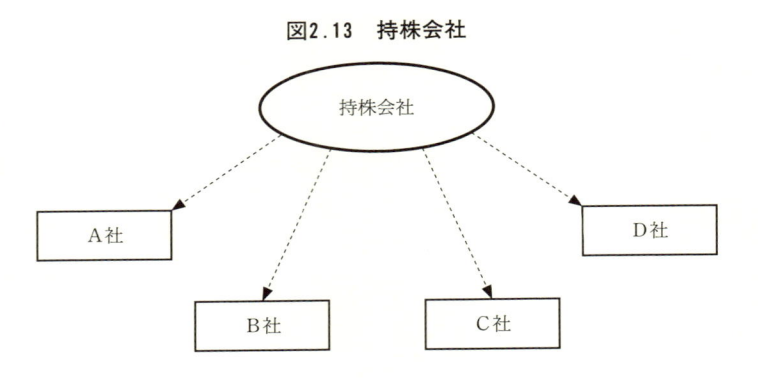

```
            ┌─────────┐
            │ 持株会社 │
            └─────────┘
         ／     │      ＼
    ┌─────┐  ┌─────┐  ┌─────┐
    │ A社 │  │ B社 │  │ C社 │  ┌─────┐
    └─────┘  └─────┘  └─────┘  │ D社 │
                               └─────┘
```

2-3　中間組織の取引コスト理論分析(1)

市場と組織の中間組織

　これまで取引コスト理論にもとづいて，市場システムと多様な組織システムについて説明してきた。しかし，企業にとって選択可能な資源配分システムは市場と組織の2つだけではない。何よりも，市場と組織の特徴をあわせもつ中間的な資源配分システムも可能である。

　とくに，日本では，伝統的に系列取引や企業集団といったあいまいな結びつきにもとづく継続的な取引が展開されてきた。たとえば，流通系列取引における製造企業と流通企業との関係は相互に競争的ではなく，相互に組織的でもなく，協調的な取引関係である。また，日本に固有の三菱グループや三井グループや住友グループなどの伝統的企業グループについても，グループ内の各企業が相互に競争的ではなく，戦前の財閥のような株式の一極集中にもとづく組織的関係でもなく，株の相互持ち合いにもとづいて機能的に協調しあっていた。

　これらは，いずれも取引を完全に内部組織化するものでもなく，状況によってその関係を強めたり弱めたりする非常にあいまいな取引関係である。このように，市場取引でも組織取引でもない関係，逆にいえば市場的でもあり組織的でもあるような企業間関係は，中間組織[10]あるいはハイブリッド型取引関係（Williamson [1996]）と呼ばれている。

以下，米国の企業間関係と比較しながら，この日本固有の中間組織取引を取引コスト理論にもとづいて説明してみたい。

米国の企業間取引

さて，米国はこれまで自由市場経済を標榜し，米国企業は市場取引を志向してきた。しかし，米国の企業史をみると，企業間の吸収合併運動が過去4回にわたって大規模に行われており，この意味で米国企業は組織内取引を志向しているように思える。この矛盾した米国企業をめぐる状況をどのように理解すればよいのだろうか。

一般に，組立メーカーが部品メーカーと部品取引する場合，取引される部品は一般的な部品と特殊な部品に区別されうる。このうち，ボルトやネジなどの一般的部品はだれでも生産できるので，たとえ取引当事者たちが限定合理的で機会主義的であっても，取引をめぐって相互に駆け引きしようとしないだろう。それゆえ，このような一般的な部品は，市場取引をとおして調達しても取引コストはそれほど高くはならない。むしろ，このような単純でどのような企業も製造可能な部品は競争が激しくなるので，組立メーカーにとって最適な調達が可能となる。とくに，米国企業の場合，組立メーカーが図面を貸与することによって（貸与図方式）意図的に部品製造を容易にし，部品メーカー間の競争を激化させることすらある。

しかし，エンジン関係などの特殊な部品は，特殊な人的物的資産をもつ特定の企業でしか部品を製造供給できない。このような特定の企業と市場取引を繰り返すと，互いに限定合理的で機会主義的であるので，駆け引きが発生し，高い取引コストが発生する。この取引コストがあまりにも高い場合，取引コストを節約するために米国企業はそのような部品を自社内で製造するか，あるいは可能であれば積極的に相手を買収して合併し，組織内取引を展開するものと思われる。

以上のように，取引コスト理論にもとづいて米国企業の行動を分析すると，米国企業では市場取引と組織内取引が並存し，一見，矛盾しているように思え

---

10) 中間組織については，今井・伊丹・小池［1982］に詳しい。また，菊澤［1995, 1998］にも詳しい。さらに，日本における系列取引の厳密な分析については，浅沼［1984］に詳しい。

るが，いずれも取引状況に応じて取引コストを節約しているという点で一貫しているといえる。

日本の中間組織取引　さて，日本も米国と同様に，これまで自由市場経済を標榜し，積極的に市場経済を推進してきた。しかし，実際には，先に説明したように，メーカーと流通・販売店が密接に関係している流通系列，組立メーカーと部品メーカーが密接に関係している生産系列，そして旧財閥系グループで展開されているグループ内取引などがごく普通に行われてきた。このような市場的であり組織的でもある中間組織は，果たして効率的なのか。この中間組織の効率性を取引コスト理論によって説明してみよう。そのために，市場，組織，そして中間組織を参加メンバーの行動原理と参加メンバーのメンバーシップという2つの観点から整理してみよう。

まず，市場取引では，参加メンバーの行動原理は利潤最大化原理であり，これをM_1とする。また，参加メンバーのメンバーシップは自由な参入・退出関係として特徴づけられ，これをM_2としよう。これに対して，組織では各メンバーは必ずしも自己利益を最大化することはできず，メンバーの行動原理は中心的メンバーによる権限にもとづく命令であり，これをO_1とする。また，メンバー間の関係であるメンバーシップは互いに自由に参入・退出できず，常に同じメンバーと固定的で継続的な関係として特徴づけられる。これをO_2としよう。

ここから，これら2つのシステムの中間に位置する中間組織は，以下のように特徴づけられる。まず，中間組織の行動原理（M_1+O_1）は，以下のようになる。すなわち，日本の企業グループ内の企業のように，普段はそれぞれ利潤最大化を求めて自由にグループ外の企業とも市場取引しているが，問題が発生すると，中心的企業のもとにグループ内企業は相互に組織的に行動するような市場的であるとともに組織的な行動原理である。

これに対して，中間組織のメンバーシップ（M_2+O_2）は，以下のように特徴づけられる。すなわち，系列取引関係のもとにある組立メーカーと部品メーカーのようにある程度固定的で継続的な取引関係にあるが，自由に参入・退出することも可能な取引関係である。

以上のことから，横軸に行動原理，縦軸にメンバーシップをとると，図2.14

図2.14　中間組織

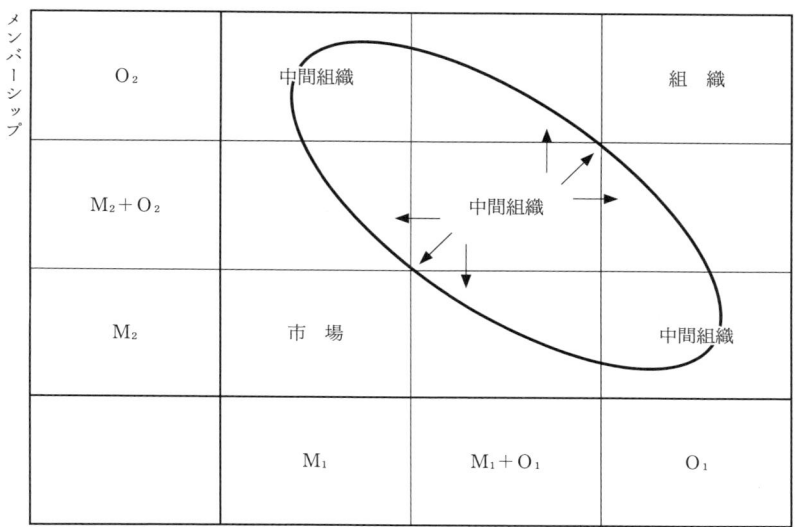

```
メンバーシップ

        |   O₂      |  中間組織    |            |  組 織    |
        | M₂+O₂     |            |  中間組織    |           |
        |   M₂      |   市 場     |            |  中間組織  |
        |           |   M₁       |  M₁+O₁     |   O₁     |
                                                      行動原理
```

のように取引は市場（M_1, M_2），組織（O_1, O_2），中間組織（M_1+O_1, M_2+O_2）として特徴づけられる。

　このように特徴づけられる中間組織は，取引コスト理論によると，以下のように環境の変化に対応して市場的となったり組織的となったりする効率的資源配分システムとして説明できる。

(1)　まず，環境の変化が激しく，取引をめぐる不確実性が非常に高い場合，すべての取引当事者は限定合理的で，しかも相互に機会主義的に行動する可能性があるので，市場取引では取引コストが高くなる。この場合，中間組織は取引コストを節約するために親会社のもとに，あるいは中心的な企業のもとに相互取引関係を密接にして組織的メンバーシップのウェイトを強めることになる。しかも，親会社あるいは中心的企業の権限にもとづく命令に従ってメンバーは行動し，図2.14のように組織内取引の方向に近づくことになる。それゆえ，このような取引行動は，取引コスト理論からすると，効率的な資源配分システムといえる。

(2)　これに対して，環境の変化が少なく，取引をめぐる不確実性が低い場合，

市場取引での取引コストは比較的少ない。このような状況では、メンバーは限定合理的で、しかも相互に機会主義的に行動する可能性があるので、組織的な取引関係では非効率な官僚化が発生したり、相互に甘えて割高な取引が起こったりして、組織内取引コストは高くなる。この場合、取引コストを節約するために、親会社や中心企業は1社と専属取引するよりも複数の企業と競争的に取引を進めたほうがより効率的に資源を利用できるため、中間組織は系列取引関係を弱め、市場的なメンバーシップを強めて、図2.14のように市場取引の方向に近づくことになる。このような取引は、取引コスト理論からすると、効率的な資源配分システムといえる。

以上のように、日本の系列取引にみられる中間組織としての企業間関係は環境の変化に対応して効率的に資源を利用し配分するシステムであるという意味で、戦略的な資源配分システムであるといえる。

2-4　中間組織の取引コスト理論分析(2)

アジア諸国のビジネス・グループ

さて、中間組織としての系列取引は、実は日本に固有な制度ではない。広く、途上国でも見出せる取引関係であることが、最近、徐々に明らかになってきた。たとえば、韓国のチェボル（財閥）、インドネシアのコングロメラト（財閥）、華人企業グループなどを中間組織の事例として挙げることができる。

図2.15　ビジネス・グループ

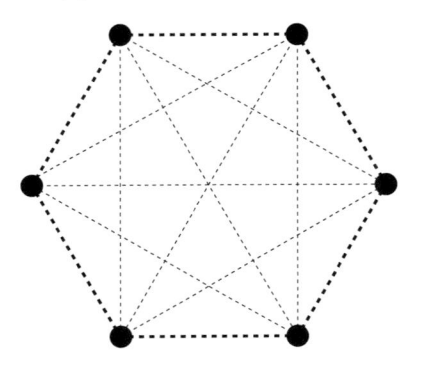

このようなアジア諸国でみられる企業間関係は、図2.15のようにそれぞれ法律上は独立した企業であるが、企業群がフォーマルかつインフォーマルに結合しているという意味で中間組織的である。たとえば、企業相互に株式の持ち合い関係が展開されており、銀行ローンのために相互保証関係が形成されており、グル

ープ内取引関係も積極的に展開されている。また，アジア諸国では，一般に企業間関係は，家族・血縁関係，同民族にも関係している。

このような中間組織が存在している理由は何か。途上国では，市場取引での取引コストがあまりにも高いからである。たとえば，途上国では資本市場が未発達であり，しかもすべての人間は限定合理的で機会主義的に行動する可能性があるため，投資家から直接資本を調達するにはあまりにも高い取引コストが発生する。また，法制度も未発達であるため，部品調達をめぐる市場取引は非常にリスクが高く，そのリスク負担コストはきわめて高い。さらに，経営者市場が未発達であるため，経営者市場で経営者を獲得するための取引コストも非常に高い。

逆に，完全に企業間が統合して巨大組織化すると，今度は管理者が限定合理的であるためにメンバーを完全に監視することができない。そして，組織メンバーも機会主義的に行動する可能性がある。それゆえ，いたずらに合併し企業が巨大化すると，組織内では非効率な資源配分がなされることになる。つまり，企業が相互に合併してしまうと，巨大化にともなって組織内取引コストは非常に高くなる。

以上のような状況にある発展途上国では，取引コストを節約するために，市場的でもなく組織的でもない中間組織としてのビジネス・グループが形成されている可能性があるといえる。

ジョイント・ベンチャー ジョイント・ベンチャー[11] とは，図2.16のように企業と企業とが資金を出し合って新しいビジネス企業を設立することを意味する。このような企業間関係は，2つの企業が直接相互に合併して組織化するわけではない。また，必要なその時々に自由に相互に取引するよ

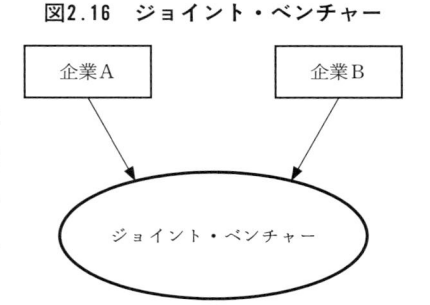

図2.16　ジョイント・ベンチャー

---

11) ジョイント・ベンチャーの取引コスト理論分析については，Douma and Schreuder [2002] に詳しい。

> **Column 2-3** ジョイント・ベンチャー IS-TIM の取引コスト理論分析
>
> 　イタリアのテレコム・イタリア・モバイル SpA 社（以下，テレコム・イタリア）は，モバイル・ビジネスを拡大するために，当時，モバイル・ビジネスが発達していなかったトルコ市場に注目していた。しかし，テレコム・イタリアはモバイルに関する知識を保有していたが，トルコ市場の特徴をめぐる知識やトルコ政府当局者との交渉をめぐるノウハウを十分もっていなかった。そのため，トルコへの進出に躊躇していた。
>
> 　これに対して，トルコの銀行である IS バンク AS 社は，トルコ国内市場に関する知識・情報や政府当局者との交渉ノウハウをもっていた。しかし，モバイル・ビジネスに関する知識はまったくなかったし，関心もなかった。
>
> 　こうした状況で，テレコム・イタリアと IS バンク AS 社が互いに交渉・取引し，結果的にモバイル・ビジネスを扱うジョイント・ベンチャーとして新たに IS-TIM 社が設立された。
>
> 　このような現象は，以下のように取引コスト理論的に説明できるだろう。すなわち，両者が互いに保有している固有の知識やノウハウを市場取引するには，高い取引コストが発生するだろう。というのも，取引される知識やノウハウは明示的なものだけではなく，言葉では語れない暗黙的な知識も多く含まれるために，このような知識を市場で取引する場合，互いに駆け引きが起こりやすいからである。他方，両者がモバイル・ビジネスを展開するために，互いに合併する必要もない。というのも，いたずらに合併すれば，互いに関連性のない部門も引き入れることになるからである。何よりも，互いに資金と知識を共有するジョイント・ベンチャーを展開することが取引コストを最も節約できる方法だったと解釈できる。
>
> ＊参考文献　Douma and Schreuder［2002］

うな市場的な取引関係でもない。ジョイント・ベンチャーは，完全に市場取引でもないし，完全に組織内取引でもない。それは，市場的であるとともに組織的でもある中間組織取引の 1 つとみなすことができる。

　なぜこのような形態が発生したのか。ジョイント・ベンチャーが展開される場合，常に直接言葉で表現することが難しい暗黙的な知識が関連していることが多い。われわれ人間は限定合理的で機会主義的なので，このような暗黙的な知識を市場で自由に販売することは難しく，販売しようとすると，相互に駆け引きが起こり，高い取引コストが発生することになる。

　これに対して，一方の企業が他方の企業を合併して組織化しようとすると，

両企業にとって相互に不必要なヒト・モノ・カネなどの組織的な資産をも取り入れる必要があり，そのために，合併後，組織内で高い取引コストが発生する可能性がある。この場合，中間組織形態としてのジョイント・ベンチャーが，取引コストを最も節約する有効な形態となる。

カンパニー制

さて，ソニーは1990年代に「カンパニー制」と呼ばれる新しい組織デザインを展開した。それは，図2.17のように組織内部にあたかもいくつもの独立した企業が存在しているような組織形態である。

カンパニー制と事業部制の違いは何か。まず，事業部制では本部が各事業部に商品開発・生産・販売に関して自律性を与えるが，資金と人材に関しては本部が直接支配する関係にある。これに対して，カンパニー制では，各カンパニーは一定範囲内で投資決定権や人事権なども保有する自律的な組織形態であるといえるだろう。

一般に，上からの命令によってすべての経営資源つまりヒト・モノ・カネを組織的に配分しようとすれば，すべての人間は限定合理的で機会主義的な性質をもっているため，適所適材という形で人的資源を配分できず，資源配分の非効率性が発生し，組織内取引コストは非常に高くなる可能性がある。このコストを節約するには，会社内で市場取引を展開することによって人的資源はより効率的に配分され，組織内取引コストは節約されることになる。

今度は，逆にすべての資源を市場から調達するような資源配分もまた人間は限定合理的で機会主義的なので，駆け引きが発生し，高い市場取引コストを生み出すことになる。これに対して，社内での市場は外部市場に比べて情報が多く獲得でき，駆け引きが少ないので，市場取引コストを節約することができる。

以上のような意味で，カンパニー制は市場的であるとともに組織的でもある中間組織形態の1つとみなしうる。それは市場取引コストを節約するとともに組織

図2.17　カンパニー制

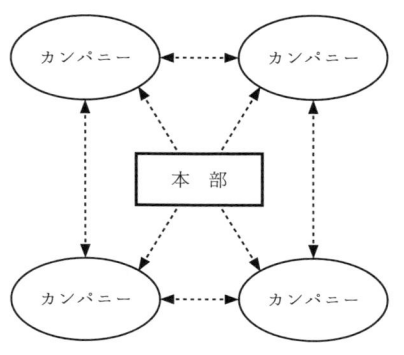

> **Column 2-4　ソニーの社内公募制の取引コスト理論分析**
>
> 　ソニーが初めて導入したカンパニー制には,いろいろな特徴がある。その中でも注目すべき制度の1つは社内公募制である。これは,入社3年目以上の社員であれば,社内で公募される職務に自由に応募できるという制度である。この制度のもとでは,あるカンパニーのある社員が別のカンパニーの社内公募に応募していることを上司には一切知らされない。異動が確定して初めて上司は部下が異動することを知る仕組みになっている。
>
> 　一般に,すべての人間は限定合理的であるために,組織内のすべての人的資源を上からの命令によって配分しようとすれば,非効率な人的資源配分が発生し,たとえば不適切な人材が経理や営業に配置される可能性があり,組織内取引コストは高くなる。それゆえ,会社内でも,あたかも労働市場のように人的資源を配分することによって人的資源はより効率的に配分され,組織内取引コストは節約される。
>
> 　同様に,すべての人材を外部労働市場をとおして採用するような人的資源配分もまた人間は限定合理的なので,情報獲得をめぐる高い市場取引コストを生み出すことになる。人事部は外部から人を採用するときには,どうしても希望者をめぐる情報を完全に得ることはできない。これに対して,社内労働市場では外部労働市場に比べて,希望者をめぐってより正確な情報を多く集めることができ,しかも駆け引きも少ないので,市場取引コストを節約することができる。
>
> 　このように,ソニーのカンパニー制を特徴づける社内公募制は人的資源配分をめぐる組織内取引コストを節約するとともに,外部労働市場における取引コストも節約するより効率的な中間組織制度の1つであるといえるだろう。

内取引コストも節約する組織形態なのである。

フランチャイズ制

　フランチャイズ・システム[12]は,フランチャイザー(本部)がフランチャイジー(加盟店)に一定の条件で,一定地域における特定の商品の生産や販売を行う権利を貸し与えるとともに,経営指導,販売促進,教育などのノウハウやビジネス・モデルを貸し出す契約システムのことである。このシステムの典型的な事例として米国マクドナルド社が有名である。この場合,図2.18のようにフランチャイザーがマクドナルド社で,フランチャイジーがローカルな企業家となる。

---

12)　フランチャイズ制の取引コスト理論分析については,Douma and Schreuder [2002] に詳しいので,参照されたい。

図2.18　フランチャイズ制

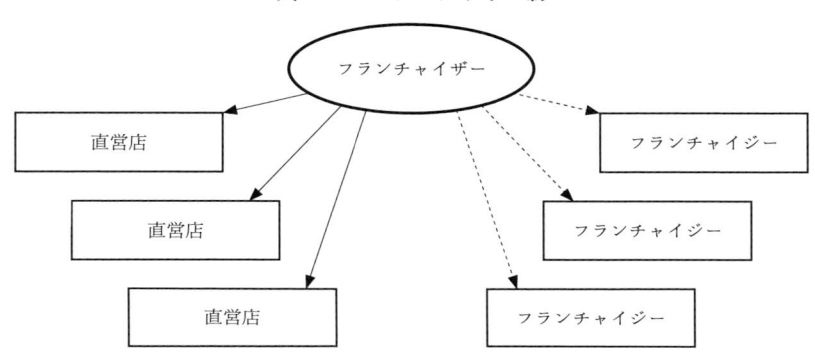

```
                    フランチャイザー
         ↙        ↓      ↓      ↘
    直営店                           フランチャイジー
        直営店              フランチャイジー
            直営店      フランチャイジー
```

　このフランチャイズ・システムもまた中間組織形態の1つとみなすことができる。もしある企業が固有のノウハウやビジネス・モデルにもとづいてすべての支店を直営店化するならば，多くの資本や多くの有能なマネジャーが必要となる。しかし，すべての人間は限定合理的で機会主義的なので，このような多額の資金と多数の人材を組織内で調達することは非常に難しく，組織内取引コストは非常に高いだろう。

　他方，ビジネス・モデルを市場取引で他社に完全に販売することも難しいだろう。ノウハウやビジネス・モデルやブランドを販売すると，人間は限定合理的なので企業は監視ができず，購入者がブランドのもとに質の低いサービスを提供する可能性があり，ブランドにただ乗りする可能性がある。それゆえ，市場での取引コストは高い。

　したがって，ノウハウやブランドやビジネス・モデルをフランチャイズ契約によって貸し出すことによって，組織内取引コストも市場取引コストも節約できる。つまり，中間組織としてのフランチャイズ方式がベターな組織デザインとなる。資金はローカルな企業家が投資し，ローカルな有能な企業家が手を挙げてくるので，人的資源配分をめぐる非効率性はある程度抑制できる。また，契約更新制度なので，もしフランチャイジーが質の低いサービスを提供し続けたならば，契約を更新しなければよい。

Column 2-5 マクドナルド社の取引コスト理論分析

　米国マクドナルド社は，フランチャイズ制を採用している典型的な企業である。2005年の時点で世界120カ国以上の国に約3万2000店ものファースト・フード店を展開している。そのうち，約9000店が直営店であり，残り2万3000店がフランチャイズ制のもとにローカルな企業経営者によって営業されている。

　このフランチャイズ契約は数年契約であり，フランチャイザーがマクドナルド社で，フランチャイジーがローカルな企業経営者となる。フランチャイザーとしてのマクドナルド社は，マクドナルド方式として商品範囲，ファースト・フード店の建築スタイル，ファースト・フード店の家具，従業員の服装，顧客への対応の仕方，ブランド・ネーム等からなるパッケージをフランチャイジーに提供している。これに対して，フランチャイジーはフランチャイザーであるマクドナルド社に固定額プラス売上の数％のお金を支払うことになっている。

　さて，もしマクドナルド社が組織的にすべての支店を直営店化するならば，多くの資本と多くの有能なマネジャーを育成する必要がある。すべての人間は限定合理的で機会主義的であるため，このような多額の資金と多数の優秀な人材を組織内で調達することは非常に難しく，それゆえすべての支店を直営化することは，いたずらに組織内取引コストを高めることになるだろう。

　他方，マクドナル方式を市場取引をとおして完全に販売してしまうことにも大きな問題がある。知識・方式・ブランドを完全に販売してしまうと，人間は限定合理的なのでマクドナルド社は十分モニタリングができず，その購入者がマクドナルドのブランドのもとに質の低いサービスを提供する可能性があり，マクドナルドのブランドにただ乗りする可能性が十分ある。

　したがって，マクドナルド社の場合，中間組織としてのフランチャイズ方式が最適な組織デザインであったといえる。フランチャイズ制のもとでは，資金はローカルな企業経営者が提供し，ローカルで有能な企業経営者が手を挙げてくるので，人的資源配分をめぐる非効率性もある程度抑制できる。また，契約更新制度なので，もしフランチャイジーが質の低いサービスを提供した場合，マクドナルド社は次の契約を更新しなければよい。

　＊参考文献　Douma and Schreuder［2002］

練習問題

1　ウィリアムソンの取引コスト理論では，企業とはどのような存在とみな

されているのか。

2 「ピア・グループ」とは，どのような組織か。具体的事例を示しなさい。

3 「中間組織」とは，どのような組織か。具体的な事例を示して説明しなさい。

3

取引コスト理論と経営戦略
―― 企業の境界

　これまで説明してきたように，取引コスト理論によると，多様な組織デザインは市場に代わる多様なガバナンス制度として体系的に分析できる。この同じ取引コスト理論を用いて，今度は企業の境界はどこか，企業はどこまで大きくなりうるのか，という組織戦略的問題も分析できる。企業は，一般に垂直的にも水平的にも巨大化できる。そして，提携やフランチャイズ制を展開することによって，戦略的に企業の境界をあいまいにすることもできる。企業は，どのような場合に巨大化し，どのような場合に境界をあいまいにするのか。以下，まず垂直的統合戦略が取引コスト理論によってどのように分析できるのかを明らかにしてみたい。

3-1　垂直的統合戦略の取引コスト理論分析

垂直的統合と取引コスト理論

　部品メーカーから組立メーカーに部品が供給され，組立メーカーによって組み立てられた製品が卸売会社に供給され，さらにその製品が小売店に供給されるような一連の企業間関係は垂直的関係[13]といわれている。図2.19のように，部品メーカーから小売店への流れは「下流」と呼ばれ，小売店から部品メーカーへの流れは「上流」と呼ばれる。

---

[13]　垂直的関係については，Besanko, Dranove and Shanley [2000] に詳しいので，参照されたい。

このような垂直的関係において，歴史的に組立メーカーが部品メーカーを合併したり，部品メーカーが組立メーカーを合併したりする垂直的統合現象がみられる。たとえば，1870年に石油のパイプラインを所有していたロックフェラーのスタンダード・オイル社は下流にある石油精製工場を買収し，統合して巨大化していった。また，1989年に家庭用ビデオを販売していたソニーが上流にある映画製作会社コロンビア・ピクチャーズ社を買収し統合した。前者は「前方統合」と呼ばれ，後者は「後方統合」と呼ばれる現象である。

図2.19　垂直的関係

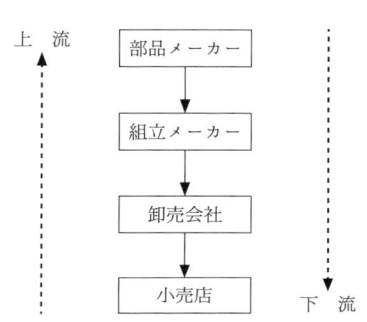

上流
部品メーカー
↓
組立メーカー
↓
卸売会社
↓
小売店
下流

このような垂直的統合現象は，これまで技術的依存性にもとづいて生産コストが節約され，より効率的な生産を達成するために統合されるものと説明されてきた。それゆえ，このような統合をいたずらに認めてしまうと，独占化による弊害が発生し，政府介入が必要になるのではないかという議論も登場した。

しかし，厳密に考察すると，このような垂直的統合は技術的依存性にもとづく生産コストの節約だけでは十分に説明できない。というのも，もし企業間の垂直的統合の目的が純粋に技術的依存性にもとづく生産コストの節約であるならば，2つの企業は互いに長期的な取引契約を結べばよいのであって，企業同士があえて合併する必要はないからである。それゆえ，垂直的統合に進むには技術的依存性にもとづく生産コストの節約とは別の理由が必要となる。

これに対して，取引コスト理論では，人間は限定合理的で，すきがあればたとえ悪徳的であっても自己利益を追求する機会主義的な行動をとると仮定される。それゆえ，取引状況によっては相互に駆け引きが発生し，取引コストが発生する。そして，この取引コストがあまりにも高い場合，それを節約するために垂直的統合が発生するものと考える。したがって，このような統合現象は必ずしも独占化と結びつくものではなく，政府介入を必要とするものではないことになる。

以下，取引コスト理論にもとづいて，企業がどのような状況で垂直的統合戦

略を展開するのかを説明してみたい。そのために，垂直的関係にある2つの企業を想定し，資産特殊性，不確実性，そして取引頻度といった取引状況に依存して，2つの企業がどのような戦略的な行動をとるのかを分析してみよう。

|垂直的統合の取引コスト理論分析|

まず，いま2つの企業があるとする。この2つの企業をめぐる取引状況は，資産特殊性という観点からすると，表2.1の横の項目のように，①資産特殊性が両者にとって低い場合，②資産特殊性が両者にとって高い場合，③資産特殊性が一方に高くて一方に低い場合に区別でき，論理的にそれ以外にはありえない。また，不確実性という観点から取引状況を分析すると，表2.1の縦の項目のように①不確実性が高い場合か，②不確実性が低い場合かに区別でき，論理的にそれ以外にはありえない。したがって，2つの企業をめぐる取引状況は表2.1のように6つのケースに区別されうる[14]。以下，それぞれの取引状況で，どのような行動が効率的な戦略なのかを取引コスト理論にもとづいて分析してみたい。

Case(1) まず，2つの企業が保有する資産がともに特殊ではなく一般的で，しかも不確実性が低い取引状況について考えてみよう。このような取引状況では，取引相手は当該の取引相手だけではなく，他にも数多く存在するため，たとえ取引当事者が限定合理的で，相互に機会主義的に行動する可能性があったとしても，実際には取引当事者は取引を有利に進めるために駆け引きすることはできない。というのも，もし駆け引きを仕掛ければ，駆け引きされたほうは容易に別の取引相手を見出すことができるからである。それゆえ，この場合，企業は取引頻度とは無関係に必要なときに必要なだけ1回1回スポット契約取引を行うことが効率的となる。つまり，この場合，市場取引が効率的となる。

たとえば，このような取引の例として，標準的なクギやボルトやネジを取引しようとしている建設会社と部品メーカーを挙げることができるだろう。この場合，クギやボルトの取引をめぐって部品メーカーも建設会社も特殊な資産をもっているわけではない。また，クギやボルトの購入をめぐって，取引が不確

---

14) 以下の垂直的統合戦略モデルは，Douma and Schreuder［2002］の議論を参考にして展開している。

表2.1　垂直的統合戦略

		資産特殊性		
		両者にとって低い	両者にとって高い	一方に高く一方に低い
不確実性	高い	Case (4)	Case (5)	Case (6)
	低い	Case (1)	Case (2)	Case (3)

実で錯綜するわけでもない。この場合，この取引を有利に進めるために，いずれの企業も駆け引きを仕掛けることはないだろう。駆け引きを仕掛ければ，建設会社は容易に別の企業を探すことができるし，部品メーカーもまた別の建設会社と取引することができる。それゆえ，標準的なクギやボルトの取引をめぐっては，スポット契約が最も取引コストが節約でき，効率的な取引となる。

Case (2)　次に，企業の資産が両者にとって特殊であるが，不確実性が低い取引状況について考えてみよう。この場合，取引当事者たちは限定合理的で，しかも機会主義的に行動する可能性がある。それゆえ，市場取引をする場合，相互に駆け引きが起こり，多大な取引コストが発生する可能性がある。

しかし，取引コストを節約するために，どちらかが垂直的統合を展開し，取引を内部組織化して企業を巨大化すると，管理者は限定合理的で，しかも組織メンバーは機会主義的に行動する可能性があるため，逆に高い組織内取引コストが発生することになる。

いま，仮定している状況では市場の取引状況の不確実性は互いに低いので，2つの企業があえて垂直的に統合する必要はない。この場合，取引頻度とは無関係に長期取引契約を結ぶことが両企業にとって効率的な戦略となる。換言すると，互いに企業の境界をあいまいにすることが効率的な戦略となる。

たとえば，長年，ある特殊な塩ラーメンを看板メニューとして提供しているレストラン・チェーンとこの特殊な塩を含む多様な食品を製造している食品会社との取引関係について考えてみよう。この取引では，特殊な塩を使って特殊な塩ラーメンを作るレシピがレストラン・チェーンにとっては特殊な資産である。他方，食品会社にとっては特殊な塩自体が特殊な資産となる。

この取引では，両方とも資産特殊的なので，必要なときに必要なだけ特殊な

3　取引コスト理論と経営戦略

塩を市場取引をとおして調達しようとすると，互いに駆け引きが起こる可能性があり，市場取引コストは高くなる可能性がある。しかし，この取引コストを節約するために，レストラン・チェーンがあえて食品会社を買収する必要はないだろう。同様に，食品会社もあえてそのレストラン・チェーンを買収する必要はないだろう。

いま，この取引で不確実性があるとすれば，レストラン・チェーンに支払い能力があるかどうかである。もしそのレストラン・チェーンが繁盛しており，食品会社がその支払い能力に疑いをもたなければ，取引コストを節約するために，両者は長期契約取引を展開することがより効率的な戦略となる。つまり，互いに企業の境界をあいまいにすることが効率的となる。

Case(3) さて，資産特殊性が一方の企業にとっては高いが，他方の企業にとっては低く，しかも不確実性が低い取引について考えてみよう。この場合，取引当事者たちは限定合理的で，しかも機会主義的に行動する可能性があるので，市場取引では特殊な資産を保有している企業は取引を有利に進めるために常に駆け引きを仕掛けてくる可能性がある。そのため，最悪の場合，市場取引が成立しない可能性があり，取引コストはきわめて高くなる。

これに対して，長期取引契約を行えば，契約後，特殊な資産をもつ企業は生産性を高めるためにさらに特殊な投資を行い，その投資を回収するまで，この契約関係を維持する必要性に迫られる。この場合，逆に資産特殊性が低い企業が契約後に取引を有利に進めるために違約金を支払ってでも契約を解消したいという形で，駆け引きしてくる可能性がある（ホールド・アップ問題）。したがって，この場合，取引頻度とは無関係に，両企業にとって垂直的統合が効率的となり，どちらかの企業の境界が拡張される可能性がある。

たとえば，自動車メーカーと部品メーカーとの関係を考えてみよう。もし部品メーカーがこの自動車メーカーだけに部品を安く供給できるような特別な工作機械をすでに保有していたとする。この場合，部品メーカーの資産特殊性は高く，自動車メーカーは特殊な資産をもっていない。それゆえ，市場取引を行うと，部品メーカーが取引を有利に進めるために駆け引きを仕掛けてくる可能性がある。しかし，いったん長期契約を結び，部品メーカーがさらに資産特殊な投資を行うと，今度は逆に自動車メーカーのほうが取引を有利に進めるため

に駆け引きを仕掛けてくる可能性あり，取引コストが高くなる。したがって，この場合，垂直的統合が効率的となり，どちらかの企業の境界が拡張される可能性がある。

Case(4)　次に，資産特殊性が両企業にとって低く，不確実性が高い取引状況について考察しよう。この場合，資産特殊性は両企業にとって低いので，潜在的な取引相手が多く存在し，それゆえ市場取引での取引コストは高くない。しかし，取引当事者たちは限定合理的であり，しかも機会主義的に行動する可能性があるので，不確実性が高い取引では，相互に駆け引きが展開され，取引コストは高くなる。また，たとえ長期契約が交わされたとしても，契約後の取引行動が十分把握できないので，取引コストは高くなる（モラル・ハザード問題）。したがって，この場合，どのような戦略が効率的になるかは取引頻度に依存する。もし取引頻度が高いならば，取引するたびに取引コストが発生するので，垂直的統合が効率的な戦略となる。これに対して，もし頻度が少ないならば，スポット契約が効率的な戦略となる。

たとえば，ある企業とある経営コンサルタントとの取引関係を考えてみよう。企業経営に関するアドバイスがここでの取引になる。企業は他の多くのコンサルタントにアドバイスを依頼することができ，コンサルタントも他の多くの潜在的顧客をもつことができるので，この取引は両者にとって資産特殊性は低い。しかし，この取引内容を正確に契約書に記述することは難しい。コンサルタントが扱う問題は，仕事が進行するとともに明らかになることもある。この意味で，この取引の不確実性はかなり高い。この場合，取引頻度が重要な問題となる。もし企業がときどきアドバイスを求めたいならば，つまり取引頻度が低いならば，必要なときにスポット契約取引をすればよい。しかし，もし企業が定期的にアドバイスを求めたいならば，つまり取引頻度が高いならば，垂直的統合を行うか，あるいは企業は組織内部に経営コンサルティング部門を設置して，企業の境界を拡張することが効率的となる。

Case(5)　さらに，保有している資産の特殊性が両企業とも高く，しかも不確実性が高い場合を考察しよう。この場合，取引当事者たちは互いに限定合理的で，しかも互いに機会主義的に行動する可能性があるので，市場取引では取引コストはきわめて高くなる。それゆえ，この場合，両者にとって垂直的統

合が効率的な戦略となり，どちらかの企業が境界を拡張する可能性がある。

　たとえば，鉄鋼製造について考えてみよう。鉄鋼を製造するには，溶鉱炉と圧延工場が必要である。いま，これらの工場が別々の企業によって経営されているとしよう。一方で，溶鉱炉から生産される銑鉄の唯一の顧客は圧延工場であり，他方，圧延工場にとって銑鉄の唯一の供給者は溶鉱炉を操業する企業である。それゆえ，両者はともに資産特殊な取引にかかわっているといえる。また，鉄鋼の品質は銑鉄の品質に大幅に依存するが，銑鉄の品質を測定するのは非常に難しい。さらに，銑鉄の品質は溶鉱炉で用いられる鉄鉱石の品質に依存し，その品質と価格は多様である。そのため，この取引は非常に不確実で錯綜しているといえる。このような取引状況では，互いに駆け引きが起こりやすく，取引コストが非常に高い。したがって，この場合，取引コストを節約するために，両者は垂直的統合を行うことが効率的となり，どちらかの企業が境界を拡張する可能性がある。

　Case(6)　最後に，一方の企業の保有する資産の特殊性が高く，他方の企業は低く，しかも不確実性が高い取引状況について考察しよう。この場合，取引当事者たちは限定合理的で，しかも機会主義的に行動する可能性があるので，市場取引を行う場合，特殊な資産を資産の一部として保有する企業は取引を有利に進めるために常に駆け引きを仕掛け，そのために取引が成り立たない可能性がある。また，長期取引契約を結ぶと，今度は逆に資産特殊性の高い企業が駆け引きされやすくなり，取引コストは高くなる。この場合，取引コスト節約の観点からすると，垂直的統合が効率的な戦略となり，どちらかの企業が境界を拡張する可能性がある。

　たとえば，ある自動車メーカーに供給する部品を開発するために大金を投入する部品メーカーについて考えてみよう。このような取引は，自動車メーカーにとって資産特殊的ではないが，部品メーカーにとっては非常に特殊な資産にかかわる取引となる。しかも，開発をめぐって不確実性が高く，部品の供給量も不確実であるとしよう。この場合，市場取引を行うと，特殊な資産を保有する部品メーカーは取引を有利に進めるために駆け引きを仕掛けてくるので，取引コストは高くなるだろう。また，長期取引契約を結ぶと，今度は逆に部品メーカーが駆け引きされやすくなり，取引コストは高くなる。この場合，垂直的

表2.2　垂直的統合戦略の分析帰結

		資産特殊性		
		両者にとって低い	両者にとって高い	一方に高く一方に低い
不確実性	高い	(4)頻度に依存 (企業の境界維持・拡張)	(5)垂直的統合 (企業の境界拡張)	(6)垂直的統合 (企業の境界拡張)
	低い	(1)スポット契約 (企業の境界維持)	(2)長期契約 (企業の境界あいまい)	(3)垂直的統合 (企業の境界拡張)

統合が効率的な戦略となり，どちらかの企業が境界を拡張する可能性がある。以上の分析の帰結をまとめると，表2.2となる。

▶事例：垂直的統合をめぐる日米独自動車メーカーの取引コスト理論分析

米国のGMとフィッシャー・ボディ社の垂直的統合

米国における垂直的統合の事例として有名なのは，1920年代に展開されたGMによるフィッシャー・ボディ社の買収である。

当時，車体はオープン型の木製が主流であった。しかし，徐々に屋根つきの金属製の車体へと移行し始めていた。この金属製の車体には，特殊な型押し機が必要であり，当時，GMはこのような設備をもつフィッシャー・ボディ社からの車体の供給に依存していた。

GMとフィッシャー・ボディー社は長年付き合いがあり，その取引状況は相互に確実な状況にあった。また，GMは他社よりもフィッシャー・ボディ社から車体を購入するほうがより効率的な状態にあった。他方，フィッシャー・ボディ社もまた車体製造をめぐって他社よりもGMからの注文に応じるほうが効率的であった。それゆえ，両者はともに資産特殊な取引状態にあったといえる。

このような取引状況では，両者は限定合理的で機会主義的であるため，必要なときに必要なだけ部品調達するようなスポット契約取引をしようとすると，相互に資産特殊的であるため，互いに駆け引きが起こりやすく，それゆえ取引コストは高くなる。

他方，このような市場取引コストを節約するために，相互に統合してしま

3　取引コスト理論と経営戦略

うと，組織はいたずらに巨大化し，官僚制の弊害と呼ばれる組織内コストが発生する。いま，取引状況は相互に不確実ではないので，両者にとって市場的であるとともに組織的でもある中間組織形態，つまり長期取引契約が効率的となる。事実，GM はフィッシャー・ボディ社と 10 年間の長期車体購入契約を結んでいた。

　しかし，やがて市場の状況が変化し，予想を超えて GM の自動車をめぐる需要が高まったため，GM は大量生産に踏み切ることになる。このとき，従来のフィッシャー・ボディ社との取引が割高にみえ，GM は車体価格をめぐってフィッシャー・ボディ社と再交渉を望み始めた。さらに，GM はフィッシャー・ボディ社に工場を GM の工場の近くに移転してくることも要求し始めた。これに対して，フィッシャー・ボディ社はこの GM の要求を拒否した。

　こうして互いが疑心暗鬼になり，相互に情報は遮断され，両者の取引状況は不確実で錯綜したものに変化していった。しかも，両者の資産は依然として相互に特殊的であった。こうした状況では，両者の間に発生する交渉取引コストはあまりにも高くなる。この取引コストを節約するために，GM はフィッシャー・ボディ社を合併し，企業の境界を拡張したと考えられる。

　この事例は，2 つの企業の取引状況が表 2.1 の Case (2) から Case (5) へとファンダメンタル・トランスフォーメイション（根本的変容）を起こしたために，2 つの企業の取引関係が長期契約取引から垂直的統合へと変化した事例である。

日本のトヨタと部品メーカーとの関係

　さて，日本ではトヨタ自動車と部品メーカーとの関係が興味深い。終戦直後，日本では自動車需要はそれほど多くなかった。当時，トヨタと部品メーカーとの取引はきわめて不確実な状況にあり，互いにそれぞれが保有している技術能力は不明確であった。しかも，トヨタと部品メーカーはともに特殊な資産をもつような取引関係でもなかった。それゆえ，トヨタは同じ部品メーカーと頻繁に取引する必要もなかった。むしろ，できるだけ多くのメーカーと取引し，実績をみていた。

　このように相互に資産特殊でない取引状況では，あえて相互に長期取引を

展開する必要はない。また，頻繁に同じ企業と取引する必要もないので，統合し組織内取引化する必要もない。何よりも，1回限りの取引であるならば，必要なときに必要な量だけスポット契約取引を行うことが効率的となる。

しかし，高度成長とともに徐々に自動車市場は発展し，自動車需要は高まっていった。この状況に対応して，トヨタは過去の取引実績にもとづいて部品メーカーを数社に絞り込んでいった。そのため，取引は徐々に相互に確実なものとなっていった。しかも，相互に摺り合わせを行う過程で，人的物的資産は相互に特殊化されていった。

このような取引状況では，両者は限定合理的で機会主義的であるので，スポット取引を展開すると，相互に駆け引きが起こりやすく，取引コストは高くなる。また，垂直的統合を展開すると，組織はいたずらに巨大化し，官僚化の弊害として組織内取引コストは高くなる。いま，取引状況は相互に不確実性が低いので，この場合，長期取引契約が効率的となる。このように企業の境界を戦略的にあいまいにすることが，日本型系列取引なのである。

以上の事例は，2つの企業の取引状況が表2.1のCase(4)からCase(2)へとファンダメンタル・トランスフォーメイションを起こしたために，2つの企業の取引関係がスポット契約取引から長期契約取引へと変化した事例である。

| ドイツのダイムラー・ベンツとMTUの垂直的統合 |

最後に，ドイツの事例として1970年代のダイムラー・ベンツ社（以下，ベンツ）とMTU（Motoren-und Turbinen Union）の統合を取り上げてみよう。ベンツは組立メーカーであり，MTUは民生用・軍事用エンジン，大型ディーゼル・エンジン，電気制御・管制装置を中心とする部品メーカーであった。ベンツはMTUの大型ディーゼル・エンジンに依存し，MTUはベンツからの注文に大きく依存していた。それゆえ，取引は相互に資産特殊的であった。しかも，ベンツはMTUの株式を50％所有しており，MTUはベンツの子会社であり，両者の取引状況は不確実性が低い状況にあった。

両者は，ともに特殊な資産を保有していたため，必要なときに必要な量だけ注文するといったスポット契約取引を展開すると，たとえ親子関係といえ

ど甘えが発生し，相互に駆け引きが起こり，取引コストは高くなる。他方，両者が完全に統合して組織内取引化を進めると，官僚制の弊害が発生し，組織内取引コストが高くなる。当時，両者にとって取引状況は確実な状況であったので，両者にとって長期取引契約が最適だったといえる。

しかし，1980年代になると，ベンツの経営戦略が大きく変化した。ベンツは，自動車産業中心から多角化戦略（陸海空），つまりコングロマリットへと進んでいった。とくに，ベンツは航空宇宙および軍事産業への多角化を進めていった。

こうした状況で，MTUは軍事用エンジンに優れていたため，ベンツにとってMTUはより資産特殊な存在となった。つまり，一方にとって資産特殊な取引状況へと変化した。しかも，依然としてベンツはMTUの株式を50％保有していたため，取引状況の不確実性はもちろん低かった。こうした状況では，スポット取引でも長期取引契約でも不必要な駆け引きが発生する可能性があるため，ベンツはMTUの株式を100％所有し，多角化を目指してMTUを完全に合併し，企業の境界を拡張した。

この事例は，2つの企業の取引状況が表2.1のCase(2)からCase(3)へとファンダメンタル・トランスフォーメイションを起こしたために，2つの企業の取引関係が長期契約取引から垂直的統合へと変化した事例である。

3-2 水平的多角化戦略の取引コスト理論分析

水平的多角化戦略　さて，企業は垂直的に巨大化するだけではなく，水平的にも巨大化する。それゆえ，企業にとって組織戦略は垂直的統合戦略だけではない。何よりも，水平的多角化戦略があり，しかもこの水平的多角化戦略には基本的に関連的多角化戦略と無関連的多角化戦略がある。

このうち，関連的多角化戦略とは，既存の製品事業と関連する新しい事業を展開しようとする戦略のことである。たとえば，チーズとバターだけを生産している乳製品企業が新たにヨーグルト製品に多角化する場合が，これである。

これに対して、無関連的多角化とは、既存の製品事業とはまったく無関連な新しい事業を展開する戦略のことである。そして、その結果として生まれる組織は、コングロマリットと呼ばれる企業形態である。

この水平的多角化戦略もまた、垂直的統合戦略と同様に、以下のように取引コスト理論のもとに体系的に分析できる[15]。以下、これについて説明してみたい。

関連的多角化戦略　まず、関連的多角化戦略は、基本的に「範囲の経済」にもとづいて説明される。範囲の経済にもとづく関連的多角化戦略とは、複数の財を結合して生産するほうがこれら複数の財を別々に生産するよりもコストが少ない場合、そこに範囲の経済が存在し、この範囲の経済にもとづいて企業は関連的多角化戦略を展開するという説明である。

一般に、範囲の経済は何らかの共通の生産要素を基礎として発生する。たとえば、分割不可能な専門化した物的資産、技術的ノウハウ、組織的ノウハウ、そしてブランド・ネーム等である。これらの生産要素にもとづいて複数の財を結合生産すると、複数の財を別々に生産するよりもコストが少ないという範囲の経済が現れることになる。

しかし、ティース（D. J. Teece）によると、範囲の経済が意味するのは、複数の財が常に同じ企業で生産されなければならないということではないとする。企業は、範囲の経済をもたらす生産要素を長期契約を結んで別の企業に貸し付けて範囲の経済を実現させることもできる。また、その要素の使用権を市場をとおして別の企業に販売し、その企業に範囲の経済を実現させることもできる[16]。

したがって、範囲の経済を実現するために、企業は市場か組織かあるいは貸し出すという形で企業の境界をあいまいにするかといった戦略的行動の選択問題に導かれることになる。このような選択問題に対して、取引コストを節約す

---

15) 以下の水平的多角化戦略をめぐる議論は、Douma and Schreuder［2002］の議論を参考にしている。
16) これについて、Teece［1980］に詳しい。

るという観点から，企業の多角化戦略を分析するのが，取引コスト理論である。以下，これについて説明しよう。

Case(1)　まず，分割不可能な専門化した物的資産，たとえば分割不可能な特殊な機械設備をもつ企業について考察しよう。いま，この企業がこの特殊な機械設備のもとに既存の事業とは別の新しい事業を展開することができ，これによって範囲の経済が実現できることを認識したとしよう。

この企業は，範囲の経済を実現するために，新しい事業を企業内で関連的多角化戦略として展開し，企業の境界を拡張することができるだろう。あるいは，同じような事業を考えている別の企業に，特定の期間だけこの特殊な機械設備を貸し付け，企業の境界をあいまいにすることもできる。さらに，企業はこの機械設備を分割して部分的に他の企業に売ることはできないが，特定の期間（たとえば週の土日）だけ機械を使用する権利を売ることはできるだろう。

したがって，企業はこの機械設備を利用してその事業を企業内で展開し，関連的多角化を進めるか，あるいは同じような新事業を考えている他の企業に特定の時間帯だけこの機械設備を貸し付けるか，あるいは特定の時間帯だけ機械を使用する権利自体を売ることによって範囲の経済を実現することができる。

もし多角化に必要な資金や人材を調達することが難しいならば，機械設備を一定期間だけ別の企業に貸し付けたり，そのような使用権自体を売ったりすることが効率的な戦略となる。しかし，もし機械設備の貸付や使用権の売買をめぐって駆け引きが展開され，取引コストがあまりにも高いならば，自ら多角化し，企業の境界を拡張することが効率的な戦略となる。

たとえば，広告印刷会社について考えてみよう。印刷機は週に5日間使用されているとしよう。すると，週に2日間だけ印刷機が空くことになる。この2日間を利用して，週刊新聞の印刷ができるとしよう。この場合，もしこの広告印刷会社が容易に資金や人材を調達できるならば，多角化して週刊新聞の発行を始めることができるだろう。しかし，もしその取引コストが高いならば，他の誰かと週刊新聞の印刷契約を締結するか，2日間の印刷機の使用権を売る可能性を追求するだろう。

このように，分割できない物理的物的資産にもとづいて範囲の経済を実現する場合，企業は取引コスト節約原理にもとづいて多角化して企業の境界を拡張

するか，特定の期間だけ機械設備を貸し出して企業の境界をあいまいにするか，あるいは特定の期間だけ機械を使用する権利を販売して企業の境界を維持するかのいずれかになる。

Case (2)　次に，ある技術的ノウハウをもつ企業について考察してみよう。この企業が，その技術的ノウハウのもとに既存の事業とは別の新しい事業を展開することによって範囲の経済が生まれることを認識したとしよう。この場合，範囲の経済を実現するために，この企業はそのノウハウのもとに新しい事業を企業内で展開して企業の境界を拡張するか，あるいはそのノウハウを市場取引をとおして別の企業に売るか，あるいはこのノウハウを特定の期間だけ別の企業に貸し出す形で企業の境界をあいまいにするかといった選択に迫られる。

ここで，すべての取引当事者は限定合理的であり，しかも機会主義的に行動する可能性があるため，技術的ノウハウを市場で売買することは難しいだろう。というのも，もしそのノウハウが特許で守られていないならば，知識は漏れやすいので，市場で売買されることなく，自然に広まり，その需要者はノウハウが漏れてくるのを待つからである。また，逆に，ノウハウの提供者も誤った知識情報を需要者に提供する可能性もある。それゆえ，一般に技術的ノウハウを市場取引をとおして売買することは難しく，市場での取引コストは高くなるだろう。この場合，企業内で関連的多角化を進め，企業の境界を拡張することによって範囲の経済を実現することが効率的な戦略となる。

しかし，もし技術的ノウハウのもとに多角化を進めるのに，ヒト・モノ・カネなどの調達をめぐってあまりにも取引コストが高く，しかも技術的ノウハウを他社へ移転するのにそれほど学習や経験が必要ないならば，そのノウハウをレンタルしたり，あるいはそのノウハウのもとにフランチャイズ制を展開したりして，企業の境界を戦略的にあいまいにすることが効率的となる。

Case (3)　さらに，組織的ノウハウについて考察しよう。自動車メーカーが，第 2 次世界大戦中にその組織的ノウハウを利用して戦車を効率的に製造したように，今日，醸造業者がその組織的ノウハウを利用してソフトドリンクを製造することができる。このような組織上の知識が組織的ノウハウである。

いま，ある企業が，ある組織的ノウハウのもとに新しい事業を展開することによって範囲の経済が得られることを認識したとしよう。この場合，この企業

は範囲の経済を実現するために，この組織的ノウハウを利用して関連的多角化として企業の境界を拡張することができるし，それを別の企業に売ることもできる。さらに，それを別の企業に貸し付けて企業の境界をあいまいにすることもできる。

ここで，すべての取引当事者は限定合理的であり，しかも機会主義的に行動する可能性があるので，組織的ノウハウを市場で販売したり，あるいは契約をとおして貸し出したりすることは高い取引コストを生み出す可能性がある。というのも，組織的ノウハウのような知識は一般に明示的というよりも暗黙的な知識が多く，それを教えることも，それを学ぶことも，そしてそれを貸し出すことも，きわめて難しく，そのような知識の取引をめぐって機会主義的な駆け引きが展開されやすいからである。したがって，この場合，同じ企業内で多角化し，企業の境界を拡張することによって範囲の経済を実現することが効率的となる。

Case(4)　最後に，ブランド・ネームについて考察しよう。いま，ある企業がブランド・ネームをもち，このブランド・ネームを用いて新しい事業を展開することによって範囲の経済が得られることを認識したとしよう。この場合，この企業は，範囲の経済を実現するために，このブランド・ネームのもとに新規事業を自ら展開して企業の境界を拡張するか，あるいはこのブランド・ネームの使用権を別の企業に売るか，あるいは限られた期間だけブランド・ネームの使用権を貸し与えて企業の境界をあいまいにするか，といった選択に迫られる。

ここで，すべての取引当事者は限定合理的であり，しかも機会主義的に行動する可能性があるので，ブランド・ネームの使用権を市場取引をとおして売ってしまう場合，機会主義的行動が現れやすい。というのも，このブランド購入者は供給者の目を盗んで，容易にブランドに対応しない劣悪なサービスを提供できるからである（モラル・ハザード問題）。

それゆえ，この場合，範囲の経済を実現するためには，関連的多角化戦略かあるいはフランチャイズ制が効率的な戦略となるだろう。つまり，企業の境界を拡張する戦略かあるいは境界をあいまいにする戦略が効率的となる。

▶ 事例：多角化をめぐる日米企業の取引コスト理論分析

ソニーの関連的多角化　ソニーは，近年，さまざまな分野に多角化を展開しているが，その中でも衝撃的な多角化の1つは1993年の家庭用ゲーム業界への進出であった。当時，任天堂が圧倒的な強さでゲーム業界を支配しており，参入はほとんど不可能だと思われていた。事実，NECや松下などの大手も参入したが，結局，失敗し，撤退した。ソニーだけがこの業界への参入に成功し，逆に一時は任天堂を押さえてソニーは業界トップの地位を築き上げた。

さて，ソニーには，コンピュータに関する技術と音楽関連ビジネスに関する技術や知識が蓄積されていた。それゆえ，これらを用いてゲーム業界関連ビジネスを展開した場合，そこに「範囲の経済」が発生する可能性があった。したがって，ソニーではこの範囲の経済を実現するために，知識やノウハウを他社に販売する形で実現するか，知識やノウハウを他社にレンタルするか，あるいは他社と提携するか，あるいは自社内で知識やノウハウを組織的に活用するかの選択枝があった。

一般的に，知識やノウハウは暗黙的なものを多く含んでいるため，ソニーが市場取引をとおして誰かに知識やノウハウを販売するにはあまりにも高い取引コストが発生する。また，独自に知識を利用し，新ビジネスを展開するにはソニー内部の反対が非常に強く，内部取引コストも高かった。そこで，当初，ソニーは任天堂と提携してゲーム業界関連ビジネスを展開しようとしていた。

しかし，任天堂にその契約を破棄されてしまったため，ソニーは独自開発の道を選択することになった。しかし，その際，ソニー本体とは別組織でビジネスを展開し始めることになった。これが，ソニー・コンピュータエンタテインメント（SCE）誕生の歴史である[17]。

---

17) ソニーについては麻倉［2003］に詳しい。

ペプシコ社の関連的多角化

1970年代，ペプシコ社は自社のペプシドリンクを主要なドリンクとして販売するファースト・フード店を展開することによって「範囲の経済」が発生することを認識していた。これを実現するために，ペプシコ社はこのビジネス・プランを他社に売って範囲の経済を実現することも可能であった。また，このビジネス・プランを他社とジョイント・ベンチャーという形で実現することもできた。さらに，このプランを自社内で組織的に実現するために多角化することもできた。

ここで，このビジネス・プランを他社に完全に売ってしまうと，このプランを購入した会社は購入後ペプシではなくコカ・コーラも販売する可能性があるため，他社にこのプランを売る場合，駆け引きが発生し，取引コストは高く，慎重にならざるをえない。それゆえ，ペプシコ社は他社とジョイント・ベンチャーを行うか，ファースト・フード店を自ら展開して多角化するか，あるいはファースト・フード店を買収して多角化するかの選択に迫られた。

こうした状況で，ペプシコ社は1970年代にピザハットとタコベルを買収した。さらに，RJRナビスコ社が小売業界から撤退したがっており，所有していたケンタッキーフライドチキンを魅力的な値段をつけて売り出してきたため，ペプシコ社はそれに飛びついた。こうして，ペプシコ社は企業の境界を拡大し，世界最大のファースト・フード業者へと多角化していった[18]。

無関連的多角化戦略：コングロマリット

さて，今度は無関連的多角化戦略についても，取引コスト理論的に分析できることを明らかにしよう。

無関連的多角化の結果として生まれる無関連的多角化企業は，先に述べたようにコングロマリット企業[19]と呼ばれている。コングロマリットは，1960年代に米国で多く出現した。このような企業は，果たして経済学的観点からして効率的なのであろうか。

---

18) ペプシコ社については Besanko, Dranove and Shanley [2000] に詳しい。
19) コングロマリットの取引コスト理論分析については，Williamson [1975] に詳しい。

> Column 2-6　**アメリカン・カン社の無関連的多角化**
>
> 　アメリカン・カン社は，戦前から食料・飲料メーカー向けに金属製容器やブリキ缶を長年製造してきた企業であった。しかし，1950～60年代にアメリカン・カン社をめぐる環境が急速に変化した。
> 　製缶業は，基本的に単純な技術しか必要としないため，戦後，競争が急速に激化した。さらに，一方でアルミニウム・メーカーからの前方統合が進むとともに，他方で食品メーカーの後方統合によってアメリカン・カン社のシェアは激減していた。しかも，缶容器の代替品としてプラスチック容器が出現し，缶容器に不向きな用途にも使用できたため，缶の競争力は失われた。
> 　こうした状況で，アメリカン・カン社は1950年代以降，製缶とは無関係な紙製品や印刷などの分野に事業を拡大していった。そして，1977年には，レコード流通業者のピクヴィック・インターナショナル社とその販売子会社のミュージックランド社を買収した。さらに，1978年には，ダイレクトメール会社のフィンガーハット社も買収した。また，1980年にはアソシエイテッド・マジソン社という生命保険会社を買収し，さらにバークレイズ銀行の吸収にも成功した。
> 　そして，1986年，アメリカン・カン社はついにビジネスの出発点であった製缶事業を売却し，無関連的多角化企業つまりコングロマリットになった。
> 　＊参考文献　Besanko, Dranove and Shanley［2000］

　この問題を取引コスト理論的に考察するために，多くの資金をもつ投資家がこの資金を運用するために，株式市場をとおしてさまざまな業種の企業の株を購入し，投資するケースについて考えてみよう。この場合，投資家は限定合理的であり，各企業経営者は機会主義的に自己利害を追求する可能性がある。このような状況では，投資家は各企業経営者についての情報を完全に得ることができないので，企業経営者は投資家の資金にただ乗りする可能性がある。それゆえ，市場取引では，多くの取引コストが発生することになる。

　これに対して，コングロマリット企業の本社は，さまざまな業種の事業単位の情報を得て，その投資提案を評価しえ，収益性の高い事業に資金を再投資することができる。この場合，資本市場と比較して，本社は事業単位の経営者に多くの情報を要求することができる。それゆえ，このような組織構造のもとでは，投資家の資金はただ乗りされる機会が少ない。

　したがって，取引コスト理論からすると，コングロマリット企業では，資金はより効率的に運用され，この意味でコングロマリットは効率的なガバナンス

構造をもつ組織デザインであるといえる。しかし,このコングロマリットもあまりにも組織が大きくなると,組織内取引コストが上昇するので,その効率性には限界があるといえる。

3-3 多国籍化戦略の取引コスト理論分析

多国籍企業と規模の経済

さて,最後に企業の多国籍化戦略についても,取引コスト理論のもとに体系的に分析できることを明らかにしよう[20]。

ティース[21]によると,多国籍企業には,垂直的多国籍化と水平的多国籍化がある。原料や中間財を他国の子会社で生産し,それを本国で組み立てて完成させるような多国籍企業は垂直的な多国籍企業である。これに対して,本国で生産している生産プロセスと同じ生産プロセスを他国でも展開するような多国籍企業は,水平的多国籍企業である。

これらのうち,垂直的多国籍企業は,先に説明したように垂直的統合戦略の論理で説明できる。以下では,水平的多国籍企業について取引コスト理論にもとづいて説明してみたい。

一般に,水平的多国籍企業は,「規模の経済」を実現するために展開される。規模の経済とは,生産の規模を拡大すればするほど平均コストが低下し,より効率的となることを意味する。とくに,企業が多国籍化する場合,無形資産がもつ規模の経済を実現するために,企業は多国籍化するものと考えられる。すなわち,無形資産とは,技術的ノウハウ,組織的ノウハウ,そしてブランド・ネーム等である。

しかし,これらの資産をめぐる規模の経済は,常に同じ企業内で海外で実現

---

20) 以下の多国籍化戦略をめぐる議論は,Douma and Schreuder [2002] の議論を参考にしている。
21) ティースの多国籍企業の取引コスト理論分析については,Teece [1998] に詳しいので参照されたい。

されうるとは限らない。企業は，この資産がもたらす規模の経済を海外子会社を設立する形で実現できるだけでなく，この資産自体を市場をとおして海外の企業に販売する形で規模の経済を実現することもできる。さらに，海外の企業と契約してこの資産を貸し出す形で規模の経済を実現することもできるだろう。

したがって，企業は海外で規模の経済を実現する場合，市場か組織かレンタルかといった選択に迫られることになる。企業の境界という観点からいえば，企業の境界を維持するのか，拡大するのか，あるいは企業の境界をあいまいにするのか，といった選択に迫られることになる。この問題は，取引コスト理論のもとに，以下のように体系的に分析することができる。

多国籍企業と取引コスト

Case (1) まず，技術的ノウハウについて考察してみよう。いま，日本の自動車メーカーが優れた技術的ノウハウをもっているとし，この技術的ノウハウを米国でも利用することによって規模の経済がもたらされる可能性を認識したとしよう。

この場合，この企業は規模の経済を米国で実現する方法は少なくとも3つある。すなわち，この技術的ノウハウを市場取引をとおして米国の自動車メーカーに売り払うか，あるいは米国の自動車メーカーを買収し，企業の境界を拡張してこの技術的ノウハウがもつ規模の経済を実現するか，あるいは一定の期間だけこの技術的ノウハウの使用権を米国企業に貸し与え，企業の境界を戦略的にあいまいにするかである。

ここで，取引当事者は限定合理的であり，しかも機会主義的に行動する可能性があるので，どの方法を選択するかは実際に発生する取引コストに依存する。もし米国企業との市場取引が不確実で，技術的ノウハウの取引をめぐる取引コストが高いならば，子会社をとおして規模の経済を実現することがより効率的な戦略となるだろう。しかし，もし米国での市場取引状況が確実で取引コストが低いならば，その技術的ノウハウの使用権を販売することが効率的となるかもしれない。また，いずれも取引コストが高いならば，一定期間だけ他社に技術的ノウハウの使用権を貸し与え，企業の境界を戦略的にあいまいにすることがその技術的ノウハウの規模の経済を実現することにとって効率的となるだろう。

Case(2)　　次に，組織的ノウハウについて考察しよう。いま，ある日本企業が固有の組織的ノウハウをもち，この組織的ノウハウを用いて海外で新しい事業を展開することによって規模の経済が得られることを認識したとしよう。

この場合，この組織的ノウハウの規模の経済を実現するために，この企業は組織的ノウハウを用いて自ら海外に進出して企業の境界を拡張するか，あるいはこの組織的ノウハウの使用権を外国企業に売ることもできる。さらに，この組織的ノウハウの使用権を特定の期間だけ貸し与えて，戦略的に企業の境界をあいまいにすることもできる。

しかし，すべての取引当事者は限定合理的であり，しかも機会主義的に行動する可能性があるので，暗黙知に関連する組織的ノウハウの使用権を市場をとおして別の会社に売ることも貸し出すことも難しく，このような知識の取引をめぐって取引コストは極端に高くなるだろう。したがって，この場合，企業は組織的ノウハウにもとづいて水平的に多国籍化し，企業の境界を拡張することが効率的となる。

Case(3)　　最後に，ブランド・ネームについて考察しよう。いま，あるホテル会社がブランド・ネームのもとに外国で事業を展開することによって規模の経済が得られることを認識したとしよう。

この場合，この企業は規模の経済を実現するために，次の選択に迫られる。すなわち，このブランド・ネームを用いて別の国でホテルを直営するか，あるいはこのブランド・ネームの使用権を外国企業に売り払うか，あるいは特定の期間中だけこのブランド・ネームの使用権を貸し与えるフランチャイズ制を展開するかである。

ここで，すべての取引当事者は限定合理的であり，しかも機会主義的に行動する可能性があるので，このブランド・ネームの使用権を他の企業に完全に売却してしまうことは危険である。というのも，この場合，ブランド・ネームの購入者は，取引後に提供者の目を盗んでブランド・ネームに対応しないような劣悪なサービスを提供する可能性があるからである。したがって，この場合，直営かフランチャイズ制によって規模の経済を実現することが効率的戦略となるだろう。つまり，このブランド・ネームにもとづいて企業の境界を拡張するか，あるいは企業の境界を戦略的にあいまいにすることが効率的となる。

3-4 日米多国籍企業の取引コスト理論分析

　1980年代に多くの日米企業がアジア諸国に進出した。米国の多国籍企業は垂直的分業を志向した多国籍企業が多かった。当時，米国企業は，労働集約的な前工程を労働力の安い途上国に移管したために，海外工場と国内工場との間が垂直的分業体制になっていたのである。

　これに対して，日本の多国籍企業は水平的分業を志向した多国籍企業が多かった。日本企業は，当初，海外子会社を半製品の供給工場と位置づけていたが，やがて完成品の生産拠点として発展させていった。とくに，日本のメーカーは水平的な国際分業を展開し，日本国内に一貫した生産工程を残すことに固執していた。

　さて，垂直的であれ水平的であれ，企業が発展途上国に進出する場合，途上国政府との間に直接的なインターフェースを生み出し，政治的な駆け引きが起こる[22]。米国企業は，発展途上国の安い労働力，安い原料，そして安価な中間財を求めて海外に進出した。このとき，米国企業はこれらの資源を得るために地場企業と市場取引かあるいは自ら海外子会社を設立して組織内取引するかが問題となる。

　もし米国企業が地場企業と市場取引を展開するならば，そのような取引は地場産業を活性化させるので，途上国政府は米国企業に対して政治的な駆け引きを仕掛けてこないだろう。むしろ，取引を促進するように経済的に補助してくれるかもしれない。そのため，この場合，政府との取引コストは高くない。

　しかし，米国企業が求める原料や中間財が非常に特殊なものであったり，品質の高いものであったりする場合，そのような財を供給してくれる地場企業を見出すことは非常に難しい。また，たとえ見出したとしても，そのような特殊な地場企業は駆け引きを仕掛けてくる可能性があり，その取引コストはきわめ

---

22) Teece［1986］に詳しい。

て高くなることが予想される。

　これに対して，もし米国企業が地場企業との取引ではなく，直接現地で子会社を設立し，この子会社をとおして原料や中間財を内部調達するならば，地場企業との間に発生する市場取引コストは節約されるだろう。しかし，この場合，現地子会社は地場企業と競合し，それゆえ地場企業を圧迫し，しかも最終製品に至る生産技術やノウハウもまた必ずしもその国に移転されないため，技術格差が固定化してしまうことになる。そのため，地場企業を擁護し，国内企業を育成し，外国の生産技術やノウハウの獲得に熱心な途上国政府は米国企業に対してさまざまな規制や条件を出してくる可能性があり，政府との取引コストは高くなるだろう。

　こうした状況で，米国企業が垂直的な多国籍化を進め，企業の境界を拡張したのは，当時，アジア諸国の政府との間に発生する取引コスト以上に，地場企業との間の取引コストが高かったからだと推測することができる。

　これに対して，このような政府による駆け引きを抑止し，政府との取引コストを節約する代替的方法として，生産技術やノウハウ自体を地場企業に販売し，そのノウハウのもとに地場企業が生産した製品を購入することによって，政府との取引コストを節約することもできる。しかし，生産技術やノウハウを市場取引することは非常に難しく，またそのようなノウハウを現地に定着させることも難しく時間がかかるので，そのような市場取引では取引コストは非常に高くなる。

　これに対して，現地人を雇い，固有の生産技術や全生産プロセスを水平的に移転してしまうほうが，政府との取引コストは節約できるだろう。とくに，政府が新しい生産技術の国内移転に強い関心があれば，外国企業に水平的に多国籍化してもらったほうがノウハウは現地に移転しやすく，ノウハウが国内に広がる可能性がある。そして，一度移転してしまえば，企業にとっても後は安い労働力をそのまま利用できることになる。

　しかし，このような固有の生産技術やノウハウを移転するには，多大なコストと時間が必要となる。というのも，このような知識は言葉ではうまく表現できない暗黙知の部分が多くあるからである。

　日本企業の場合，生産技術ノウハウの移転コストよりも現地政府との取引コ

ストが高く，これを節約するために全プロセスを移転するように水平的多国籍化を進めていったのではないかと考えられる。

練習問題

1. 企業と企業が長期取引契約を結び，企業の境界をあいまいにするのはどのような場合か。取引コスト理論を用いて説明しなさい。
2. 「範囲の経済」と「規模の経済」について説明しなさい。
3. ブランド・ネームの使用権を他企業に完全に売ってしまうと，どのような問題が発生すると考えられるか。

4

取引コスト理論とコーポレート・ファイナンス

　取引コスト理論は，組織デザイン論や経営戦略論分野に応用されているだけではなく，コーポレート・ファイナンス分野にも応用されている。とくに，コーポレート・ガバナンス（企業統治）との関係で，ウィリアムソンは負債にもとづく企業買収つまりLBO（leveraged buyout）の分析[23]を行った。

　レバレッジド・バイアウト（LBO）とは，レバレッジ（てこ）の名のとおり，「てこの原理」を用いて小さい企業が大きい企業を買収する方法のことである。より具体的にいえば，少ない自己資金で買収対象企業の資産や将来のキャッシュ・フローなどを担保にして資金を借り入れ，この資金で企業を買収する方法のことをいう。ウィリアムソンによると，これまで展開されてきたLBOには成功的なものと成功的でないものがあり，一般に成功的といわれているLBOには，以下の特徴があるとする。すなわち，買収対象となった企業の自己資本比率が高く，一般的資産を多く保有しているという点である。

　なぜこのような企業がLBOの対象となったのか。また，なぜそのような企業をめぐるLBOが成功的だったのか。以下，ウィリアムソンのLBOをめぐる取引コスト理論分析を再構成してみたい。

4-1 取引コスト理論

　ウィリアムソンの取引コスト理論では，すべての人間は完全合理的ではなく，

---

23) ウィリアムソンのLBO分析については，Williamson [1989, 1996] を参照。

限定合理的であり，しかも人間は相手の不備につけ込んで，たとえ悪いと思っても自己利益を追求するような機会主義的な行動をとるものとみなされる。それゆえ，市場取引する場合，互いにだまされないように取引当事者間でさまざまな駆け引きが発生し，取引が完了するまでにさまざまなコストが発生する。これら取引をめぐる一連のコストを取引コストと呼ぶ。

ウィリアムソンによると，この取引コストは特殊な資産にかかわる取引ではより高いものとなる。特殊な資産に関連した取引では，互いに依存関係にあるため，部品価格をめぐって相互に駆け引きが起こりやすく，取引コストは高くなる。

このように，資産の特殊性が高く，取引コストがあまりにも高い場合，たとえ自由な市場取引によって資源がより効率的に配分され利用されることがわかっていても，市場取引が成立しない可能性がある。そこで，資源をできるだけ効率的に利用するために，取引コストを節約し，悪しき機会主義的行動を抑止する何らかの統治制度が必要になる。このように，現存するさまざまな制度，法，ルールを取引コスト節約制度として分析し説明しようとする理論が，取引コスト理論である。この理論にもとづいて，以下のようにLBOは理論的に分析されうる。

4-2 資金調達と2つのガバナンスの方法

ウィリアムソンによると，企業が資本家から資金を調達するということは，その代わりに資金提供者によるガバナンス[24]を受け入れることを意味する。たとえば，借入金として資金調達する場合，企業は債権者による何らかのガバナンスを受け入れざるをえない。また，株式をとおして資金調達する場合，企業は株主による何らかのガバナンスを受け入れることになる。これら2つのガバナンスの特徴は，表2.3のようにそれぞれ特徴づけることができる。

---

24) コーポレート・ガバナンスの取引コスト理論的な見方については，とくにWilliamson [1996] と菊澤 [2004] に詳しい。

表2.3　ガバナンスの特徴

ガバナンスの特徴	資金調達手段	
	借入金	株式
契約上の制約	多い	なし
保証	優先的請求権（清算）	残余請求権
経営への介入	なし	包括的

　まず，企業が借金をする場合，債権者は契約上多くの制約を企業に押しつけてくるとともに，債務不履行が発生し，最終的に企業が清算処理される場合には，債権者は優先的に資産を処理する権利をもつ。しかし，債権者は債務不履行のない平時には経営に直接介入することはできない。資金を借りた場合，企業はこのような債権者によるコーポレート・ガバナンスのもとに置かれることになる。

　これに対して，株式市場をとおして資金調達する場合，企業には契約上の制約はない。しかし，株主は企業に対して残余請求権をもち，しかも企業経営に対して包括的にさまざまな方法をとおして介入することができる。このように，株式をとおして資金調達する場合，企業はこのような株主によるコーポレート・ガバナンスのもとに置かれることになる。

4-3　LBOの取引コスト理論分析

　さて，いま，ある企業があるビジネスを展開するために，広くどの企業とも取引できるような一般的資産を形成する必要があるとしよう。一般的な設備や装置は，仮に債務不履行が発生し，企業資産を清算処理しなければならなくなったとしても，売却することが比較的容易である。それゆえ，そのような資産は債権者にとって資金回収をめぐる取引コストは低いと考えられる。したがって，一般的資産に投資するために，銀行から資金調達する場合，銀行と企業との駆け引きは少なく，資金調達をめぐる取引コストは比較的低いと考えられる。

　これに対して，一般的資産を形成するために，株式市場を利用して資金を調達しようとすると，株主はこのような企業にあえて投資するための特別の理由

を見出すことができない。それゆえ、この場合、株主との資金調達をめぐる取引コストは比較的高くなるだろう。

今度は、企業があるビジネスを展開するために特殊な資産を形成する必要があるとしよう。この場合、非常に特殊な設備や機械は、債務不履行が発生した場合、広く一般に売却することが非常に難しく、資金回収をめぐる取引コストは高くなる。それゆえ、特殊な資産への投資のために、企業が銀行から資金を調達する場合、銀行との駆け引きは多くなり、取引コストは高くなるだろう。

これに対して、特殊な資産に投資する場合、株主は包括的に経営活動に介入でき、ある程度、企業をコントロールすることができる。それゆえ、この場合、企業は株式をとおして自己資本を調達するほうが取引コストは低くなる可能性がある。

以上のことを図式化すると、図2.20のようになる。この図の横軸は資産特殊性を表し、縦軸は資金調達をめぐる取引コストを表している。図より、資産が一般的なときには、負債による資金調達をめぐる取引コスト曲線は株式による資金調達をめぐる取引コスト曲線よりも低いが、資産が特殊になると逆になり、負債による資金調達をめぐる取引コスト曲線は株式による資金調達をめぐる取引コスト曲線よりも高くなる。

また、この図より、資金回収が比較的容易な一般的資産を形成する場合には、負債中心の調達、つまり債権者によるコーポレート・ガバナンスを受け入れることが取引コストを節約でき、より効率的となる。これに対して、資金回収が

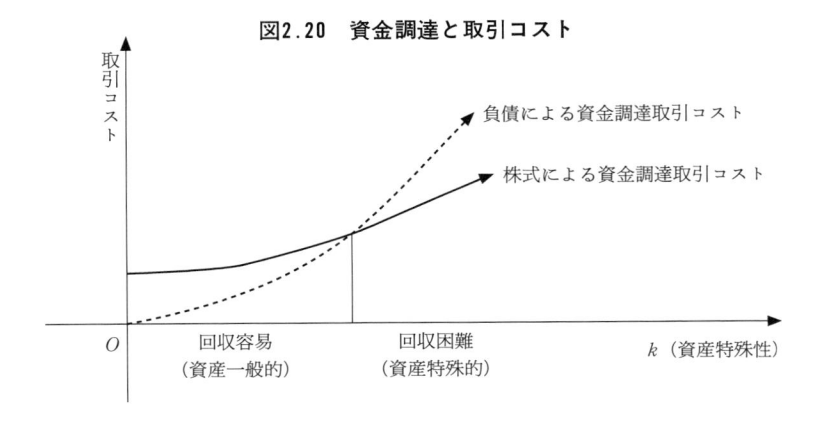

図2.20 資金調達と取引コスト

> Column 2-7 ジャンク・ボンドとドレクセル・バーナム・ランバート社
>
> 1980年代の米国において活発に展開されたLBOは，ジャンク・ボンド（junk bonds）とドレクセル・バーナム・ランバート社（以下，ドレクセル社）が重要な役割を果たしていた。
>
> ジャンク・ボンドとは，格付機関によって債務不履行のリスクが非常に高いと判断された債券である。
>
> 1970年代に，ドレクセル社のマイケル・ミリケン（M. Milken）は，このようなジャンク・ボンドを一括に引き受けることによって，これまで格付機関が安全な投資と認めず一般に売り出せなかったジャンク・ボンド市場を創り出した。同社は，ジャンク・ボンドに課す手数料を通常の4～5倍にすることによって稼いでいた。
>
> やがて，米国では多くの企業がジャンク・ボンド市場で劣後債を発行し始め，急速にジャンク・ボンド市場は拡大していった。そして，この市場を利用してドレクセル社はジャンク・ボンドによる敵対的買収用の資金調達も始めた。その際，買収の対象となる企業のキャッシュ・フローを担保とする債権という形をとっていた。
>
> このように，1980年代の米国において活発に展開されたLBOや乗っ取りには，このジャンク・ボンドとドレクセル社が重要な役割を果たしていた。しかし，その後，ドレクセル社は破産し，ジャンク・ボンド市場の創造者であるマイケル・ミリケンも証券法違反で10年の禁固判決を受けた。こうして，米国のジャンク・ボンド市場は急速に縮小していった。
>
> ＊参考文献　Milgrom and Roberts [1992]

難しい特殊な資産を形成してビジネスを展開するときには，株式中心の資金調達つまり株主によるコーポレート・ガバナンスを受け入れることが取引コストも低く，効率的であるといえる。

以上のことから，もし資産が一般的であるにもかかわらず，自己資本が負債よりも多い資本構成の企業があるならば，図2.20のように，そのような企業は取引コストの高い非効率な資金調達をしている可能性がある。つまり，一般的資産を形成するために，取引コストの高い株主から資金を調達している可能性が高い。

したがって，取引コストを節約するために，負債を利用してそのような企業を買収し，負債中心の財務構造をもつ企業へと構造を変化させるLBOは効率的であるといえる。つまり，LBOによって負債にもとづいて一般的資産を形

成しようとするより効率的な企業へと変化することになる。

以上のことから，なぜ自己資本比率が高く，一般的資産を多く保有している企業を対象としたLBOが成功的であったかが理解できるだろう。これが取引コスト理論によるLBOの解釈なのである。

練習問題

1　LBOとはどのような意味か説明しなさい。

2　特殊な資産を購入する場合よりも一般的な資産を購入する場合のほうが銀行は資金を貸してくれる可能性が高い。なぜか。取引コスト理論を用いて説明しなさい。

5

取引コスト理論と組織・戦略の不条理

　これまで説明してきたように限定合理的な人間からなる世界では，取引コストが発生する。しかし，人間は制度を構築することによって取引コストをある程度節約でき，資源は効率的に配分され利用される可能性がある。つまり，制度は人間の限定合理性を補完する。

　しかし，取引コストがあまりにも高くなってしまうと，逆に制度を構築するよりも何もしないほうがむしろ効率的といった状況に陥ることになる。このとき，個別効率性と全体効率性が一致しないような不条理な現象が現れる。つまり，個人的には効率的であるが，社会的には非効率で非倫理的（不正）な不条理な人間行動が起こる[25]。

　このような不条理な行動も，取引コスト理論によって説明できる。以下，こ

---

25) 不条理な現象の取引コスト理論分析については，菊澤［2000, 2001a, 2001b, 2002］に詳しい。このような不条理な現象が発生する可能性をウィリアムソン（Williamson［1985, 1996］）は説明していないが，コースは気がついていたと思われる。彼は，Coase［1960］で取引コストがどのような効果をもたらすのかを説明するために，取引コストがゼロの場合とゼロでない場合を比較した。コースによると，取引コストがゼロの場合，所有権の配分とは無関係に全体（社会的）効率性と個別効率性が常に一致する（コースの定理）が，取引コストがゼロでない場合，所有権の配分の仕方によって全体効率性と個別効率性は必ずしも一致せず，個人は全体効率性を無視して個別効率性を追求する可能性があるということ，つまり個人的には効率的であるが，社会的には非効率な不条理現象が起こりうることを明らかにしていた。

　また，コンピューターのキーボードの配列が，QWERTY……となっているが，これは必ずしも効率的なものではないということを主張したDavid［1985］の議論も不条理現象に関連していると思われる。

のような不条理ないくつかの事例を説明してみよう。

5−1　戦略変更をめぐる不条理

　いま、ある企業がより多くの利益を得るために、いくぶん不正な経営戦略を選択し、実行してしまったとしよう。人間は限定合理的なので、当初、選択した戦略が社会的に不正であることに気づいていなかったとしよう。そして、この戦略を実行するために多額の投資を行い、活動し始めたとする。

　しかし、そのうちこの戦略が不正で、しかもより効率的な別の戦略があることに気がついたとする。この場合、この企業は現在の不正で非効率な戦略をすぐに放棄し、より効率的で正当な戦略へと容易に移行することができるだろうか。

　取引コストが発生する世界では、容易に戦略を変更することはできない。というのも、戦略を変更するためには、多大な取引コストが発生するからである。たとえば、既存の戦略を変更するために、これまでに作り上げてきた多くの人間関係を断ち切る必要があるかもしれない。そのため、多大な取引コストが発生するだろう。また、既存の戦略のもとにこれまで投資してきた資金も回収できない埋没コストになるだろう。さらに、新しい戦略へと移行し、それ実行するためには、再び新しい人々との間に新しい人間関係を形成する必要もある。そして、そのために多大な取引コストが発生するだろう。

　これら一連の取引コストの発生を考慮すると、企業はたとえ現在の経営戦略が非効率で不正であったとしても、現状のままでいるほうがより合理的と思えるような不条理な世界に導かれることになる。この場合、企業は合理的に非効率で不正な戦略に留まる可能性が高い。これが、不条理な組織行動を説明する取引コスト理論の考えである。つまり、社会的非効率や不正は合理的に起こりうるのである。

5-2　不条理をもたらすワンマン経営

　同様に，いまワンマン社長によって経営されている企業について考えてみよう。このような企業では，社長の顔色をうかがいながら社員は常に行動しており，社員は社長の意見と異なるような行動を表面上はとらないだろう。
　しかし，どんな企業でも，現場の社員のほうが，当然，上層部よりも実際の流行やトレンドをよく理解している。社員は，いまどのような商品が売れるのか，について直感的にわかっている場合がある。それゆえ，会社をより効率的に経営し，より会社を発展させていくためには企業は現場の声をどんどん取り入れ，上層部もどんどん方針を変化させながら進む必要があるだろう。
　しかし，ワンマン体制では社員は決して本音を言わないだろう。というのも，このような体制では社員が積極的に意見を述べ，その意見を上層部に伝えるにはさまざまな交渉取引プロセスをたどる必要性があり，このプロセスをたどるためにはあまりにも「取引コスト」が高いからである。
　このような取引コストを考慮すると，たとえ会社が非効率で不正な状態にあったとしても，社員はだれも積極的に発言しようとはしないだろう。これが社員にとっては合理的で効率的な行動なのである。むしろ，議論をしないで会議を早く終わらせるほうが，はるかに効率的なのである。そえゆえ，危機状態にある会社は変わることなく，ワンマン社長による非効率な経営が合理的に維持されていくことになる。こうして，ワンマン社長の企業は未来に向かって進化することなく，退化・淘汰・倒産への道を歩むことになる。
　このように，不条理な現象はメンバーの非合理な行動によって発生するのではなく，メンバーの合理的行動によって生み出される現象だといえる。個別効率性と全体効率性は必ずしも一致するとは限らず，個人は全体効率性ではなく合理的に個別効率性を選択する。

Column 2-8　ガダルカナル戦における日本軍の不条理分析

　太平洋戦争における日本軍の海戦敗退のターニングポイントがミッドウェー海戦であるのに対して，陸戦敗退のそれとなったのは，南方の孤島ガダルカナル島での戦いであった。この島で，日本陸軍は近代兵器を駆使した米軍に対して3回にわたって白兵突撃（銃剣をもって斬り込む）を繰り返し，壊滅した。

　この戦いで選択した米軍の戦術は，近代兵器を駆使した近代戦法であり，これに対して日本軍はナポレオンや日清・日露戦争以来の銃剣白兵突撃戦術であった。それは，当時の軍事レベルからしてまったく非効率な戦術であった。

　しかし当時の日本陸軍は，このような白兵突撃戦術を容易に放棄し変更することができない状況にあった。というのも，この戦術は日清・日露戦争以来長い年月と多大なコストをかけて練り上げられてきた陸軍伝統の戦術だったからである。

　たとえば，戦車開発に関して，当時の陸軍は常に白兵戦を想定し，巨大な重戦車ではなく，長年にわたって歩兵主体の軽量戦車・中型戦車を開発していた。また，銃開発についても，陸軍は白兵主義を基礎とする手動連発小銃の開発に資金を投資していた。さらに，組織文化に関しても，精神主義・白兵銃剣主義を具現化したリーダーや兵士を高く評価する文化を形成していた。また，訓練についても白兵突撃の教育訓練を長年にわたって実施していた。そして，戦闘組織に関しても，白兵戦を基礎とする歩兵中心の組織構成がなされていた。

　したがって，もし日本陸軍伝統の白兵突撃戦術を途中で変更し放棄しようとすれば，これまで日本軍が白兵突撃戦術に投資してきた巨額の資金がすべて回収できない埋没コストになってしまう状況に当時の日本陸軍は置かれていた。

　また，白兵戦術を変更すれば，それに反発する多くの利害関係者を説得する必要があり，多大な取引コストを負担しなければならない状況でもあった。さらに，作戦を変更すれば，この戦術のもとに日露戦争以来これまで戦死した数多くの兵士の死それ自体が無駄になってしまい，埋没コストになるという状況であった。

　このような状況にあったために，たとえ白兵突撃戦術が非効率であったとしても，それを放棄して巨額の取引コストを負担するよりは，その戦術にかすかな勝利の可能性さえあれば，戦術を変えずにそのまま進むほうが合理的だったのである。

　このような不条理な典型的事例が，ガダルカナル戦で3回連続して白兵突撃を行って壊滅した旧日本軍の不条理な行動なのである。このような不条理な組織行動は，人間が非合理なために発生するのではない。むしろ，人間が合理的であるために起こることに注意しなければならない。

　＊参考文献　菊澤［2000］，防衛庁防衛研修所戦史室［1969］

5-3　不条理をもたらす取締役会

　さらに，今日，コーポレート・ガバナンス（企業統治）問題の1つとして注目されている取締役会の無機能化についても，日本では同じような不条理が発生していると思われる。

　たとえば，今日，ほとんどの日本企業では社長の権力が強い。社長が人事権を握り，社長が自ら判断して辞任する以外に，社長を退社させられるような手続きやメカニズムは日本企業にはほとんどないといわれている。

　こうした状況にある日本企業の取締役会では，明らかに社長が打ち出した基本戦略や方針が非効率でいくぶん不正なものであり，それゆえこのままでは会社の運命が危ぶまれることがわかっていたとしても，取締役員たちが社長の打ち出した戦略や方針を変化させ，より効率的で正当な方向に修正させることは非常に難しい。というのも，社長の意見を変えさせたり，社長を解任するためには，さまざまなプロセスと手続きが必要となり，そのための取引コストはあまりにも高いからである。とくに，自分が社長によって取締役に任命され，社長の息がかかっているような場合には，社長の意見に反対し，方針の変更を求めたり，そして社長を解任に追い込むようなプロセスに参加することは非常に高いコストを負担することになる。

　したがって，このような取引コストを考えると，たとえ社長の独裁で会社が非効率で不正な方向に進んでいたとしても，現状のまま何もしないでいることのほうが取締役員にとって効率的となる。もちろん，場合によっては，現状のままいるコストよりも社長解任に至るコストのほうが低い場合もある。しかし，残念ながら，日本では，取締役員のクーデターによって社長が解任されたケースは三越事件以外にほとんどない。この事件は，当時の岡田茂三越社長が愛人の竹久みちと共謀して会社を私物化していたことが表面化し，1982年9月22日の定例取締役会で突然社長および代表取締役解任の動議が出され，16対0で解任が可決された事件である（後日，岡田と竹久は19億円の特別背任容疑で逮捕され，岡田は裁判途中で死亡し，竹久は実刑判決を受けた）。このように，

不条理な現象は人間の非合理性によって発生するのではなく，合理的に生み出される。つまり，個別効率性と全体効率性は必ずしも一致するとは限らず，個人は全体効率性ではなく合理的に個別効率性を選択することになる。

練習問題

1. 不条理な現象とはどのような意味か。
2. 「取引コスト」の概念を利用して「不条理な現象」の具体的事例を説明しなさい。
3. 不条理な現象はどのようにすれば解決できるのか，議論しなさい。

第 2 章の参考文献

麻倉怜士［2003］『久多良木健のプレステ革命』ワック。
浅沼萬里［1984］「自動車産業における部品取引の構造」『季刊現代経済』第 58 号，夏号，38-48 頁。
Besanko, D. A., D. Dranove and M. T. Shanley［2000］*Economics of Strategy*, 2nd ed., John Wiley & Sons.（奥村昭博・大林厚臣監訳『戦略の経済学』ダイヤモンド社，2002 年）
防衛庁防衛研修所戦史室［1969］『戦史叢書　南太平洋陸軍作戦(2)——ガダルカナル・ブナ作戦』朝雲新聞社。
Coase, R. H.［1937］"The Nature of the Firm," *Economica*, 4：386-405.
Coase, R. H.［1960］"The Problem of Social Cost," *Journal of Law and Economics*, 3：1-44.
Coase, R. H.［1988］*The Firm, the Market, and the Law*, University of Chicago Press.（宮沢健一・後藤晃・藤垣芳文訳『企業・市場・法』東洋経済新報社，1992 年）
Daft, L. R.［2001］*Essentials of Organization Theory & Design*, 2nd ed., South-Western College.（高木晴夫訳『組織の経営学——戦略と意思決定を支える』ダイヤモンド社，2002 年）
David, P.［1985］"Clio and the Economics of QWERTY," *American Economic Review*, 75：332-337.
Douma, S. and H. Schreuder［2002］*Economic Approaches to Organizations*, 3rd ed., Prentice Hall International.
今井賢一・伊丹敬之・小池和夫［1982］『内部組織の経済学』東洋経済新報社。
菊澤研宗［1995］「日本株式会社の中間組織論——所有権の経済学の応用」佐瀬昌盛・石渡哲編『転換期の日本そして世界』人間の科学社，256-280 頁。
菊澤研宗［1998］『日米独組織の経済分析——新制度派比較組織論』文眞堂。
菊澤研宗［2000］『組織の不条理——なぜ企業は日本陸軍の轍を踏みつづけるのか』ダイヤモンド社。
菊澤研宗［2001 a］「学者が斬る　雪印・三菱自動車で発生した組織の不条理」『週刊エコノミスト』2 月 13 日。
菊澤研宗［2001 b］「組織の不条理——限定合理性からのアプローチ」『ダイヤモン

ド・ハーバード・ビジネス・レビュー』6月号，131-134頁。

菊澤研宗［2002］「効率重視経営の限界」『TRI-VIEW』6月号，9-14頁。

菊澤研宗［2004］『比較コーポレート・ガバナンス論——組織の経済学アプローチ』有斐閣。

菊澤研宗［2005］「経済理論から考える　クラウゼヴィッツかリデル・ハートか」『ダイヤモンド・ハーバード・ビジネス・レビュー』4月号，82-95頁。

Milgrom, P and J. Roberts [1992] *Economics, Organization, and Management*, Prentice Hall.（奥野正寛・伊藤秀史・今井晴雄・西村理・八木甫『組織の経済学』NTT出版，1997年）

Simon, H. A. [1961] *Administrative Behavior: A Study of Decision-making Processes in Administrative Organization*, 2nd ed., Macmillan.（松田武彦・高柳暁・二村敏子訳『経営行動』ダイヤモンド社，1965年）

Teece, D. J. [1980] "Economics of Scope and Scope of the Enterprise," *Journal of Economic Behavior and Organization*, 1: 223-247.

Teece, D. J. [1986] "Transactions Cost Economics and The Multinational Enterprise," *Journal of Economic Behavior and Organization*, 7: 21-45.

Teece, D. J. [1998] *Economic Performance and the Theory of the Firm*, Edward Elgar.

Williamson, O. E. [1975] *Markets and Hierarchies: Analysis and Antitrust Implications*, Free Press.（浅沼萬里・岩崎晃訳『市場と企業組織』日本評論社，1980年）

Williamson, O. E. [1983] "Credible Commitments: Using Hostages to Support Exchange," *American Economic Review*, 73: 519-540.

Williamson, O. E. [1985] *The Economic Institutions of Capitalism: Firms, Markets, Relational Contracting*, Free Press.

Williamson, O. E. [1986] *Economic Organization: Firms, Markets and Policy Control*, Wheatsheaf Books.（井上薫・中田善啓監訳『エコノミックオーガニゼーション——取引コストパラダイムの展開』晃洋書房，1989年）

Williamson, O. E. [1989] "Transaction Cost Economics," Ch.3, R. Schmalensee and R. D. Willing (eds.), *Handbook of Industrial Economics*, North-Holland.（和田哲夫訳「取引費用の経済学」『郵政研究所月報』1998年5-6月号：131-149，107-129頁）

Williamson, O. E. [1996] *The Mechanisms of Governance*, Oxford University Press.

第3章

エージェンシー理論

　ここでは，エージェンシー理論（agency theory）と呼ばれているさまざまな議論をできるだけわかりやすく整理してみたい。エージェンシー理論研究は，基本的に2つの流れに区別されうる。第1の流れは実証的（positive）エージェンシー理論と呼ばれ，主にジェンセンとメックリングによって展開された現実解明に強い関心をもつ研究の流れであり，第2の流れは規範的（normative）エージェンシー理論と呼ばれ，主にロス，ホルムストローム，1996年にノーベル経済学賞を受賞したマーリーズらによって展開された数理モデルの展開に強い関心をもつ研究の流れである。

　以下，まずエージェンシー理論の基本原理を明らかにし，この原理にもとづいて体系的にさまざまな現象を説明してみたい。

1

エージェンシー理論の基本原理

1-1 新古典派経済学の企業観

　エージェンシー理論の基本原理を理解しやすくするために，まず新古典派経済学と比較しながら，この理論を説明してみたい。そのために，新古典派経済学の考え方について必要な範囲で簡単に説明する。

　新古典派経済学では，さまざまな仮定がなされるが，とくに人間の行動仮定として，以下のような効用最大化仮説と完全合理性の仮定が重要な役割を果たしている。

（NC_1）　すべての人間は効用最大化しようとする。
（NC_2）　すべての人間は完全な情報収集，情報処理，そして情報伝達能力をもち，その能力を用いて完全に合理的に行動する（全知だが全能ではない）。

　このような完全合理性の仮定のもとでは，人間は他人をだまして自己利益を追求することはできない。というのも，すべての人間は相手の行動を完全に知ることができるからである。

　ここで，もしこのような仮定に従うメンバーから企業組織が構成されるとすれば，企業経営者はすべてのメンバーの行動を完全に監視できることになる。それゆえ，各メンバーはたとえそれぞれ異なる固有の目的をもっていたとして

図3.1 新古典派経済学の企業観

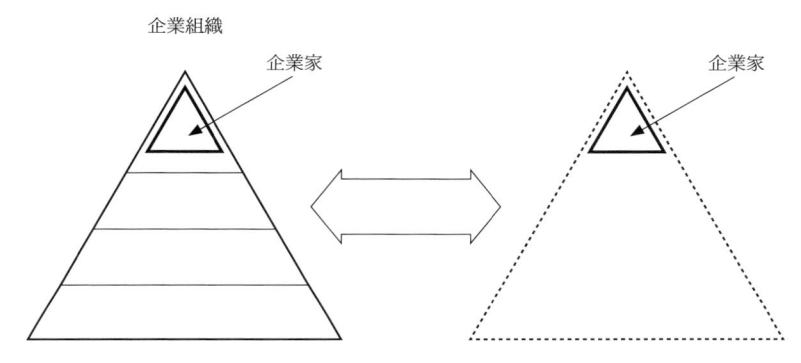

企業組織　　　企業家　　　　　　　　　　企業家

も組織内でそれを追求することはできない。そのようなメンバーがいれば，解雇されるだろう。何よりも，メンバーは企業家の目的つまり利潤最大化に従って行動せざるをえない。この強制的状況を避け，別の企業に転職しても事態は変わらない。まったく同様に，完全合理的な別の企業経営者の目的に従って働くことになるにすぎない。

したがって，新古典派経済学では，図3.1のように企業の組織行動と企業家の行動は同じものとなる。つまり，企業行動を理解する場合，企業家の行動だけを観察すれば十分となり，企業組織を構成する個々のメンバーの行動について1人ひとり分析する必要はない。

1-2　エージェンシー理論の基本仮定と基礎概念

これに対して，エージェンシー理論[1]では，新古典派経済学の完全合理性の仮定がゆるめられ，人間の行動仮定に関して，以下のような形で効用最大化仮

---

1) エージェンシー理論の基本については，Arrow [1985]，Holmstrom [1979, 1982]，Jensen and Meckling [1976]，Fama and Jensen [1983a, 1983b] に詳しい。そのやさしい説明としては，Milgrom and Roberts [1992]，菊澤 [1998]，Douma and Schreuder [1991]，Eggertsson [1990] がある。

説と限定合理性の仮定が導入される。

(AT₁) すべての人間は効用最大化するが，その利害は必ずしも相互に同じではない（利害の不一致の仮定）。
(AT₂) すべての人間は情報収集，情報処理，そして情報伝達能力に限界があり，相互に同じ情報をもつとは限らない（情報の非対称性の仮定）。

これらの仮定のもとに，企業行動を分析する場合，もはや企業家の行動だけを理解するだけでは十分ではない。より正確に，株主と経営者，経営者と従業員，そして管理者と労働者といった異なる利害をもつ主体間の関係に注目する必要があり，これによって企業行動をめぐる幅広い現象をより正確に分析することが可能となる。

とくに，このような関係をより正確にとらえる一般的フレームワークとして，エージェンシー理論では，プリンシパル（principal：依頼人）とエージェント（agent：代理人）という概念が導入される。ここでは，ある目的を達成するために権限を委譲する人はプリンシパルと呼ばれ，権限が委譲され代行する人はエージェントと呼ばれる。そして，プリンシパルが自分の目的のために，エージェントに権限を委譲して特定の仕事を代行させる契約関係はエージェンシー関係と呼ばれる。このような関係をエージェンシー理論は分析の基本単位とする。

以上のように，エージェンシー理論は新古典派経済学の完全合理性の仮定をゆるめ，限定合理性の立場に立つことによって，一方でその説明範囲を拡張し，他方でより正確に取引契約関係を分析するために，エージェンシー関係というフレームワークを導入する理論であるといえる。

1-3 エージェンシー理論の理論的構想

さて，以上のような限定合理性の仮定のもとでは，エージェントはプリンシパルの不備につけ込んで，悪徳的に利益を得ることができる。このように相手

の不備につけ込んで，悪徳的に自己利益を追求する行動は「機会主義的行動」と呼ばれ，このような行動がもたらす非効率な資源の配分と利用現象として，たとえばアドバース・セレクション（adverse selection：逆選択）やモラル・ハザード（moral hazard：道徳的危険）[2]が有名である。

　これらのうち，アドバース・セレクションとは，プリンシパルとの契約前にエージェントが隠れた情報をもっている場合に生じる非効率な現象である。たとえば，保険加入者は保険契約以前に自分の健康状態について隠れた情報をもっている。保険会社はこれを完全に知ることができないので，保険料は比較的高く設定されることになる。この高い保険料は健康な人々にとって魅力的ではないが，不健康な人々にとってはなお魅力的でありうる。それゆえ，保険契約をめぐって，不健康な人ばかり集まってしまうという非効率な現象が発生する。これが，アドバース・セレクション現象である。

　これに対して，モラル・ハザードとは，プリンシパルとの契約後にエージェントが隠れた行動を行うことによって生じる非効率な現象である。たとえば，企業経営者は契約するときに株主の利害に従うことを約束するかもしれない。しかし，契約後，株主は経営者の行動を完全に観察できないので，経営者はそれにつけ込んでサボり出す可能性がある。このような非効率な現象が，モラル・ハザード現象である。

　このように，エージェンシー関係から発生する機会主義的行動によってもたらされる非効率な資源の配分と利用問題は，エージェンシー問題と呼ばれる。そして，この非効率を反映して生み出されるコストは，エージェンシー・コストと呼ばれる。このエージェンシー・コストの発生を事前に抑制するために，さまざまな制度が展開されることになるという基本的考えのもとに，現実のさまざまな制度を説明し，政策を展開しようとするのが，エージェンシー理論である。

　このようなエージェンシー理論研究の流れは，現在，2つの流れに区別される[3]。第1の流れは実証的（positive）エージェンシー理論と呼ばれ，主にジ

2）　アドバース・セレクションとモラル・ハザードの区別については，Arrow［1985］に詳しい。

ェンセンとメックリング（Jensen and Meckling [1976]）らによって展開されてきた流れであり，株主，債権者，そして経営者との間のエージェンシー問題を非数理的に実態的に分析しようとする研究である。

これに対して，第2の流れは，規範的（normative）エージェンシー理論[4]と呼ばれ，主にロス（Ross [1973]），ホルムストローム（Hormstrom [1979, 1982]），1996年にノーベル経済学賞を受賞したマーリーズ（Mirrlees [1976]），そしてファーマ（Fama [1980]）らによって展開されてきた流れであり，主に経営者と従業員との間のエージェンシー問題を数理的に分析する研究である。

また，エージェンシー理論は「情報の経済学」とも深く関連し，とくに2001年にノーベル経済学賞を共同受賞したアカロフ（Akerlof [1970]），スペンス（Spence [1973]），スティグリッツ（J. G. Stiglitz）[5]などが有名である。

以下，ここで分析したエージェンシー理論の基礎にもとづいて，さまざまな議論を統一的に再構成してみたい。

練習問題

1 なぜ新古典派経済学では，企業行動をあたかも企業家1人の行動と同じようなものとみなすのか。
2 エージェンシー関係の具体的な事例を挙げなさい。

3）この区別については，Jensen [1983] に詳しい。
4）規範的エージェンシー理論はプリンシパル・エージェント理論とも呼ばれる。
5）スティグリッツの情報の経済学については，Stiglitz and Greenwald [2003] に詳しい。

2

モラル・ハザードとアドバース・セレクション・モデル

2-1 モラル・ハザードと多様な制度

　エージェンシー理論を用いると，現存するさまざまな制度はエージェントのモラル・ハザード現象を抑制する制度として説明できる。この理論が，われわれにとって身近な制度を説明する理論であることを明らかにしてみよう。

家の建築契約とアフター・ケア制度

　いま，家を新築したいと思っている家族をプリンシパル（依頼人）とし，そのエージェント（代理人）が建築業者であるとしよう。両者の利害は必ずしも一致しない。プリンシパルである家族は，契約した金額でできるだけ良質の家を建築してもらいたいと思うだろう。他方，建築業者は契約した金額で質を下げても安価に家を建てたいと思うだろう。また，両者の情報も非対称的である。一般に，家の構造，使用する材料の品質，建築の仕方に関する私的情報は建築業者側が一方的に多くもっている。

　このようなエージェンシー関係のもとでは，エージェントである建築業者はプリンシパルである家族の不備につけ込んで，手抜き工事をする可能性がある。とくに，外からみえないところでは手抜き工事がなされているかもしれない。また，必要以上に劣悪な材料を使用しているかもしれない。さらに，基準以下の耐震構造になっているかもしれない。このようなエージェンシー契約関係のもとでは，モラル・ハザードが発生する可能性がある。

　これを抑止するために，その家族は時間があれば，常に建築現場に足を運ん

で大工を監視する必要があるだろう。また，大工に絶えず気をつかってお茶などを出すかもしれない。このようなモニタリング・コストがあまりにも高いために，10年間のアフター・ケア制度が形成されたと解釈できる。このような制度のもとでは，欠陥が発見されて補償を繰り返すよりも初めから欠陥のない住宅を建てたほうが建築業者にとってもより効率的となるからである。これは，両者の利害を一致させようとする制度であるといえる。

米国の部品供給契約と製造物責任法

さて，部品供給契約をめぐって，組立メーカーをプリンシパルとし，エージェントをサプライヤー（部品メーカー）としよう。この場合，両者の利害は必ずしも一致しない。メーカーは安くて良い部品の供給を望むだろう。他方，サプライヤーはできるだけ高い値段で部品を販売しようとするだろう。また，両者の情報も非対称的である。エージェントであるサプライヤーは，部品製造に関する私的情報を多くもっている。

ところで，米国では，昔，一般にサプライヤーがメーカーに供給した部品に不良品があった場合，メーカー側の責任となっていた。メーカーはどのサプライヤーと契約するか。そこまではメーカーの自由であるが，いったんサプライヤーと部品供給契約を結んでしまうと，不良品に対する責任はメーカー側にあった。

このようなエージェンシー関係のもとでは，悪しきサプライヤーはたとえ部品発送前に不良品が紛れ込んでいることに気づいていたとしても，そのまま部品をメーカーに供給してしまうだろう。つまり，モラル・ハザード現象が発生する。このようなサプライヤーのモラル・ハザード行動を抑止するために，製造物責任法（ＰＬ法）が提案され，施行された。すなわち，製造物に問題があった場合，無過失であったとしても製造者側に責任があるとする制度である。これは，両者の利害を一致させる制度の1つである。

日本の税金問題と情報公開法

税金をめぐって，依頼人であるプリンシパルを国民とし，代理人であるエージェントを官僚としよう。このようなエージェンシー関係では，両者の利害は必ずしも一致しない。国民は，国民全体の利益向上のために税金を利用することを望むだろう。他方，官僚は私的利益を追求するように税金を配分し，利用

Column 3-1　日米独雇用状況のエージェンシー理論分析

　経営者をプリンシパルとし，エージェントを従業員であるとしよう。両者の利害は必ずしも一致しない。また，両者の情報も非対称的である。この場合，従業員は，入社後，経営者の不備につけ込んでモラル・ハザードを起こす可能性がある。このような非効率な現象の発生はどのようにして抑止されうるのか。

　米国企業では，経営者は契約前に従業員が大学で何学部を卒業し，どのような経歴・職歴があるのか，そしてどのような資格をもっているのかといった情報に非常に高い関心をもつ。それゆえ，高邁な理想をもってビジネスとは無関係な学部に入学したのはよいが，卒業し，いざ給与の高い職を探そうとしても無駄である。残念ながら，給与の低い職務でしか雇ってもらえない可能性が高い。また，経営者はたとえこれら事前の情報が不十分で誤って雇用契約をしてしまったとしても，通常，企業は2，3年契約から始めるため，もし従業員が契約後にモラル・ハザードを起こすような人物であることがわかれば，企業側は2，3年後には契約を更新しない。このような契約関係が，従業員の契約後のモラル・ハザードを抑制しているといえる。

　同様に，ドイツ企業でも，雇用契約をめぐって従業員は経営者側から米国企業以上に各種証明書の提出が要求される。たとえば，経営者は雇用契約に際して従業員の学歴証明書，勤務成績証明書，手工業証明書，同業組合メンバー資格などを提出させる。資格重視の国であるドイツでは，このような各種の資格証明書なくして職を得ることは非常に難しい。ある意味でドイツで同業者組合が非常に多いのは，資格証明書を発行するためといっても過言ではない。こういった採用をとおして，採用後の従業員のモラル・ハザードの発生を抑止している。

　これに対して日本企業では，これまで採用に際して学歴，面接，簡単な筆記試験の結果などが考慮され，その中でもとくに面接が重視されてきた。その際，何大学かは重要であったが，何学部出身か，どのような資格をもっているのかといった点は必ずしも重要ではなかった。それゆえ，日本の大企業ではすでにある程度会計に関する専門知識をもった人材よりも，むしろ一切会計的な知識をもたない人のほうが，会計経理部門に配属されやすい場合もあった。そのような知識をもたない人材のほうが，企業固有の会計システムを摩擦なく教えることができるというわけである。このようなあいまいな採用の仕方のために，日本企業では，採用後，従業員のモラル・ハザードが発生する可能性がある。しかし，これまで終身雇用が前提であったため，出世を望む従業員は入社後もモラル・ハザードを起こさずに自己統治していた。しかし終身雇用制度が崩壊しつつある今日，現状の採用方法のまま従業員のモラル・ハザードを抑止することができるのだろうか。

するかもしれない。また，両者の情報も非対称的である。税金の配分と利用方法に関しては，国民よりも官僚のほうがより多くの情報をもつ。

このような状況では，エージェントである官僚が隠れて巧みに税金を無駄遣いするようなモラル・ハザード現象が発生する可能性がある。たとえば，官僚は公共事業をめぐって業者を選択する。その際，業者は多額のお金を使ってキーマンとなる高級官僚を戦略的に接待しようとするだろう。しかし，この接待によって，業者も官僚も損をすることはない。損をするのは，結局，国民である。というのも，もし公共事業を受注できれば，業者はこの接待費を巧みに公共事業費に含めて必要経費として国に請求でき，それが税金で支払われるからである。

このように，国民の税金は隠れて無駄遣いされうる。このような官僚によるモラル・ハザードを抑制するために，会計検査制度がある。そして，今日，さらに，情報公開法や公務員の倫理規程が作成されている。これは，両者の情報の非対称性を緩和しようとする制度である。

2-2 多様なアドバース・セレクション現象

同様に，エージェンシー理論を用いると，アドバース・セレクション現象の発生とそれを抑制する制度や方法も説明できる。

米国のレモン市場とアフター・ケア制度

見かけはおいしそうだが，かじると酸っぱい黄色いレモンになぞらえて，「レモン市場」[6]と呼ばれているのは，米国の中古車市場である。見かけが良い車ほど，ポンコツの可能性が高いという意味である。このような市場では，典型的にアドバース・セレクションが発生する可能性がある。

たとえば，いまプリンシパルを中古車購入者とし，エージェントを中古車販売業者としよう。プリンシパルとエージェントは相互に利害は異なり，しかも情

---

6) レモン市場の経済学でノーベル賞を獲得したのは，アカロフ（Akerlof [1970]）である。

報も非対称的である。このような状況では、悪徳的な中古車販売業者は欠陥車（レモン）の外見をできるだけきれいにして割高で販売しようとするだろう。購入者は、中古車の性能をめぐって判断できないので、結局、このような市場では、悪徳的な販売業者がもうかることになる。

こうして中古車市場では、良心的に中古車を販売する人はもうからないので、中古車市場から退出し、欠陥車を売るような悪しき業者ばかりが市場に集まってくるというアドバース・セレクション現象が発生する。その結果、だれも中古車を購入する人はいなくなる可能性がある。

この場合、まだ十分乗れるような車も利用されなくなるので、資源の非効率的な利用が発生する。この問題を解決するために、中古車販売業者によるさまざまなアフター・ケア制度や保証制度が形成されたと解釈できる。これは中古車購入者と販売業者との利害を一致させる制度である。

ワーク・シェアリングとレイオフ

さらに、エージェンシー理論によって、賃金制度をめぐる不条理な組織現象も説明できる。たとえば、いま経営者をプリンシパルとし、従業員をエージェントとしよう。経営者と従業員の利害は異なる。また、経営者は完全に従業員の行動も監視できない。この意味で、情報の非対称性も成り立つ。

このような状況で、いま不況に悩む経営者が人件費の節約に迫られているとしよう。この経営者は人件費節約問題を解決するために、特定の社員を解雇（レイオフ）するのはあまりにも忍びないと考え、ワーク・シェアリング（仕事の共有）を実施してだれも解雇することなく、全従業員を対象に一律に労働時間と賃金をカットしたとしよう。

しかし、この賃金カットによって、能力のない社員はなお高い給与が保証されていると考えるので、この企業に居座ろうとするだろう。しかし、能力のある社員はこの賃金カットによって給与はあまりにも低く思えるので、結局、会社を辞め、別の企業に移ることが合理的となる。

こうして、この企業には能力のない従業員たちだけが残るというアドバース・セレクション現象が発生する。労働市場の流動性が高い状況では、特定の人々をレイオフする必要がある。

Column 3-2　日米独ワーク・シェアリングのエージェンシー理論分析

　バブル崩壊後の不況期に，日本では特定の従業員を解雇するのではなく，全体的に労働時間と賃金を下げて仕事をみんなで共有しようとするワーク・シェアリング制度の導入が注目された。このワーク・シェアリング制度がどのような効果をもたらすのかをエージェンシー理論的に考察するために，いま経営者をプリンシパルとし，エージェントを従業員とするエージェンシー関係を考えてみよう。両者の利害は不一致で，両者の情報も非対称的である。しかも，いま不況のために経営者が特定の従業員を解雇するのではなく，全体的に賃金を下げ，ともに仕事を分け合うワーク・シェアリング政策を実施したとする。この場合，日米独企業にはどのようなことが起こりうるのか。

　まず，米国企業の場合，不況対策としてワーク・シェアリングを実施すると能力の低い従業員にとってはなお賃金が高く思えるので，彼らは企業に残ろうとするだろう。しかし，能力のある従業員にとって賃金はあまりにも低いものとなる。米国の労働市場では，転職は比較的容易なので，有能な従業員は会社を辞めて転職しようとするだろう。このように，米国企業では，不況に対応してワーク・シェアリングを展開すると，アドバース・セレクションが発生する可能性があるため，米国企業でワーク・シェアリングが実施されることはほとんどない。

　これに対して，ドイツの場合，解雇を制限するような法律が非常に充実しており，たとえ不況でも従業員を自由に解雇するには多大な取引コストがかかる仕組みになっている。このコストを避けるために，一般にドイツでは不況に対してワーク・シェアリングが展開されてきた。それゆえ，ドイツでは，米国と異なり，ワーク・シェアリングは効率的な方法となる。

　日本の場合には，IT関連産業では労働市場の流動性は非常に高いため，もしワーク・シェアリングを実施すると，米国と同様に，能力のない従業員にとってなお賃金は高く思えるので会社に残ろうとし，他方，能力のある従業員にとっては賃金は低く思えるので，転職しようとする。つまり，アドバース・セレクションが発生する。しかし，伝統的な産業内の企業では，依然として労働の流動性は低いためこのような産業では，ドイツと同様にワーク・シェアリングを実行してもそれほど大きな問題は起こらない。たとえば，伊藤忠商事では，IT部門と既存の部門は同じ賃金体系のもとにあったために，IT部門ではアドバース・セレクションが発生したといわれている。つまり，能力のない人にとっては，給与は高く，能力のある人にとっては給与は安く思えるので，能力のない人だけが居座り，能力のある人は独立していったという現象が起こったといわれている。

|金　利|　また，銀行の金利[7]についても同じことがいえる。

いま，銀行をプリンシパルとし，借手をエージェントとする。両者の利害は異なり，両者の情報も非対称的である。

こうした状況で金融が引き締められ，銀行の資本コストが上昇したとしよう。そこで，銀行は平均的な借手に対する貸付からも利益を得るために，一律に金利を引き上げたとする。この場合，堅実な投資を行うような安全な借手にとってこの金利はあまりに高いので，この銀行から借りなくなるだろう。これに対して，リスクの高い投資を行うような危険な借手にとってはなおこの金利は安いので，借入を希望することになる。

こうして，借手の質が低下し，貸出から得られる銀行の収益は，結局，低下するといったアドバース・セレクション現象が発生することになる。このような事態を避けるためには，一律に金利を引き上げるのではなく，借手を個々に評価して金利を決定する必要がある。

2-3　シグナリング，スクリーニング，自己選択

さて，アドバース・セレクションに対する対策として，2つの方法が知られている。1つは，シグナリング（情報発信）であり，もう1つがスクリーニング（ふるいわけ）である。これについて，説明しておこう。

まず，1人のプリンシパルに対して，複数のエージェントが存在するとしよう。プリンシパルと複数のエージェントの利害は必ずしも一致しない。しかも両者の間に情報の非対称性も成立しているとする。この場合，何もしなければ，プリンシパルの不備につけ込んで，自らの利益を追求するエージェントたちがプリンシパルに接近し，プリンシパルと利害が一致するエージェントはプリンシパルとの取引を避けようとする。

(1)　このとき，悪しきエージェントと誤解されないように，良きエージェントは何らかの方法でプリンシパルに対して，自分に関するより正しい情報

---

7)　金利の事例については，Milgrom and Roberts [1992] に詳しい。

を事前に提供しようとする場合がある。これが,「シグナリング」である。
(2)　これに対して,情報のないプリンシパルがだまされないように事前に何らかの方法で複数のエージェントの中から悪しきエージェントと良きエージェントを区別しようすることもできる。これが「スクリーニング」である。

このような研究は,スペンス（Spence [1973]）によって体系的に研究された。以下,それぞれ具体的な事例を用いて説明してみたい。

シグナリング

いま,プリンシパルが企業経営者であり,雇用者だとしよう。これに対して,エージェントは複数の就職希望者たちであり,そこには質の高い労働者と低い労働者が混在しているとする。しかも,雇用者と被雇用者の利害は必ずしも一致しないし,情報も非対称的であるとしよう。

この場合,同一労働条件のもとに,多くの人々を雇用するならば,質の高い労働者はまじめに働いても得をしない。他方,質の低い労働者は得することになる。ここで,このような非効率な現象を抑止するために,事前に質の高い労働者は質の低い労働者と自分たちを差別化しようとする。たとえば,高学歴や過去の経歴を示す書類や何らかの資格証明書を事前に提出しようとするだろう。これがシグナリングである。

このシグナリングによって,エージェントは自らが望ましい特性をもつことをプリンシパルに納得させることができる。しかし,このようなシグナリングによって情報の非対称性を緩和する方法は,以下のような条件を満たす必要がある。まず,質の高い労働者にとって,シグナリングが生み出すメリットがシグナリングに必要なコストよりも高いこと,次に質の低い労働者にとって,シグナリングが生み出すメリットよりもシグナリングに必要なコストが高いことである。

スクリーニング

今度は,より多くの私的情報をもつさまざまなエージェントを,何らかの基準によって区別するために,情報の少ないプリンシパルがエージェントに関する情報を得ようとするすべての努力がスクリーニングである。

いま,雇用者をプリンシパルとし,被雇用者をエージェントとする。雇用者

Column 3-3　シグナリングとしての学歴

　2001年にノーベル経済学賞を受賞したスペンスは学歴競争を理論的に分析するためにシグナリング理論を展開した。

　彼によると，教育は能力を磨くためというよりも，個人の能力を他人に知らせるためのシグナルとして役に立つとみなした。企業は，労働市場で労働者1人ひとりの能力を正確に知ることはできない。それゆえ，労働者は自分がどれだけ優秀であるかを積極的に企業側に知らせる必要がある。そのとき，最も効果的な手段が高学歴である。

　スペンスは，一流大学が一流の人材を育てるというよりも，逆に優秀な人材が自分の優秀性を市場に知らせるために一流の大学に入学するのだと考えた。かつて，一流大学の学生は一流だが教師は三流といわれた日本の状況はまさにこの状況である。企業にとって，労働者や従業員1人ひとりの能力をいちいち調べて確認するにはあまりにもコストが高い。このような状況では，高学歴は非常に重要なシグナルとなる。

　＊参考文献　Spence［1973］

が労働者を採用する場合，雇用者は被雇用者と利害が一致する保証はない。また，両者の情報も非対称的である。このような状況では，エージェントとしての被雇用者の中には生産的な質の高い労働者も非生産的な質の低い労働者もいるだろう。問題は，誤って非生産的な質の低い労働者を採用してしまうことである。

　このような状況を避けるために，プリンシパルとしての雇用者は，事前に採用試験，与信能力の審査，資格証明書の提出を要求する。これがスクリーニングである。

　このようなプリンシパルによる事前のスクリーニングによって，そもそも試験に受かりそうでないエージェントや，資格証明書を提出できないエージェントはこのような会社を初めから避け，試験に受かりそうなエージェントや資格証明書を提出できるエージェントだけが就職試験を受けてくることになる。これが「自己選択」である。

　たとえば，日本の防衛医科大学校では，学生たちに無料で教育を提供し，卒業後に自衛官として任官することを求める。いま，プリンシパルを防衛医大だとし，エージェントを学生だとする。プリンシパルとエージェントの利害は必

ずしも一致するとは限らない。防衛医大は本当に医官になりたい志願者だけを引き付けたい。しかし，学生の中にはそうでないものも多く存在する。また，情報も非対称的である。このような状況では，志願者の中には，自衛官になりたくないが，無料で医学教育を受けたい志願者が出現することになる。

　ここで，もし無料で教育が受けられる代わりに，軍事教練や任官義務があることを事前に説明しておくならば，自衛隊の医官になることに関心のない学生は志願を見合わせ，医官になりたい学生だけが志願することになる。これが自己選択である。これによって，エージェンシー問題が避けられることもある。

練習問題

1. モラル・ハザードの具体的事例を挙げなさい。
2. アドバース・セレクションの具体的事例を挙げなさい。
3. シグナリングの具体的事例を挙げなさい。
4. スクリーニングの具体的事例を挙げなさい。

3

エージェンシー理論とコーポレート・ガバナンス

3-1　エージェンシー理論の企業観

　今日，最も話題になっているテーマの1つがコーポレート・ガバナンス（corporate governance）問題である。この問題を解く最も有力な理論とみなされているのは，エージェンシー理論である。

　エージェンシー理論によると，企業は人間ではなく，経営者を中心とするさまざまなエージェンシー関係の契約の束（ネクサス）[8]とみなされる。

企業＝エージェンシー契約の束（ネクサス）

　たとえば，企業は図3.2のように株主と経営者とのエージェンシー関係，債権者と経営者とのエージェンシー関係，経営者と従業員とのエージェンシー関係，経営者と下請企業とのエージェンシー関係，企業と顧客とのエージェンシー関係などの契約の束からなる。

　これらエージェンシー関係の中でも，とくに重要な関係は株主と経営者との間のエージェンシー関係と債権者と経営者との間のエージェンシー関係である。これら2つのエージェンシー関係において，エージェントとしての経営者がプリンシパルである株主や債権者の不備につけ込んで不正で非効率な行動を行う

8）　企業を契約の束とみなす企業観については，Fama and Jensen [1983a, 1983b]，Jensen and Meckling [1976] に詳しい。

図3.2　契約の束としての企業

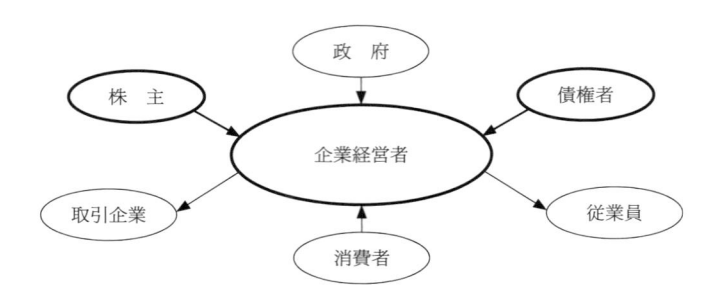

```
         政府
          ↓
株主 →         ← 債権者
      企業経営者
取引企業 ↗   ↑   ↘ 従業員
         消費者
```

エージェンシー問題が，今日，注目されているコーポレート・ガバナンス問題と解釈できる。

そして，この問題を解くために展開されるさまざまな方法がコーポレート・ガバナンスの方法であると解釈できる。以下，このような観点から，コーポレート・ガバナンスの方法を理論的に整理してみたい。

3-2　株主と経営者のエージェンシー関係とコーポレート・ガバナンス

株主と経営者とのエージェンシー問題

まず，株主と経営者とのエージェンシー関係に注目すると，プリンシパルとしての株主とエージェントとしての経営者との利害は必ずしも一致しない。一方で，株主は株価最大化や配当最大化に関心をもつのに対して，他方，経営者は自己利益の追求，たとえば経営者としての名声に強い関心を抱く可能性がある。また，株主は経営者の行動を完全に観察できないのに対して，他方，経営者は企業に関する私的情報を多くもっているだろう。それゆえ，両者の間には情報の非対称性も成り立つ。

このような状況では，経営者は株主の利益を無視して経営努力を怠り，本来，株主に還元すべきお金でオフィスを贅沢に飾ったり，接待費として不要な支出をしたりする可能性がある。また，自らの名声を高めるために，不必要に多くの従業員を雇ってみたり，不必要に大きい自社ビルを建設したりするかもしれ

ない。さらに，自分の社内政治的立場を強固にするために，非効率な事業を展開して部下にポストを与えようとするかもしれない。最悪の場合，赤字であるにもかかわらず，自らの地位を維持するために，経理部門に粉飾決算を指示するかもしれない。

このような経営者の非倫理的で非効率な行動を事前に抑制し，効率的に経営させるために，企業経営者を統治する方法が必要となる。もちろん，このような方法は多様にある。しかし，その方法はエージェンシー理論的には株主と経営者との間の情報の非対称性を緩和し，両者の利害を一致させるものでなければならない。

両者の情報の非対称性を緩和する方法は，基本的に会計制度の問題か情報開示をめぐる法制度の問題が中心となる。これに対して，利害を一致させる方法は法的な問題もあるが，基本的に経営学・経済学的な問題であり，論理的に以下の2つの方法に区別され，それ以外にはありえない。

(1) 株主と経営者との利害を一致させるために，株主が何らかの制度を利用して経営者をモニタリングし統治する方法（モニタリング・システム）。
(2) 株主と経営者との利害を一致させるために，株主が何らかの制度を利用して経営者を所有経営者化する形でインセンティブを与え，経営者に自己統治させる方法（インセンティブ・システム）。

| 株主によるコーポレート・ガバナンス |

これらのうち，前者の株主主導のガバナンスの方法とは，株主によるモニタリング・システムのことである。それは，平時と有事の際に分けて説明することができるだろう。

まず，平時には株主はトップ・マネジメント組織（取締役会制度）に株主代表（社外取締役）を送り込み，この制度を利用して定期的に企業経営を監視し，経営者に規律を与えることができる[9]。

これに対して，有事の際には株主は株式市場を利用して株をすばやく売り出し，経営者にシグナルを送ることもできる。つまり，株が売られると，株価が

---

9) 階層組織のコーポレート・ガバナンス機能については，Fama and Jensen [1983a] に詳しい。

下がるので，経営者にとって株式発行による資金調達は難しくなる。しかも，株価が下がることによって信用も下がるため，銀行から資金を借りることが前よりも難しくなるだろう。このように，企業経営者は資金調達が難しくなるので，これがシグナルとなって経営者にプレッシャーを与えることになる。

しかし，これでも経営者が行動を是正せず，なお経営者の行動に問題がある場合，株式はさらに売られ，企業は敵対的買収の脅威にさらされる。このような企業は，企業の実体資産価値よりも株価総額が低くなるので，乗っ取りの可能性が高まる。そして，最終的に企業が乗っ取られると，緊急株主総会が開かれ，経営陣は退陣させられることになる。

このような株式市場での株価低下や乗っ取りの脅威が経営者に規律を与え，効率的に企業経営させることになる。この意味で，株式市場はコーポレート・コントロール市場[10]と呼ばれている。さらに，最悪の場合，株主は株主代表訴訟によって法に訴えることもできる。

以上のように，もしトップ・マネジメント組織やコーポレート・コントロール市場としての株式市場が事前に制度として十分機能し，確立されているならば，株主はこれら組織型コーポレート・ガバナンスと市場型コーポレート・ガバナンスを利用することによって経営者の利害を株主の利害に一致させることができる。つまり，このような株主によるモニタリング・システムによって，エージェンシー問題としてのコーポレート・ガバナンス問題は解決されうる可能性があるといえる。

所有経営者化による自己統治

これに対して，もう1つのガバナンスの方法は，株主と経営者との利害を一致させるために，何らかの方法によって経営者を所有経営者化し，自己統治（セルフ・ガバナンス）させる方法である。これは，株主が経営者にインセンティブを与える方法でもある。

たとえば，このような所有経営者化の方法として，今日，よく知られているのは，ストック・オプション（自社株購入の選択権）制度である。経営者に一

---

10) 株式市場がコーポレート・コントロール市場として機能することについては，Jensen [1986, 1988, 1998, 2000] に詳しい。

定の価格で一定数の自社株を購入できる（購入を拒否することもできる）権利を報酬として与えておけば，経営者は常に株価を高めるように意識的に経営し，自己統治することになるだろう。

　また，経営者自身による自社買取つまり MBO（management buyout）も同じような効果をもつ。経営者が現在経営している企業の資産や収益力を担保にして資金を借り入れ，その資金で経営者がいま経営している企業自体の株式を買い取ってしまえば，企業は経営者のものになるので，経営者は自己統治しようとするインセンティブをもつことになる。このようなインセンティブ・システムによって，経営者のエージェンシー問題は事前に抑制される可能性があるといえる。

3-3　債権者と経営者のエージェンシー関係とコーポレート・ガバナンス

債権者と経営者とのエージェンシー問題

　今度は，プリンシパルとしての債権者とエージェントとしての経営者との間のエージェンシー関係に注目すると，まず債権者と経営者との利害は原理的に一致しない。このことを，負債にもとづく投資の例を用いて説明してみよう。

　経営者は，一般に負債を用いてハイリスク・ハイリターンのプロジェクトに投資することを好む。というのも，もしハイリスク・ハイリターンのプロジェクトが成功し，より多くの利益を得ることができれば，株主は経営者がより多くの報酬を得ることを認めるからである。また，たとえプロジェクトに失敗し，倒産に追い込まれたとしても，株主も経営者もともに有限責任であるため出資額に対してのみ責任を負うということ，つまり株式が紙切れになるだけで，最悪の場合でも，自宅まで売る必要はない。それゆえ，負債の利用をめぐる経営者と株主の利害は一致し，よりリスキーなプロジェクトに関心をもつことになる。

　これに対して，債権者は負債をハイリスク・ハイリターンのプロジェクトに利用することを極端に嫌う。というのも，たとえリスクの高いプロジェクトが成功し，企業が高利益を生み出したとしても，債権者は約定利子と元金しか得

られないからである。逆に，もしそのプロジェクトに失敗すれば，債権者は貸倒れの危険にさらされる。それゆえ，債権者はローリスク・ローリターンのプロジェクトを好む。

このように，債権者と経営者との利害は原理的に一致しない。しかも，債権者は経営者の行動を完全に観察することもできない。経営者は，企業に関する私的情報を多くもっているので，債権者と経営者との間には常に情報の非対称性も成り立つ。

このような状況では，経営者は債権者の利益を無視して，隠れて負債をリスクの高いプロジェクトに利用する可能性がある。また，最悪の場合，粉飾決算をしている経営者が債権者の不備につけ込んで，負債を株主への配当支払いに転用する可能性もある。

このような非効率な現象を事前に抑制し，利害関係者の利害を調整し，そして経営者に効率的に資金を利用させるために，何らかのガバナンス制度が必要となる。そのような方法は多様にあるが，理論的には債権者と経営者との情報の非対称性を緩和し，両者の利害を一致させるものでなければならない。

これらのうち，両者の情報の非対称性を緩和する方法は，基本的に会計制度の問題か情報開示をめぐる法制度の問題になるだろう。これに対して，利害調整の方法は法的な問題もあるが，基本的には経営学・経済学の問題であり，以下のように2つの方法に区別されるだろう。

(1) 経営者と債権者との利害を一致させるために，債権者が何らかの制度を利用して経営者を統治する方法。
(2) 経営者と債権者との利害を一致させるために，債権者が何らかの制度を利用して同時に株主となって経営者を統治する方法。

| 債権者によるコーポレート・ガバナンス |

これらのうち，前者の方法は，特定の巨大債権者，たとえば銀行が企業に大量に資金を貸し付けることによってモニタリングする組織型コーポレート・ガバナンスの方法である。この方法によると，大債権者は企業が黒字を出し続けているような平時には直接介入しようとはしない。たしかに，大債権者として銀行は資金供給をめぐって事前に企業の投資プロジェクトを評価したり，信用分析を行ったり，そして事後的に貸付契約条項に従って経営活動や財務状況を

監視することもできる。しかし，平時にはほとんど企業経営には介入しない。

　むしろ，平時には企業経営者が債権者をいたずらに不安にさせて債権者のモニタリング・コストを高めると，そのコストは高い貸付利子という形で逆に経営者に押しつけられる可能性がある。それゆえ，経営者は資本コストを節約するために，ボンディング行動，つまり経営者は自ら身の潔白を示すように自発的に自分自身を束縛しようとする。たとえば，経営者が積極的に財務諸表を公表したり，自発的に銀行から役員を受け入れたり，自発的にすべての口座を銀行に集中したりするような行動はボンディング行動と解釈することができるだろう。

　しかし，企業が赤字を出し，危険な状態に陥るような有事の際には，巨大債権者は積極的に企業に介入し，企業を統治しようとする。たとえば，債権者は企業に人材を派遣して財務状態を立て直し，最悪の場合には債権者として企業を清算処理したり，他企業に吸収合併させたりする。

　このように，特定の債権者による組織型コーポレート・ガバナンス[11]によって債権者と株主に従う経営者の利害は調整され，エージェンシー問題の発生は事前に抑制される可能性がある。この典型的な事例として，日本企業においてはメイン・バンクによるコーポレート・ガバナンスを挙げることができる。

債権者兼株主によるコーポレート・ガバナンス

　これに対して，もう1つの方法は，もし債権者でありかつ株主でもあるような存在を許容するような制度があるならば，たとえば株式も社債も購入できる年金基金や株式を扱うとともに資金を貸し出すこともできるドイツのユニバーサル・バンクのような制度があるならば，このような債権者でありかつ株主でもある存在によって債権者の利害と株主の利害に従う経営者との利害は調整される可能性がある。

　この場合，平時には債権者でありかつ株主である年金基金やユニバーサル・バンクは，株主代表として企業のトップ・マネジメント組織に参加し，株主の立場から組織型コーポレート・ガバナンスを展開することができる。しかし，有事には，ユニバーサル・バンクや年金基金は債権者代表として企業統治にか

---

11) 負債によるガバナンス効果については，Jensen [1986, 1988] に詳しい。

図3.3　コーポレート・ガバナンスの多様な方法

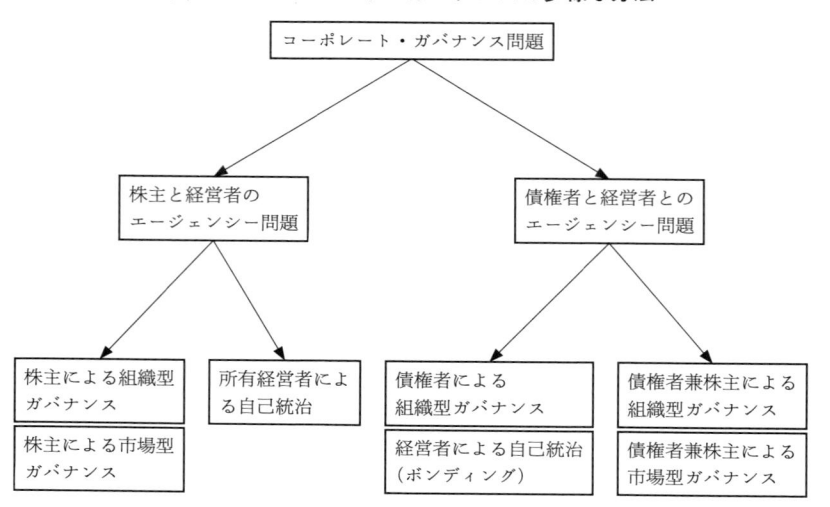

```
                    コーポレート・ガバナンス問題
                    ／              ＼
        株主と経営者の              債権者と経営者との
        エージェンシー問題          エージェンシー問題
        ／        ＼              ／          ＼
株主による組織型   所有経営者による   債権者による      債権者兼株主による
ガバナンス        自己統治         組織型ガバナンス   組織型ガバナンス

株主による市場型                    経営者による自己統治  債権者兼株主による
ガバナンス                         (ボンディング)       市場型ガバナンス
```

かわろうとする。たとえば，ドイツのユニバーサル・バンクは問題が小さければ，人材を派遣して財務状態を良くして企業を再建しようとするが，最悪の場合には企業を清算処理したり，株式市場を利用して他企業に買収資金を貸し出して吸収合併させたりする厳しい市場型コーポレート・ガバナンスを利用することもできる。

このような債権者兼株主であるような存在によるガバナンスの方法によって，債権者と経営者との間に発生するエージェンシー問題は事前に抑制される可能性がある。

以上，コーポレート・ガバナンスの方法をめぐるエージェンシー理論分析をまとめると，図3.3のように体系的に整理することができる。

3-4　日米独コーポレート・ガバナンスのエージェンシー理論分析

伝統的米国型コーポレート・ガバナンス

エージェンシー理論にもとづいて，伝統的な米国型コーポレート・ガバナンスを分析してみよう。表3.1は，戦後の米国企業の資本構成であり，この表

表3.1　米国製造業の資本構成

(%)

	1955年	1956年	1957年	1958年	1959年	1960年	1961年	1962年	1963年	1964年	1965年	1966年
自己資本	66.7	63.9	65.1	66.4	65.6	65.5	64.8	64.2	63.6	63.0	60.8	58.8
負債	33.3	36.1	34.9	33.6	34.4	34.5	35.2	35.8	36.4	37.0	39.2	41.2

	1967年	1968年	1969年	1970年	1971年	1972年	1973年	1974年	1975年	1976年	1977年	1978年
自己資本	58.2	56.2	56.6	53.8	53.5	53.2	52.1	53.2	53.7	53.8	53.1	51.8
負債	41.8	43.8	43.4	46.2	46.5	46.8	47.9	46.8	46.3	46.2	46.9	48.2

(出所) 日本銀行『国際比較統計』(1963, 1971, 1981年) より作成。

図3.4　米国型トップ・マネジメント組織

```
           株主総会
              │
           取締役会
              │
  ┌───────────┼───────────┐
指名委員会 ←――――――――→ 監査委員会
              │
  ┌───────────┼───────────┐
報酬委員会 ←――――――――→ 経営委員会
              │
         ┌────────────────────────┐
         │        経営会議            │
         │  最高経営責任者 (Chief Exective Officer) │
         │  最高執行責任者 (Chief Operative Officer) │
         │  最高財務責任者 (Chief Finacial Officer)  │
         │  最高情報責任者 (Chief Information Officer)│
         └────────────────────────┘
```

から米国企業はよく知られているように自己資本中心の財務構造であった。それゆえ，もし米国企業でエージェンシー問題が発生していたとすれば，それは主に株主と経営者との間の利害対立に起因する問題であったと思われる。

この問題の発生を抑制するために，米国ではこれまで株主主導のコーポレート・ガバナンスが展開されてきたと考えられる[12]。このような株主主導の統治方法は，以下のように平時と有事の際に分けて説明することができる。

---

12) 米国型コーポレート・ガバナンスについては，Jensen [1988]，菊池・平田 [2000]，吉森 [2001]，菊澤 [1998]，稲上ほか [2000]，佐久間 [2003] に詳しい。

まず，平時には株主はモニタリング・システムとしてトップ・マネジメント組織を利用して定期的に企業経営を監視することができる。より具体的にいえば，米国では，もし企業をめぐってそれほど大きな問題がなければ，株主はトップ・マネジメント組織に多くの株主代表を送り込んで企業経営者を定期的に監視することができる。

たとえば，図3.4のように，株主は株主総会で取締役会メンバーを選出し，この取締役会によって企業の基本戦略や計画が決定される。次に，その基本戦略や基本計画は，最高経営責任者（CEO）や最高財務担当責任者（CFO）等の各オフィサーから構成される役員によって執行される。そして，その結果が再び取締役会によって監査され，最終報告が株主総会で議論されることになる。

しかも，取締役会は常時開催することが困難なので，米国企業では一般に計画業務や監査業務は数名の取締役員から構成される指名委員会，報酬委員会，経営委員会，監査委員会等の各種委員会に委任される。とくに，米国では，各企業の監査委員会の背後には，その監査内容を厳密に審査する米国証券取引委員会（SEC：Securities and Exchange Commission）が絶えず目を光らせている。

こうした組織的な仕組みの中で，株主は自分たちの利害をできるだけ企業経営に反映させるために，これまで取締役会メンバーの半数以上を自分たちの息がかかった社外取締役で構成してきた。しかも，重要な監査委員会，指名委員会，報酬委員会等の各委員長もまた社外取締役が占めることが，米国では株式上場の基本条件となっている。

しかし，米国では，企業経営が悪化し，危機的な赤字決算，債務不履行，そして予期せぬ不正や不祥事が発生した場合には，株主は広く株式市場を利用して経営陣との利害調整を図ろうとする。

とくに，経営者と利害調整が直接できないような少数の株式しか保有していない株主は，危機を敏感に感じ取った場合，すぐに保有している株式を市場で売り出そうとする。これによって，株価は低下し，企業の信用は低下するので，経営者は資金調達が難しくなる。これが，株主からの最初のシグナルとなって経営陣に規律を与えることになる。

それにもかかわらず，なお企業経営に変化がみられない場合，株価はさらに下落し，やがて市場の企業価値が企業の実質資産価値以下になる。このとき，

有力な投資家は企業を買収して経営陣を追い出せれば，確実に企業価値は上昇すると考えるので，そのような企業は敵対的買収の脅威にさらされることになる。この乗っ取りの脅威によって，経営陣は規律づけられ，株主の利益を志向した経営に軌道修正される。このような市場によるコーポレート・ガバナンスが，1980年代の米国型コーポレート・ガバナンスの特徴である。

伝統的日本型コーポレート・ガバナンス

次に，伝統的な日本企業がこれまでどのようなエージェンシー問題を担っていたのかを明らかにするために，日本企業をめぐる利害対立状況を明らかにしてみよう。そのために，日本企業の資本構成に注目すると，表3.2となる。この表から明らかなように，日本企業の財務構造は伝統的に負債中心であり，借金経営であった。

とくに，日本企業は負債の大部分を銀行に依存し，長期的で継続的に企業に資金供給を行う銀行はこれまでメイン・バンクと呼ばれてきた。このことから，日本企業をめぐって発生しうるエージェンシー問題は銀行と経営者との間の利害対立に起因する問題であったといえるだろう。

このようなエージェンシー問題の発生を事前に抑制するために，日本ではメイン・バンクと呼ばれる銀行によるコーポレート・ガバナンス[13]が発展してきた。この銀行による日本型ガバナンスとドイツのユニバーサル・バンクによるドイツ型ガバナンスの違いは，どこにあるのか。ドイツの場合，後で述べるようにユニバーサル・バンクはどれだけ企業の株式を保有しようと問題がないのに対して，日本では銀行が保有できる株式は法的に全株式の5％以内に制限されている点にある。したがって，ドイツでは銀行は大株主として自由に企業を支配できるのに対して，日本では銀行が大株主として企業を支配する場合，制限がある。

以上の違いを考慮しながら，日本のメイン・バンク制に注目すれば，平時にはメイン・バンクは株主代表として役員を派遣していたとしても，企業経営にほとんど干渉することはない。メイン・バンクは安定株主として株式を売るこ

---

13) 日本型コーポレート・ガバナンスについては，吉森[2001]，菊池・平田[2000]，菊澤[1998]，稲上ほか[2000]，佐久間[2003]に詳しい。

表3.2　日本の製造業の資本構成
(％)

	1980年	1981年	1982年	1983年	1984年	1985年	1986年	1987年	1988年	1989年
自己資本	20.9	22.8	25.1	26.5	27.6	29.6	31.3	32.9	34.8	36.4
負債	79.1	77.2	74.9	73.5	72.4	70.4	68.7	67.1	65.2	63.6

(出所) 日本銀行『国際比較統計』(1992年) により作成。

図3.5　日本型トップ・マネジメント組織

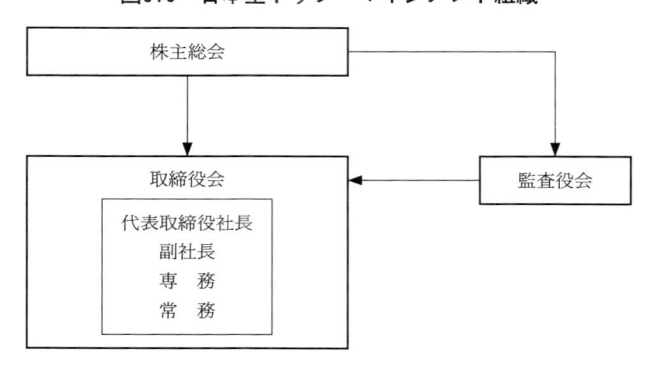

```
          ┌──────────────┐
          │   株主総会   │─────────────┐
          └──────┬───────┘             │
                 ↓                     ↓
          ┌──────────────┐      ┌──────────┐
          │  取締役会    │←─────│ 監査役会 │
          │ ┌──────────┐ │      └──────────┘
          │ │代表取締役社長│ │
          │ │ 副社長    │ │
          │ │ 専 務    │ │
          │ │ 常 務    │ │
          │ └──────────┘ │
          └──────────────┘
```

とはなく，企業に対してサイレント・パートナーとして存在し，コーポレート・ガバナンスの主体としてアクティブに行動することはほとんどない。

　それでは，日本にはアクティブな株主はいたのであろうか。1980年代までの日本企業の株式保有状況に注目すると，日本では米国と異なり個人の株式保有率は低く，基本的に法人によって株式は保有されてきた。しかも，法人もまた相互に株の持ち合いをし，相互に安定株主として株を売りさばくことはなく，企業経営に直接介入することはなかった。それゆえ，メイン・バンクのみならず，他の法人株主もまたサイレント・パートナーとして存在していたのであり，彼らがトップ・マネジメント組織を利用して積極的に企業統治にかかわるようなことはほとんどなかった。

　このような株主や銀行の行動を，経営者自身もよく知っており，経営に介入されないために，経営者は赤字を出さないように自己統治（セルフ・ガバナンス）を行っていた。このような平時の日本型ガバナンスについて，より具体的に説明すれば，日本企業の伝統的なトップ・マネジメント組織は，図3.5のように株主総会によって取締役会メンバーが任命され，さらに監査役が任命され

る。しかも，取締役会によって代表権と業務執行権をもつ代表取締役社長が決定される。

このような構造をもつトップ・マネジメント組織は，以下のように機能する。まず，取締役会によって基本戦略や計画が決定される。次に，代表権および執行権をもつ代表取締役社長によって基本戦略や計画が具体的に執行される。そして，その執行プロセスおよび結果は，一方で効率性と適法性の観点から取締役会が監査し，他方で適法性の観点から監査役会が監査を行う。そして，その結果報告が株主総会でなされ，議論されることになる。

このトップ・マネジメント組織を利用すれば，大株主としてのメイン・バンクは組織的に企業統治することができる。しかし，実際には，メイン・バンクは役員を派遣しているが，トップ・マネジメント組織を利用して積極的に企業統治することはほとんどなかった。サイレント・パートナーあるいは安定株主として存在し，企業経営に積極的に介入することはなかった。

何よりも，平時には図3.5のように日本では社長を中心に副社長，専務，そして常務等から構成される常務会あるいはそれに類似した経営会議が設置され，このような会議で実質的に基本戦略や基本計画が決定され，執行される場合が多かった。

しかも，社長は取締役員と監査役員の人事を握っており，そのため社長が取締役会や監査役会によって適切に監視されることはなかった。何よりも，取締役会は単に社長中心の常務会や経営会議の決定事項を承認する場として利用されていたにすぎない。そのため，日本では取締役員の数は抑制されずに増加し，しかも取締役会直属の委員会制もほとんど発達しなかった。

このように，常務会や経営会議を支配している社長はたしかにメイン・バンクから役員を受け入れ，メイン・バンクに多くの情報を提供していたが，赤字を出さない限りメイン・バンクは積極的に経営に介入してこないことをよく知っており，それゆえ経営者は平時には赤字を出さないように自己統治していた。このようなメイン・バンクの存在を前提とするセルフ・ガバナンス・システムが，平時の日本型ガバナンス・システムであった。

しかし，日本では企業が予期せぬ経営不振に陥り，赤字を出したり，債務不履行が発生したりするような有事の際には，多大な資金の貸出を行っているメ

イン・バンクは，貸倒れを恐れて積極的に監視を強め，必要とあれば直接企業経営に介入する。

とくに，メイン・バンクは，企業の取引決済口座を自社に集中させることによって，企業のキャッシュ・フローを監視したり，経営内容を監視したりする。そして，もしある水準を下回るならば，企業の投資計画に注文をつけたり，役員を派遣したりして監視を強めることになる。

そして，最悪の場合には，メイン・バンクは問題ある企業に対して緊急融資や人的支援等の明示的な経営への介入を行うことになる。さらに，企業側から要請があれば，積極的に債務の繰延べや債権放棄を行ったり，あるいは多大な救済費用を負担したりしてまで，企業を再建しようとする。

しかし，日本経済の低迷によって，銀行はますます不良債権を増加させ，かつてのような存在感のあるガバナンスの主体ではなくなりつつある。銀行がこのような状況にあったため，企業経営者もまた自己統治するインセンティブを喪失していた。さらに，このような企業経営者に規律を与えるようなアクティブな株主もいなかった。このように，今日，日本企業をめぐるガバナンス主体は非常にあいまいな状態にある。

このコーポレート・ガバナンス主体の不明確さを打開するために，今日，さまざまなコーポレート・ガバナンス改革が進められている。とくに，政府は米国流の株主主権のコーポレート・ガバナンスを取り入れるため，これまでさまざまな法改正を進めてきた。その一環として，2003年4月施行の商法改正では，企業は従来の日本流の監査役設置会社方式と米国流の委員会を中心とした委員会等設置会社（2006年施行の新会社法では「等」が削除された）方式を自由に選択できることになった。また，2006年5月施行の新会社法では，企業に対して内部統制システムの構築の基本方針を決定することが義務づけられ，さらに株主総会における取締役の解任決議の要件について従来の特別決議から普通決議に緩和された。これらに対して，今後の日本企業の対応が注目される。

伝統的ドイツ型コーポレート・ガバナンス

最後に，ドイツの状況について考察してみよう。ドイツ連邦統計局が集計した1980年代の西ドイツ企業の資本構成は，表3.3である。この表から明らかなように，ドイツ企業は伝統的に日本企業と同様に自己資本よりも負債が多い

表3.3 ドイツ製造業の資本構成
(％)

	1980年	1981年	1982年	1983年	1984年	1985年	1986年	1987年	1988年	1989年
自己資本	31.7	28.2	28.7	29.3	30.1	31.6	33.9	27.9	28.3	27.5
負　債	68.3	71.8	71.3	70.7	69.9	68.4	66.1	72.1	71.7	72.5

(出所) 日本銀行『国際比較統計』(1992年) より作成。

財務構造を形成してきた。しかも，ドイツでは債権市場がほとんど発達していなかったため，ドイツ企業のコーポレート・ガバナンスの担い手として銀行が重要な役割を果たしてきた。

とくに，ドイツ企業の自己資本を構成する株式保有構造に注目すれば，ドイツでは個人よりも，非金融法人，生命保険，そして銀行等の法人の株式保有比率が高い。とりわけ非金融法人の株式保有比率は高く，銀行の株式保有比率は10％で意外に低い。それゆえ，所有という観点からすれば，ドイツ企業のガバナンスの担い手として株主である非金融法人が重要な位置にいる。

以上のことから，従来，ドイツ企業をめぐって債権者としての銀行と株主としての非金融法人に従う経営者との利害対立にもとづくエージェンシー問題が発生する可能性があり，ドイツではこの問題を解決する形でガバナンス制度が展開されてきた可能性がある。

このようなエージェンシー問題の発生を事前に抑止する制度として，ドイツ固有のユニバーサル・バンク制度が注目される。この制度のもとでは，銀行は(1)預金・貸出業務，(2)有価証券の引受・売却業務，(3)有価証券の寄託および議決権の行使といった寄託業務を行うことができる。それゆえ，ドイツのユニバーサル・バンクは企業の債権者であるとともに株主でもありうる。そして，これら2つの立場を使い分けることによって債権者と株主の利害に従う経営者との間の利害を調整し，エージェンシー問題の発生を事前に抑制してきた可能性がある。

しかし，銀行の株式保有比率は比較的小さい。だが，これはあくまでみせかけであって，ユニバーサル・バンクの寄託業務に注目すれば，この業務のもとにこれまでドイツの非金融企業はユニバーサル・バンクから株式を購入し，そのままユニバーサル・バンクに議決権を寄託する場合が多かった。

さらに，ユニバーサル・バンクは支配下にある資本投資会社をとおして生命

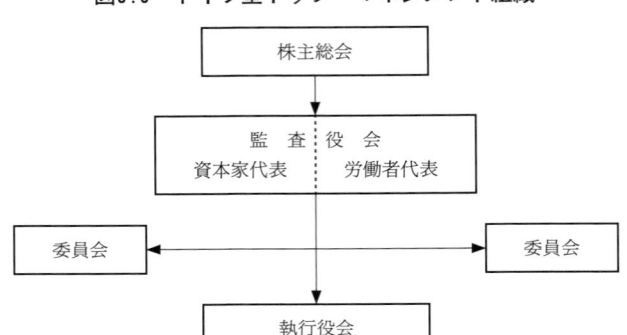

図3.6　ドイツ型トップ・マネジメント組織

```
        ┌──────────────┐
        │   株主総会    │
        └──────┬───────┘
               ↓
        ┌──────────────┐
        │   監 査 役 会  │
        │資本家代表│労働者代表│
        └──────┬───────┘
   ┌──────┐   │   ┌──────┐
   │ 委員会 │←─┼──→│ 委員会 │
   └──────┘   ↓   └──────┘
        ┌──────────────┐
        │   執行役会    │
        └──────────────┘
```

保険や基金等の資金を有価証券に運用し，その議決権を行使する場合も多かった。もちろん，直接，ユニバーサル・バンクが特定の企業の株式を多く保有する形で，多くの議決権をもつ場合もある。

このように，ドイツでは債権者と株主に従う経営者との間のエージェンシー問題を解決するために，大債権者でありかつ実質的な大株主でもあるユニバーサル・バンクによるコーポレート・ガバナンス[14]が展開されてきた。とくに，ドイツ銀行，ドレスナー銀行，そしてコメルツ銀行といった三大ユニバーサル・バンクがドイツ企業に多大な影響を与えてきたのである。

以上のような二面的な立場を利用して，ドイツのユニバーサル・バンクは，これまで企業をめぐってそれほど大きな問題のない平時には，株主代表をトップ・マネジメント組織に送り込み，企業経営を定期的に監視し統治してきた。

より具体的にいえば，ドイツ型トップ・マネジメント組織は，ドイツ共同決定法に従い，図3.6のように，経営の最高意思決定機関である監査役会のメンバーが資本家代表と労働者代表から構成され，その数は同数となる。

これら代表のうち，資本家代表は株主総会によって任命され，労働者代表は労働者によって選出される。さらに，監査役会によって経営を具体的に執行する執行役会メンバーが任命される。ただし，ドイツ共同決定法により，監査役

---

14) ドイツ型コーポレート・ガバナンスについては，吉森 [2001]，菊澤 [1998, 2003]，稲上ほか [2000]，佐久間 [2003] に詳しい。

員は執行役員を兼任することができない。

　しかも，図3.6のように，ドイツでは一般に監査役会メンバーによって各種委員会が形成され，監査役会の機能を補完することになる。この委員会メンバーもまた，監査役会と同様に，同数の資本家代表と労働者代表メンバーによって構成されている。

　このような構造をもつドイツ型トップ・マネジメント組織は，以下のように機能する。まず，監査役会で委員会の助言を受けながら基本戦略や計画が決定される。次に，この基本戦略や計画に従って，執行役員が業務を執行することになる。最後に，業務執行によって生み出された結果は，監査委員会の助けを借りながら再び監査役会によって監査されることになる。

　このような監査役会と執行役会による二層のトップ・マネジメント組織を利用して，ドイツのユニバーサル・バンクは，これまで多くの資本家代表監査役，とくに監査役会会長を送り込んで定期的に企業経営を監視してきた。そして，この組織制度を利用して業務を執行する執行役員の行動を監視し，その人事権を握るという形で，直接的に経営者をコントロールしてきた。

　しかし，企業が経営不振に陥り，危機的な赤字を出し，そして債務不履行などの有事が発生したときには，事態は変化する。この場合，ユニバーサル・バンク等の銀行は，株主代表としてではなく，今度は債権者として債権回収を念頭に置いたより厳しいコーポレート・ガバナンスを展開する。

　とくに，企業が債務不履行を起こした場合，ユニバーサル・バンクは人材を派遣して財務状態を健全化しようとするが，最悪の場合，企業を直接清算処理してしまうこともめずらしくない。また，問題ある企業を他企業と合併させて間接的に企業を清算処理してしまうこともある。

　このように，有事の場合には，ユニバーサル・バンクは債権者として厳しいコーポレート・ガバナンスを展開する。このような銀行による企業の清算処理の脅威が，企業経営者に規律を与えてきたのである。

補論 B　ジェンセン゠メックリングのエージェンシー理論の数学モデル

> **エージェンシー問題の
> モデルによる説明**

ジェンセン゠メックリング（Jensen and Meckling [1976]）によって展開された実証的エージェンシー理論モデル[15]を簡単に紹介してみたい。

まず，非公開会社の所有経営者について考えてみよう。彼は，2つの葛藤する目的をもっているとする。つまり，企業価値と仕事上の費消の両方を最大化することに関心があるとしよう。ここで，企業価値とは企業が生み出すフリー・キャッシュ・フローの現在価値である。仕事上の費消つまり無駄とは，たとえば社用ジェット機を購入することや豪華な方法でオフィスを飾ることやあるいは仕事時間を少なくするといったようにさまざまな形をとるだろう。

もちろん，社用ジェット機を購入することが常に仕事上の費消つまり無駄とはいえない。もし社用ジェット機購入によるメリットが定期航空便を利用することによるメリットよりも大きければ，それは経営者の仕事上の費消ではない。しかし，ジェット機購入によるメリットが少ないにもかかわらず，経営者としての威信と個人的快適さのためだけに，社用ジェット機を購入することは仕事上の費消であり，無駄である。

この例から，もし経営者が仕事上の費消に資源を費やせば，彼は企業価値を最大化できないだろう。仕事上の費消に多く費やせば費やすほど，それだけ企業価値は下がる。もし彼が仕事上の費消として100万ドルを費やすならば，彼は100万ドルだけ企業価値を下げることになる。

図3.7では，「仕事上の費消の現在価値」が横軸に表され，「企業価値」が縦軸に表されている。「企業価値」と「仕事上の費消の現在価値」の合計は一定となる。それゆえ，図3.7のようにもし経営者がC_5を費消するならば，企業価値はV_5となる。直線V_0C_0は，VとCのすべての可能な組合せを表してい

---

15) このジェンセン゠メックリングの数学モデルについては，Douma and Schreuder [1991] にも詳しい。

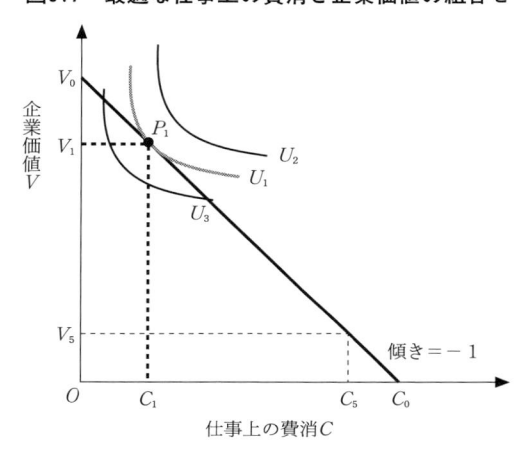

図3.7 最適な仕事上の費消と企業価値の組合せ

る。この直線は，経営者が選択できる V と C の組合せの集合であり，予算制約と呼ばれる。図3.7では，予算制約 V_0C_0 は傾き -1 をもつ。企業価値最大化だけに関心をもち，いかなる形態の仕事上の費消にも関心をもたないような経営者は仕事上何も費消しないので C は 0 となり，企業価値は最大 V_0 となる。

経営者が選択する C と V の値は，彼の効用関数に依存する。図3.7の曲線 U_3 上のすべての点は，経営者にとって等しい効用を表している。同様に，曲線 U_1 上のすべての点も経営者にとって等しい効用を表している。しかし，曲線 U_1 上の点は曲線 U_3 上の点よりも高い水準の効用を表しており，さらに曲線 U_2 上の点はより高い効用水準を表している。しかし，経営者は予算制約 V_0C_0 があるために，この効用水準 U_2 には到達できない。したがって，この場合，経営者は点 P_1 を選択することによって自分の効用を最大化できる。つまり，彼にとって最適な仕事上の費消は C_1 であり，企業価値は V_1 となる。

この点で，仕事上の費消を1ドル増加して得られる限界効用の上昇は，富1ドル減少によって発生する限界効用の減少と等しくなる。つまり，これ以上仕事上の費消を多くして効用を高めても，逆に企業価値の減少による彼の富の減少のほうが大きいことになり，効用の低い無差別曲線上の組合せとなる。同様に，これ以下に仕事上の費消を抑えて効用を下げても，企業価値の増加による彼の富の増加によってそれ以上の効用の増加はないので，効用の低い無差別曲

線上の組合せとなる。

さて，図3.7のU_1，U_2，そしてU_3は無差別曲線と呼びうる。というのも，これらの曲線は，経営者にとって等しい効用を表しているからである。したがって，経営者は同じ無差別曲線上の点に関して無差別である。われわれは，企業の全株式を所有する経営者を扱かっているので，企業価値と仕事上の費消との間の彼のトレード・オフを決定するためには，図3.7の情報だけで十分である。

しかし，いま所有経営者が所有する全株式を1とし，（$1-\alpha$）部分を外部に販売し，経営者は株式のα部分を所有するものとしよう。たとえば，αが0.7だとしよう。このことは，経営者がその全株式の30％を外部に売って現金にし，70％の株式を自分で保有することを意味する。しかも，経営者と株主の利害は一致せず，情報も非対称的であるとしよう。

このような状況で，もし経営者が仕事上の費消に関して1ドル費やすならば，企業価値は1ドルだけ下がるだろう。このとき，その企業価値1ドルの低下のうち経営者の個人的富の減少は70セントで，外部株主の富が30セント減少することになる。つまり，経営者は仕事上の費消1ドルによって得られる限界効用の上昇が個人的富70セントの減少で得られることになる。それゆえ，彼は必然的に仕事上の費消により多くの資源を費やすことになる。

経営者が，どれだけ多く仕事上の費消に費やすかは，彼が選択できる個人的富と仕事上の費消の可能な組合せ集合に依存する。この集合は，彼が外部者に販売する株式に対して付けることのできる価格に依存する。しかも，この価格は経営者が株を販売した後に彼が仕事上の費消により多く費やすことを外部者があらかじめ知っているかどうかに依存する。仮定により，両者の情報は非対称的なので，外部者は経営者がその株式を売った後ひそかにより多く費消することを知らないとしよう。

この場合，外部株主は株式30％に対して喜んでV_1の30％を支払うことになる。これに対して，経営者は個人的富70セントに対して費消1ドルを交換できるので，経営者が直面する予算制約は-0.7の傾きをもつものとなる。また，その予算制約は点P_1を通っていることになる。この点で，経営者はC_1を費消し，そして彼の富はV_1となる（具体的には彼はV_1の30％を現金でもち，V_1

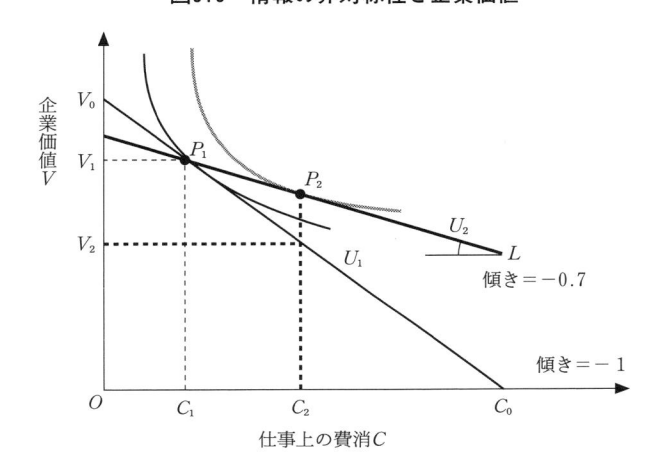

図3.8 情報の非対称性と企業価値

の残り70％を株で保有することになる）。したがって、経営者が直面する予算制約は、図3.8の直線Lとなる。直線Lは点P_1を通り、傾きは-0.7である。

点P_2で、予算制約Lに接する無差別曲線U_2が存在する。この点で、経営者はC_2を費消する。このとき、企業価値はV_2に下がる。

こうして、外部株主たちは自分たちの株式に対してV_1の30％を支払った後で、自分たちの株式がV_2の30％の価値しかもたないことを知ることになる。このような現象が、モラル・ハザード現象であり、エージェンシー問題と呼ばれる状況なのである。

情報対称化によるエージェンシー問題の解決

今度は、会計情報や他の方法によって、経営者と外部者の間には情報の非対称性がないとするとどのようなことが起こるのか。それゆえ、経営者が仕事上の費消を増大しないと思い込むほど、外部株主が素朴ではないとする。経営者が株を売るやいなや彼が費消を増大することを、事前に外部株主が知っており、しかも経営者の無差別曲線の正確な形も知っているとする。

このような状況では、外部株主は図3.9のV_0C_0上の点P_3を見出すことになる。P_3を通る無差別曲線は、傾き-0.7をもつ直線にP_3で接することになる。外部株主は、すぐにそのような点P_3が存在することを見出すだろう。したがって、外部株主は点P_3において仕事上の費消に追加的に1ドルを費やす経営

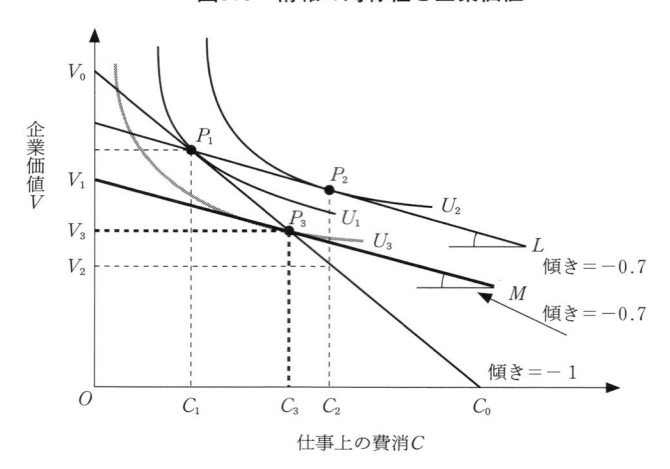

図3.9 情報の対称性と企業価値

者の限界効用が個人的富を70セント得る限界効用に等しいことを理解するだろう。それゆえ，彼らは株に対して V_1 の30％ではなく，V_3 の30％しか支払わないだろう。

もし彼らが V_3 の30％を支払うならば，経営者の予算制約は-0.7の傾きをもつ直線 M となる。この場合，経営者の費消は C_3 で，企業価値は V_3 となり，外部者は株を購入するうえで損も得もしなくなる。こうして，情報が対称的である場合，株主は経営者にだまされることはないし，経営者は株主をだまして非効率的な資源の利用はできなくなる。

さて，経営者が外部に株式30％を販売した場合，経営者の個人的富は V_3 となる。この総額のうち，彼は現金で30％部分を保有し，70％部分を株式で保有することになる。彼の富は，$(V_1 - V_3)$ 減少する。これに対して，彼の仕事上の費消の現在価値は，$(C_3 - C_1)$ 増大する。その結果，彼の効用水準は低下し，彼は無差別曲線 U_1 から U_3 に移行することになる。それゆえ，何か別の理由がなければ，経営者は株式の一部を売ろうとしないだろう。その理由は，たとえば，(1)経営者が別のことに現金を使うこうことができるように，彼が株の代わりに現金で自分の富の一部をもつことを選好するのか，あるいは，(2)経営者が自分の個人的富だけでは融資できないような投資機会を見つけ出したかである。

利害一致によるエージェンシー問題の解決

これまでの分析では、外部株主が何らかの方法によって経営者をモニタリングできることを無視してきた。実際には、外部株主は経営者の行動を監視でき、ある程度、両者の利害を一致させることができる。たとえば、株主は外部の公認会計士によって帳簿を監査させることができるし、取締役会を設置することによって経営者をモニタリングすることができる。

しかし、経営者の行動をモニタリングするにはコストがかかる。モニタリングに金をかけることによって、外部株主は経営者の仕事上の費消を抑止できる。彼らがモニタリングに多く費やせば費やすほど、それだけ彼らは経営者の行動をよく監視でき、それだけ経営者の仕事上の費消を削減でき、企業価値を上昇させることができる。

このようなモニタリングによって、外部株主は経営者の行動をコントロールでき、利害を一致させることができる。もし情報が対称的でモニタリングがないならば、図3.10により企業価値は V_3 であり、経営者の費消は C_3 である。しかし、外部株主がモニタリング・コストを負担することによって、経営者の仕事上の費消をさらに C_3 より小さい C_4 にまで節約することができ、企業価値を V_3 から V_4 に高めることができる。それゆえ、自分たちの持分を高めること

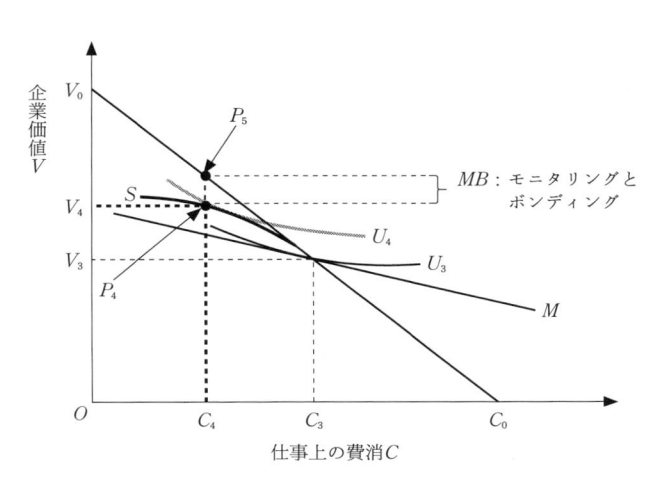

図3.10 モニタリングとボンディングと企業価値

ができるので，外部株主はモニタリングしようとするインセンティブをもつことになる。

しかし，モニタリングにはコストがかかるので，株主にとって企業に要求できる価値を減らすことになる。それゆえ，モニタリング・コストを負担しながら経営者の費消 C を徐々に抑制しようとする場合，企業価値 V は図3.10のS線のように逓減することになる。つまり，予算制約線 $V_0 C_0$ が SC_0 になる。$V_0 C_0$ と SC_0 との差が，将来のモニタリング・コストの現在市場価値 MB となる。

もし外部株主がモニタリングによって所有経営者の仕事上の費消を C_4 にまでに削減できるならば，所有経営者もそれを望ましいと思う可能性がある。というのも，それが企業価値を V_4 に高めるからであり，しかも無差別曲線は U_3 から U_4 へと上昇するからである。そのような状況では，外部株主が負担する最適なモニタリング・コストは MB である。

しかし，この同じことを，所有経営者自身が外部株主に対して自らの費消を C_4 だけに制限することを補償するために経営資源を使うこともできる。これがボンディング・コストであり，自己拘束コストである。このような行動は，自分が不正をしないという契約を自発的に結ぶという形をとるかもしれないし，自発的に外部から取締役員を受け入れるという形をとるかもしれない。

このようなコストは，今度は経営者側に押し付けられることになるので，経営者の富は図3.10の SC_0 のような曲線となるだろう。このとき，経営者側は MB だけボンディング・コストを負担すればよい。この場合，一方で経営者の仕事上の費消は C_3 から C_4 へと減少し，他方，企業価値は V_3 から V_4 へと上昇することになる。

このようなボンディング活動は，経営者にとってそのコストを負担するものの，好ましい行動となる。というのも，仕事上の費消の減少よりも，企業価値の上昇によるメリットのほうが大きいからである。しかも，ボンディングによって経営者の無差別曲線は U_3 から U_4 へと上昇することになる。したがって，彼はボンディングを行うことにインセンティブをもつだろう。

以上のように，エージェンシー問題がどのように発生し，情報の対称性によってあるいは利害を一致させるモニタリングやボンディングによって，どのよ

うにしてエージェンシー問題が解決されうるのかが簡単な数学的図形モデルによって説明することができる。これがジェンセン゠メックリング・モデルである。

練習問題

1. エージェンシー理論では企業はどのような存在として仮定されているのか。
2. コーポレート・ガバナンスとはどういう意味か。
3. 米国型の市場によるコーポレート・ガバナンスとはどのようなものか。
4. 日本のメイン・バンク制について説明しなさい。
5. ドイツのユニバーサル・バンクについて説明しなさい。

4

エージェンシー理論と組織形態

4 – 1 契約の束としての企業組織

　エージェンシー理論が組織形態の問題に応用できることを示したのは，ファーマ=ジェンセン[16]（Fama and Jensen [1983a]）である。彼らが扱った問題は，なぜ所有と経営が分離した複雑な企業組織と所有と経営が一致した単純な企業組織が共存しうるのかであった。

　この問題に接近するために，彼らは企業組織を契約の束（ネクサス）[17]から構成されるものとみなした。とくに，企業組織をめぐる重要な契約として，彼らは3つの権利をめぐる契約に注目した。まず，第1の契約とは，企業収入から必要なものをすべて差し引いて残る残余利益を得る権利つまり「残余請求権」をめぐる契約である。しかも，この契約はその利益が常に不確実性にもとづくリスクを伴うという意味で，リスク配分をめぐる契約でもある。

　次に，第2，第3の契約とは，企業の意思決定プロセスに関連する権利についての契約である。すなわち，図3.11のように，企業の意思決定プロセスは，以下のように4つに区別される。

---

16) 以下は，ファーマ=ジェンセンの論文（Fama and Jensen [1983a, 1983b]）の要約である。
17) エージェンシー理論では，企業を契約の束（ネクサス）とみなす。この点については，Jensen and Meckling [1976]，Fama and Jensen [1983a] に詳しい。

図3.11　意思決定プロセスと権限

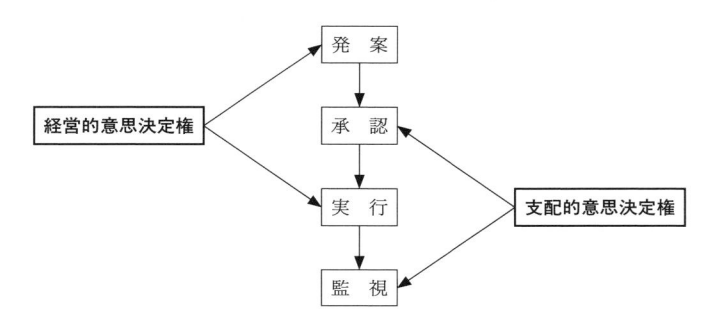

```
経営的意思決定権 ──→ 発　案
              │       ↓
              │      承　認 ←──┐
              │       ↓        │
              └───→ 実　行 ←── 支配的意思決定権
                      ↓        │
                     監　視 ←──┘
```

(1) 発案：経営資源の利用をめぐる提案を行うプロセス。
(2) 承認：実行されるべき発案を選択するプロセス。
(3) 実行：承認された意思決定を実行するプロセス。
(4) 監視：業績を測定し，報酬を与えるプロセス。

　これらのうち，ファーマ＝ジェンセンは，(1)発案と(3)実行をめぐる意思決定権を「経営的意思決定権」と呼び，(2)承認と(4)監視をめぐる意思決定権を「支配的意思決定権」と呼んだ。これら経営的意思決定権と支配的意思決定権をめぐる契約が，第2と第3の契約となる。

　以上のように，ファーマ＝ジェンセンによれば，企業組織は少なくとも残余請求権，経営的意思決定権，そして支配的意思決定権をめぐる契約から構成される契約の束とみなされる。

4-2　組織形態分析

　さて，このように企業組織を契約の束とみなす場合，既存のさまざまな企業組織は基本的に単純な組織と錯綜した組織に分析されうる。

　これらのうち，単純な組織とは，残余請求権，経営的意思決定権，そして支配的意思決定権が特定の人物に集中している企業組織のことである。このような組織では，さまざまな意思決定に必要な情報はすべて特定のエージェントに集中する。たとえば，このような組織の事例として，古典的な企業家企業，未

公開株式企業，そして小規模な製造業等が挙げられる。

これに対して，錯綜した組織とは残余請求権から経営的意思決定権が分離され，さらに経営的意思決定権から支配的意思決定権が分離されている企業組織のことである。このような組織では，意思決定に必要なさまざまな特殊な情報は組織のすべてのレベルのエージェントに分散されている。たとえば，巨大公開株式会社や巨大非営利企業等が，このような錯綜した組織の例である。

このように，企業組織は基本的に単純な企業組織と錯綜した企業組織に区別されうるが，問題はなぜこれらが存在し，共存しているのかである。換言すると，なぜ企業は共通の組織形態に集中していかないのか。この問題に対して，エージェンシー理論によると，それらの組織形態はいずれも効率的な資源配分システムとして分析でき，それゆえ共存可能になるのである。

4-3 組織形態のエージェンシー理論分析

まず，なぜ単純な組織が効率的な資源配分システムなのか。これをエージェンシー理論にもとづいて説明するために，いま，ある投資家がある企業の株式を購入し，この企業組織の株主つまり残余請求権者になったとしよう。

この場合，株主がプリンシパルで，意思決定を行う経営者がエージェントとなる。このとき，株主と経営者との間には，以下のようなエージェンシー問題が発生する可能性がある。すなわち，株主と経営者の追求する利益は必ずしも一致するわけではなく，しかも株主と経営者がもつ情報も非対称的であるため，経営者は株主の不備につけ込んで，企業の資産を非効率に利用する可能性がある。

ここで，図3.12のように，もし経営者が経営的意思決定権と支配的意思決定権をともに保有しているならば，残余請求権者としての株主はこの経営者の非効率な行動をコントロールできるような統治メカニズムを一切もたない。それゆえ，株主は経営者の機会主義的行動を抑止することができない。つまり，すべての意思決定権をもつ経営者から残余請求権だけを分離して株主に帰属させてしまうと，そこにエージェンシー問題が発生し，それを解決する方法を残

図3.12　単純な組織と権限の配分

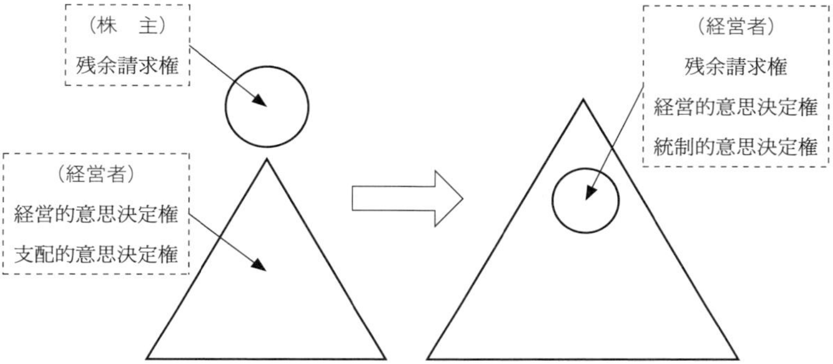

（株　主）
残余請求権

（経営者）
経営的意思決定権
支配的意思決定権

（経営者）
残余請求権
経営的意思決定権
統制的意思決定権

余請求権者である株主はもちえないのである。

　したがって，このようなエージェンシー問題の発生を事前に抑制するためには，図3.12のように初めから企業の残余請求権を経営者に帰属させること，つまり残余請求権，経営的意思決定権，そして支配的意思決定権を経営者に集中的に帰属させることが，経営者のエージェンシー問題を抑止する効率的な方法の1つとなる。というのも，これによって利害をめぐるコンフリクトと情報の非対称性の問題は解消され，それゆえエージェンシー問題の発生は事前に抑制されうるからである。この意味で，すべての権利を保有する人物によって経営される単純な企業組織は，エージェンシー理論的にいえば，効率的な資源配分システムとみなしうる。

　これに対して，錯綜した複雑な組織はどうであろうか。まず，このような組織では，エージェントである多くの従業員に固定的な給与を与える必要があり，しかも巨大な資産を利用して積極的に事業を展開するので，多大な資本が必要となる。この巨大資本を1人で負担するにはあまりにもリスクが高いので，多数の株主によって投資され，リスクが分散される。これが，資金の効率的な調達となる。

　他方，この多数の株主が企業の残余請求権，経営的意思決定権，そして支配的意思決定権のすべてにかかわると，すべての株主の意思を統一するための調整コストはきわめて高いものとなる。それゆえ，そのコストを節約するために，残余請求権者としての株主から経営的意思決定権と支配的意思決定権を分離す

4　エージェンシー理論と組織形態

図3.13 複雑な組織と権限の配分

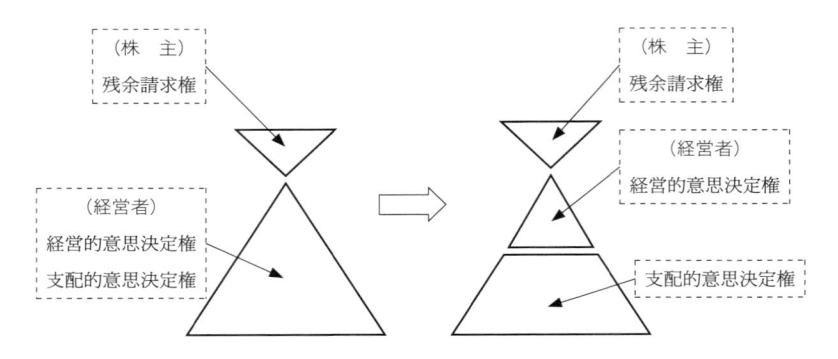

（株　主）
残余請求権

（経営者）
経営的意思決定権
支配的意思決定権

（株　主）
残余請求権

（経営者）
経営的意思決定権

支配的意思決定権

ること，つまり株主と経営者を分離させることが効率的な資源配分と利用に導くことになる。

　しかし，この場合，図3.13のように株主と経営者との間に，以下のようなエージェンシー問題が発生する可能性がある。すなわち，株主と経営者の利害は必ずしも一致せず，しかも株主と経営者がもつ情報は相互に非対称的であるので，経営者は株主の利益を無視して機会主義的行動にでる可能性があるということである。

　これに対して，図3.13のように錯綜した組織では，さらに経営的意思決定権から支配的意思決定権を分離させるようなさまざまな制度が展開され，この制度によって残余請求権者としての株主の利益を無視する経営者の機会主義的行動つまりエージェンシー問題の発生が事前に抑制されることになる。

　たとえば，このような制度として錯綜した組織では意思決定の階層システムつまり階層組織構造が展開される。階層組織では，より高いレベルのエージェントがより下位のエージェントの発案や業績を承認し，監視し，そしてその業績を評価するという形で，経営的意思決定と支配的意思決定が分離される。このような階層組織では，すべてのレベルの意思決定者が残余請求権者としての株主の利益を犠牲にして，自分に有利な機会主義的行動だけを行うことは非常に難しい。それゆえ，このような階層組織のもとでは，資源は効率的に配分され，利用されることになる。

　また，このような錯綜した組織では，エージェント間に非公式な相互監視シ

ステムが展開されうる。このような相互監視システムのもとに、メンバー間に競争が発生し、これによって人的資源が効率的に利用され、生産性が上昇する。このような生産性の上昇は、株主としての残余請求権者の利益に一致する。

　さらに、錯綜した組織にみられる取締役会制度は、取締役会が重要な意思決定を承認し、監視し、そして重要な意思決定エージェントを選択し、解雇し、そして報酬を与える権利をもつ制度である。このような制度のもとでは、トップ・レベルの経営的意思決定者と支配的意思決定者の共謀が不可能となり、これによって株主と経営者との間のエージェンシー問題が解決されることになる。

　このように、錯綜した組織では、図3.13のように株主と経営者の分離によって生ずるエージェンシー問題は、残余請求権、経営的意思決定権、そして支配的意思決定権を相互に分離させるようなさまざまな組織上の制度によって解決され、この意味で錯綜した組織もまた効率的な資源配分システムであるといえる。

　以上のように、エージェンシー理論的にいえば、単純な組織も錯綜した組織もそれぞれ固有のエージェンシー問題の発生を事前に抑制し、資源を効率的に配分し利用するシステムとして説明できる。そして、それゆえにこれらの2つの組織形態は共存可能といえる。

4-4　信託、エージェンシー問題、エリサ法

　第2次世界大戦後の大規模ストライキ等の労使紛争を受け、1947年に通称タフト＝ハートレー法と呼ばれている米国労使関係法（Labor Management Relations Act）が制定された。この法律302条5項に労働者に対する医療・年金等の給付のための信託基金に対する拠出が規定され、これにもとづく年金制度はタフト＝ハートレー信託と呼ばれ、年金運営をめぐる労使同数の代表による基金管理が定められた。

　この法律のもとに、炭鉱労働者を対象とするUMWA（United Mine Workers of America）福利年金基金が形成され、労使各1名および中立者（基金の管理者を兼務）の3名からその管理組織は構成された。そして、その中で

も，とくに労組委員長である組合側受託者が基金運営の実権を握っていた。この基金の原資は，炭鉱事業主が採炭1トン当たり支払う一定額の掛け金からなり，その運用と給付のための設計は受託者としての基金が大幅な裁量権をもっていた。

とくに，受託者であり基金運営の実権を握っていた労組委員長は，この掛け金を組合が支配している銀行の無利子預金として約20年にわたって滞留させ，また組合が組織されている炭鉱企業から石炭を購入することを条件に電力会社の株式を購入していた。

このような電力株への投資に伴う石炭の売上増加が雇用を拡大し，しかもそれが掛け金の増加につながり，受益者を有利にする面があると思われたが，実際には電力株投資や無利子預金はいずれも組合組織と炭鉱企業の事業主にとってメリットがあっただけで，受益者にとってはほとんどメリットはなかった。

タフト＝ハートレー法は，受託者である基金の厳格な受託者責任（信認義務）を軽減するものではなく，受託者は，本来，受益者のみに完全なる忠実の義務を負うべきことを規定していた。受託者は受益者に還元するための収益を生むために信託財産を投資する義務を負っているのであり，無利子預金は受益者ではなく，銀行ひいてはその母体である組合にとって有利になるものであった。

以上のことから，資金を預金として滞留させて投資しなかったことは，プルーデント・マン・ルールにより信託の収益を最大化するという受託者の信認義務に対する重大な違反であった。また，電力株の購入も主として組合および炭鉱事業者の利益になるもので，労使受託者の自己取引とでも呼ぶべきものであり，信認義務に違反していた。

こうした事実が発覚したため，1970年に受給者側が受託者と組合を信認義務違反で提訴し，判決も「信託基金は，当該事業主に係る労働者と家族に対する給付のためだけに」利用されるべきであるとし，信認義務違反が認定された。具体的には，無利子預金については注意義務（収益を図る義務），電力株投資に関しては忠実義務（自己取引の禁止）の観点から信認義務違反とされた[18]。

---

18) この事例については伊藤［2004］を参考にした。

この事例では，委託者兼受益者としての年金受給権者である従業員が彼らの利益代表として労働組合委員長を受託者である基金に送りこんでいた。しかし，労組委員長は従業員の利害を代表していたのではなく，実は労働組合の利害を代表していた。それゆえ，プリンシパルである従業員とエージェントとしての労組委員長の利害は不一致だったのであり，情報も非対称的であった。このような状況で，労組委員長は自らの利益だけを優先して基金運用を行ったわけである。

　この事例では，何か問題だったのか。エージェンシー理論的にいえば，この事例では，残余請求権だけを受益者である従業員が保有し，経営的意思決定権と支配的意思決定権の両方が受託者である労働組合委員長に集中したために，エージェンシー問題が発生したといえる。つまり，受益者は支配的意思決定権をもっていなかったのである。

　こうした問題を解決し，信託目的の明確化とその厳格な運用を規定するために，1974年エリサ法（ERISA：Employee Retirement Income Security Act）が制定された。エリサ法では，企業年金制度の管理や運用を行うものを受託者と認定し，受託者に信認義務を課し，加入者（受益者）の利益を図るべき忠実義務の遵守を受託者に求めている。これは，受託者には経営的意思決定権のみを付与し，受給者および監督官庁に支配的意思決定権があるとするもので，信託関係における権限の配分を最適化するものであったといえるだろう。

練習問題

1 エージェンシー理論によると，企業はどのような意思決定の契約の束とみなされるのか。

2 エージェンシー理論によると，なぜ中小企業と同様に大企業も効率的な形態となるのか。

5 エージェンシー理論と人事労務

　ここでは，エージェンシー理論が人事労務論の分野に応用できることを説明してみたい。この分野では，一般に数学的な規範的エージェンシー・モデルが展開されるが，ここでは数学的表現を用いないで，規範的エージェンシー理論研究のエッセンスを紹介してみたい。

　まず，経営者をプリンシパルとし，従業員をエージェントとする企業内のエージェンシー関係について考えてみよう。この場合，経営者と従業員に関して，以下の仮定が成立する。経営者と従業員はともに効用最大化するが，両者の利害は必ずしも一致しない（AT_1）。また，経営者は従業員の行動に関する情報を完全に入手できないので，経営者と従業員がもつ情報も必ずしも対称的ではない（AT_2）。

　このような状況では，従業員は経営者の利益に反して努力を怠り，非効率に資源を利用する可能性がある。規範的エージェンシー理論では，このような非効率な事態を事前に回避し，従業員に効率的に資源を利用させ，サボらないようにするためのインセンティブ・システムとして報酬制度を分析する。しかも，報酬制度はリスクを伴う収益を従業員に配分する制度でもあるため，それはインセンティブ・システムであるとともにリスク配分制度でもある点に注意しなければならない。

　以下，どのような報酬制度が最適なインセンティブ・システムかつ最適なリスク配分制度なのかを考察するために，上記の仮定を以下のように段階的に分けて考察してみたい[19]。

　　（AT_{20}）　情報の対称性ケース　　プリンシパルがエージェントの努力水準を完全に観察できる場合。

(AT$_{21}$) 情報の非対称性ケース　プリンシパルがエージェントの努力水準を完全に観察できない場合。

(AT$_{22}$) 情報の一部対称性ケース　プリンシパルがエージェントの努力水準に関するシグナルを観察できる場合。

5-1　情報の対称性のケース

　まず，企業の期待収益は従業員の努力水準に比例して高くなるとする。また，従業員が企業に留まる最低留保賃金額が上昇すれば，従業員はより努力するものとする。ここで，経営者の関心は企業の期待収益から従業員の報酬を差し引いて残る差額つまり期待利益を最大化して，自分の期待効用を最大化することにある。

　しかし，経営者と従業員の利害は必ずしも一致しないので（AT$_1$），従業員は経営者の利益に反して隠れてサボるかもしれない。それにもかかわらず，ここでは仮定 AT$_{20}$ により，経営者は従業員の行動を完全に監視でき，しかも経営者は自分の期待利益を最大にするような従業員の最適な努力水準とその努力に対して支払うべき最低留保賃金がどれだけの額かを完全に計算でき，それを完全に表現し，従業員に伝達することができる。

　このような状況では，従業員が最適努力水準以上の努力を行ったときには最低留保賃金を支払い，それよりも少ない努力水準のときには一切賃金を支払わないといった報酬制度が効率的な制度となる。従業員はこの報酬契約を避けて別の企業に移動しても，情報が対称的な世界では，別の企業でもまったく同じ報酬契約が提示されることになるだろう。それゆえ，従業員はこの報酬制度のもとに自分の努力水準を最適努力水準にまで引き上げるように強制させられることになる。この意味で，この報酬契約は「強制的契約」と呼ばれる。

---

19)　以下の議論は，主に Douma and Schreuder [1991] にもとづいている。Besanko, Dranove and Shanley [2000] や Milgrom and Roberts [1992] にもわかりやすい説明がなされているので，参考にされたい。

> Column 3-4 **強制的契約**
>
> 　強制的賃金契約に近い契約を行っているのは，ジーンズのリーバイ・ストラウス社である。この会社では，労働者がジーンズを作った場合，それが不良品かどうかをかなり正確に見分けることができる。そのため，管理者と労働者との間の情報の非対称性は比較的小さい。こうした労働状況にあるために，この会社ではジーンズ1本作成につき一定の賃金が決定されており，不良品には一切賃金を支払わないという賃金契約が労働者との間に交わされている。
>
> ＊参考文献　Besanko, Dranove and Shanley [2000]

　ところで，このような強制的契約のもとでは，一方で従業員は最低期待報酬に対する期待効用を獲得し，他方で経営者はこれを制約条件として自分の期待効用を最大化する状態にある。このような状態では，制約条件である従業員の期待効用を大きくすると，それだけ条件は厳しくなるので，経営者の最大期待効用は減少する。一般に，他の人の効用を下げることなくして，ある人の期待効用をこれ以上高めることができない状態はパレート最適と呼ばれている。したがって，このような報酬制度にもとづく状態は，一種のパレート最適状態にあるといえる。

5-2　情報の非対称性のケース

予備的考察　今度は，経営者と従業員の利害が一致せず（AT_1），しかも経営者が従業員の行動をまったく観察できない（AT_{21}）場合について分析してみよう。この場合，経営者は従業員の努力水準をまったく観察できないので，それを基礎とする報酬制度，たとえば「出来高賃金契約」は非効率な報酬制度となる。というのも，経営者は従業員の努力水準をめぐる情報をまったく得られないので，従業員は経営者の不備につけ込んでモラル・ハザードを起こす可能性があるからである。

　このように情報が非対称的である場合，以下の2つの極端な報酬契約が可能である。

(1)　**賃金契約**　収益の大小とは無関係に従業員が常に固定的な賃金を得，

> **Column 3-5　出来高賃金制**
>
> 　シアーズ社の各自動車修理センターのマネジャーたちは，かつて出来高報酬制度のもとに置かれていた。しかし，会社側は限定合理的であったため，各修理センターのマネジャーの行動を完全に観察することができなかった。こうした情報の不備につけ込んで，ある修理センターのマネジャーが顧客に対して不必要な修理を行うという現象が起こった。つまり，ちょっとした修理であっても大修理にして，顧客から多額の料金を請求するというモラル・ハザードが起こったのである。
>
> 　同様に，ある証券会社では，セールスマンにインセンティブを与えるために，売上高報酬制度を設置した。この制度は，売上が多ければ多いほど報酬も多くなるという出来高賃金制度の一種である。しかし，会社側はこの賃金制度のもとにセールスマンがどのように行動するのかを十分に観察できなかった。それゆえ，多くのセールスマンは大きな注文を獲得するために詐欺まがいの行動を行うようになった。
>
> 　以上のように，情報が非対称的な状況では，出来高賃金制度は非効率な賃金制度になる可能性が高いといえる。
>
> ＊参考文献　Besanko, Dranove and Shanley [2000], Milgrom and Roberts [1992]

残りを経営者が得る契約。
(2) 地代契約　　収益の大小とは無関係に経営者が常に固定的な利益を得，残りを従業員に与える契約。

　ここで，「賃金契約」は従業員が努力しようと手を抜こうと，常に一定の賃金が支払われるので，この契約は従業員にとって努力するインセンティブがゼロの報酬制度となる。これに対して，「地代契約」は従業員が努力すればするほど残余は大きくなるので，従業員にとって努力するインセンティブが100％の報酬制度となる。

　しかし，配分する収益は不確実で，赤字になる可能性がある。この場合，報酬契約にもとづき，どちらかが借金をしてでもお金を支払わなければならないというリスクを負うことになる。このリスクを考慮すると，「賃金契約」は常に一定の賃金を得る従業員のリスクはゼロで，経営者がすべてのリスクを負担するリスク配分制度であるといえる。他方，「地代契約」は常に一定の利益を得る経営者のリスクはゼロで，すべてのリスクを従業員が負担するリスク配分制度であるといえるだろう。

これら2つの報酬契約のうち、いま仮定している状況ではどちらのほうがより効率的なインセンティブ・システムなのか。どちらがより効率的なリスク配分制度なのか。この問題の答えは、プリンシパルとエージェントのリスクに対する態度に依存する。

リスクに対する態度は、論理的にリスク回避的、リスク中立的、そしてリスク愛好的な態度に分析され、これ以外にありえない。このうち、リスク回避的な人とは、リスクを負担する場合、割増金（プレミアム）を要求する人々のことである。リスク愛好的な人とは、お金を支払ってまでリスクを負担しようとする人々であり、まさにギャンブラーたちである。リスク中立的な人は、リスクを負担させられても割増金を要求しない人たちである。

一般に、エージェンシー・モデルでは、プリンシパルである経営者は比較的裕福なのでリスクを分散することができるとみなされ、リスク中立的であると仮定される。これに対して、エージェントである従業員はリスク中立的かあるいはリスク回避的であると仮定される。

いずれにせよ、このような情報の非対称性のもとで得られるプリンシパルとエージェントの効用全体は、プリンシパルがエージェントの行動を完全に観察できる場合に比べて低くなる。それゆえ、情報の対称性状況下で設置される効率的な報酬制度は「ファーストベスト解」と呼ばれ、情報の非対称性状況下で設置される近似的に効率的な報酬制度は「セカンドベスト解」と呼ばれている。そして、これらの間の差異は情報の非対称性がもたらす非効率つまりエージェンシー・コストとみなされる。

以下、どのような報酬制度がより効率的となるのかを明らかにするために、具体的にエージェントのリスクに対する態度を考慮しながら分析してみよう。

リスク中立的エージェント

まず、経営者と従業員がともにリスク中立的である場合について考えてみよう。この場合、「賃金契約」を結ぶと、従業員はどれだけ努力しても賃金は増加しないので、従業員は努力しようとするインセンティブを一切もたない。むしろ、情報の非対称性にもとづいて手を抜く可能性があり、経営者の利益は必然的に減少する。それゆえ、このような「賃金契約」を結ぶことは、経営者にとって効率的ではない。

> **Column 3-6　賃金契約**
>
> 　常に一定の賃金を与えるような「賃金契約」が非効率であることを示す例は多くある。たとえば，国家が防衛産業企業から武器を調達する場合，一般にコストプラス一定の利益を上乗せしたコスト連動型の契約がなされてきた。このような賃金契約のもとでは，防衛産業企業は経費節約努力をしてもほとんどメリットがなく，効率的な生産をしようとするインセンティブもほとんどない。それゆえ，防衛産業企業は非効率な生産を展開することになる。
>
> 　また，日雇い労働も，1日当たり1万円と決まっているために，日雇い労働者は努力するインセンティブをそれほどもたない。そのため，本来，1日3人で十分な仕事であるにもかかわらず，10人も日雇いが必要になったりする。

　これに対して，「地代契約」について考えよう。この場合，リスクはすべて従業員によって負担されることになる。しかし，いま仮定している状況では従業員はリスク中立的なので，リスク負担に対して従業員は割増賃金を一切要求しないだろう。しかも，この報酬契約では，従業員が努力すればするほど経営者に支払う一定の額を差し引いて残る残余は大きくなるので，従業員は努力しようとするインセンティブをもつ。

　とくに，「地代契約」のような報酬契約のもとでは，経営者の一定の期待効用を制約条件として従業員は自分の期待効用を最大化するような努力を行うと考えられる。このような報酬契約のもとでは，制約条件である経営者の期待効用が大きくなると，それだけ条件は厳しくなるので，従業員の最大期待効用は相対的に減少する。このように，他の人の効用を下げることなくして，ある人の期待効用を増大できない状態は，一種のパレート最適と呼ばれる状態である。したがって，ここで仮定した状況では，「地代契約」が最適な報酬制度であるといえる。

リスク回避的エージェント　次に，経営者がリスク中立的で従業員がリスク回避的である場合について考えてみよう。この場合，従業員はリスクを好まないので，リスク負担が増大すれば，従業員はそれに対応してより多くの割増賃金を経営者に要求することになる。

　ここで，経営者が従業員と「賃金契約」を結ぶと，リスクはゼロであるが，

> **Column 3-7 中間的な報酬契約**
>
> 　Columm 2-5でも紹介したが，フランチャイズ制の典型的な事例としてマクドナルド社がある。フランチャイザーであるマクドナルド社とフランチャイジーである出店者との間にはどのような報酬契約がなされているのだろうか。一般に，フランチャイジーである出店者はフランチャイザーであるマクドナルド社に月々一定の支払額に売上の数パーセントを支払う契約になっているといわれている。このような報酬契約は固定的な部分と変動的な部分とから構成されているという意味で，中間的な報酬契約といえるだろう。

　従業員は努力しても手を抜いても賃金は一定なので，従業員は努力するインセンティブをもたないだろう。しかも，隠れて手抜きを行うだろう。それゆえ，全体として企業の期待収益は減少し，経営者の期待利益は相対的に減少する。したがって，このような「賃金契約」は，経営者にとって効率的な報酬契約とはいえない。

　これに対して，今度は「地代契約」について考えてみよう。この場合，従業員は努力することによってより多くの賃金を得ることができるため，従業員は努力するインセンティブをもつ。しかし，同時にこの報酬契約ではすべてのリスクを従業員が負担することになるので，リスク回避的な従業員は高い割増賃金を経営者に要求するだろう。それゆえ，この報酬契約のもとでは，経営者の期待利益は逆に減少する可能性がある。

　したがって，ここで仮定した状況では，経営者はより多くの期待効用を得るために，「賃金契約」でも「地代契約」でもなく，その中間的な報酬契約，たとえば固定的な賃金部分と変動的な賃金部分を組み合わせたような報酬契約を結ぶことによって，自分の期待利益を高めることがより効率的であるといえる。

5-3　情報の一部対称性のケース

予備的考察　さて，最後に経営者と従業員の利害は一致せず（AT_1），しかも経営者は従業員の努力水準を直接観察できないが，従業員の努力水準に関するシグナルを得ることができる

(AT_{22}) 場合について考えてみよう。たとえば、従業員がタイム・レコーダーで仕事の始めと終わりを記録することによって経営者は従業員の就業時間を知ることができる場合もある。

このような不完全な情報のもとでは、従業員と「出来高賃金契約」を結ぶことは基本的に非効率であり、危険である。経営者は従業員の努力水準に関して努力の量や結果に関して観察できても、その質やプロセスについては観察できないからである。それゆえ、この報酬契約のもとでは従業員は経営者の目を欺くような悪しき行動にでる可能性がある。したがって、出来高賃金契約は経営者にとって効率的ではない。では、どのような報酬制度が効率的なのか、以下これについて考えてみたい。

リスク中立的エージェント

まず、経営者と従業員がともにリスク中立的であるケースについて考えてみよう。この場合、経営者は可能な契約として「賃金契約」を従業員と結ぶことができる。しかし、この報酬契約のもとでは、従業員の賃金は常に一定なので、従業員は基本的に努力しようとするインセンティブをもたない。経営者は従業員の行動をめぐって不完全情報としてのシグナルしか得られないので、この不備につけ込んで従業員は手抜きを行い、企業の収益全体が低下することになる。それゆえ、経営者にとってこの「賃金契約」は効率的な報酬契約とはならない。

この場合、経営者が一定の利益を獲得し、残りを従業員に与える「地代契約」が経営者にとって効率的となる。というのも、これによって従業員は努力するインセンティブをもつからであり、しかも従業員はリスク中立的なので、たとえリスクが課せられたとしても、それに対応して高い割増賃金を経営者に要求しないからである。

リスク回避的エージェント

次に、従業員がリスク回避的であるケースについて考察してみよう。まず、もし、経営者が「賃金契約」を従業員と結ぶならば、従業員はどれだけ努力しても一定の賃金しか得られないので、従業員は努力するインセンティブをもたない。むしろ、経営者は従業員の努力水準をめぐる不完全情報としてのシグナルしか得られないので、従業員は労働の質にかかわるような手抜きをする可能性がある。この場合、企業収益全体が低下するので、経営者にとってこの

> **Column 3-8　最近のプロ野球選手の報酬**
> 　一部固定的な賃金で一部出来高にもとづく報酬制度の事例として注目されるのは，プロ野球選手の契約である。最近，多くの選手が固定的な年俸とシーズン中の成果にもとづく出来高報酬を組み合わせた契約を更改しているケースが多いように思われる。これは，以前に比べてプロ野球選手がよりリスク回避的になっていることを意味するのかもしれない。

「賃金契約」は効率的な報酬契約とはいえない。

　これに対して，今度は逆に「地代契約」について考えてみよう。この報酬契約では，従業員は努力することによってより多くの賃金を得ることができるので，従業員は努力するインセンティブをもつ。しかし，同時にこの報酬契約のもとではすべてのリスクを従業員が負担することになるので，リスク回避的な従業員は高い割増賃金を経営者に要求することになる。それゆえ，これによって経営者の利益は大きく減少する可能性がある。

　したがって，ここで仮定した状況では経営者はより多くの期待利益を得るためには，「賃金契約」でも「地代契約」でもなく，その中間的な契約形態，たとえば固定賃金と不完全情報としてのシグナルにもとづく変動賃金を組み合わせることによって，期待利益を高めることができる。

5-4　拡張された研究

　さて，これまでの議論は1人のプリンシパルと1人のエージェントとの間の単純なプリンシパル・エージェント・モデルであり，しかもそれは1期間モデルであった。この単純なモデルは，さらに複数エージェント・モデル[20]と複数期間エージェント・モデル[21]に拡張されうる。これら拡張されたモデルのエッセンスをこれまでの議論をもとにして，以下できるだけ簡単に説明してみたい。

---

20) 複数エージェント・モデルについては，Mookherjee [1984]，Malcomson [1986] に詳しい。

複数エージェント・モデル

まず，1人の地主が自分の土地をいくつかに分割し，農産物を栽培する何人かの人に貸し出すケースについて考えてみよう。地主は，分割された土地の天候条件が同じであることを知っている。この場合，地主がプリンシパルで，複数の借地人がエージェントとなる。しかも，地主と複数の借地人の追求する利害は必ずしも一致せず，地主は複数の借地人の行動をまったく観察できないとしよう。この場合，借地人によって地主の土地は非効率に利用される可能性がある。土地を効率的に利用させるために，地主はどのような報酬契約を複数の借地人と事前に結ぶ必要があるのか。これが問題となる。

まず，何人かの借地人がリスク回避的であり，残りの借地人がリスク中立的であるケースについて考えてみよう。これらのうち，リスク中立的な借地人との間に「賃金契約」を結ぶと，彼らは努力水準とは無関係に固定的賃金を得ることができるので，彼らは努力するインセンティブをもたないだろう。また，彼らと努力水準にもとづく報酬契約を結ぶと，地主は彼らの行動を観察できないので，借地人は手抜きをする可能性がある。何よりも，リスク中立的な借地人はリスクを負担しても地主に割増賃金を要求しないので，この場合，「地代契約」を結ぶことが効率的となる。

これに対して，残りのリスク回避的な借地人に対しては，地主は「強制的契約」を展開することができる。つまり，地主は気候条件が同じであるということと，リスク中立的な借地人の成果を基礎として，もしリスク回避的な借地人の収益がリスク中立的な借地人よりも多いならば，リスク中立的な借地人と同じ報酬を与え，もしその収益が少ないならば，報酬は一切与えないという契約である。

次に，すべての借地人がリスク回避的であるとしよう。この場合，「地代契約」を結ぶと，すべてのリスクが借地人に配分されるので，彼らは高い割増賃金を要求してくるだろう。他方，「賃金契約」を結ぶと，彼らは固定的な賃金を得るので，努力するインセンティブをもたない。この場合，すべての借地人

---

21) 複数期間エージェント・モデルについては，Lambert [1983], Malcomson and Sprinnewyn [1988], Radner [1981] に詳しい。

の平均収益を基準にし，それと各自の収益を比較して，その差が借地人の努力水準を表すシグナルとみなすことができる。したがって，この場合，各借地人の収益とこの平均収益を基礎とする報酬契約を結ぶことが効率的となる。

複数期間モデル　さて，今度は，複数期間という条件で，1人の経営者と1人の従業員の報酬契約モデルについて考察してみよう。ここでも，経営者と従業員の利害は必ずしも一致せず，経営者は従業員の行動を完全に観察できないとする。

この場合，従業員の努力水準にもとづくような出来高報酬契約は非効率である。というのも，経営者は従業員の行動をまったく観察できないので，複数期間にわたって経営者はだまされ続ける可能性があるからである。

また，このような状況で「賃金契約」を結んだとしても，経営者は従業員の行動を観察できないとともに従業員は働くインセンティブもないので，この報酬契約のもとでも複数期間にわたって従業員は隠れて怠ける可能性がある。ここで，もし従業員がリスク中立的であるとすれば，「地代契約」が効率的な報酬契約となる。

これに対して，もし従業員がリスク回避的であるならば，「地代契約」ではすべてのリスクが従業員に配分されるので，複数期間にわたって従業員は高い割増賃金を経営者に要求し続けることになる。また，「賃金契約」は従業員に努力するインセンティブを与えないので，この報酬契約も効率的ではない。

したがって，この場合，経営者は今期の収益と過去の全期間の収益を基礎とする報酬契約を従業員と結ぶことがより効率的となる。このような報酬構造は，明らかに今期だけのものよりも効率的となる。

5-5　日米独賃金制度のエージェンシー理論分析

ここで展開した議論にもとづいて日米独の賃金制度について考えてみよう。

まず，米国企業の賃金制度は，一般に労働者と事務職員では賃金体系が異なるケースが多い。一般に，労働者は出来高賃金が多く，それゆえ労働者のインセンティブは高いが，そのリスク負担コストも高くなる。これに対して，事務

系職員の賃金体系は基本的に職務給であり，米国では同一職務同一賃金が基本原則となっている。そのため，給料を大幅にアップするためには，転職しかない。このような賃金制度は，従業員のインセンティブは低いが，リスク負担コストも低い制度であるといえる。

ところで，文化人類学者のホフステッドの研究（Hofstede [1994]）によると，米国人は世界各国の人々と比べると比較的リスク回避的ではないという国民性が確認されている。この観点からすると，事務職の賃金体系は職務給であり，それは米国人にとって必ずしも最適な賃金制度とはいえない。

こうした理由もあって，米国では1980年代に伝統的な職務給から成果主義賃金制度を取り入れる企業が増加した。とくに，ファイナンス関連ビジネスで成果賃金制度を取り入れて成功した企業が多いことが報告されている。この賃金制度はインセンティブが高いが，リスク負担コストも高い制度である。しかし，この制度はまさに米国人的であったといえるだろう。

これに対して，ドイツの賃金制度は産業別協定賃金制度であり，業界共通のベースとなる基本的賃金体系が毎年労働組合と経営者組合の間で取り決められる。しかも，給与表は基本的に職務給である。それゆえ，米国と同様に同一職務同一賃金が原則である。このような賃金制度は，インセンティブは低いが，リスク負担コストも低い。しかも，この賃金体系のもとでは産業内のどの企業でも給与はほぼ同じであるため，業界内で転職しても賃金が大きく変化することはない。

ところで，ホフステッドの研究によると，ドイツ人は他国と比べてリスク回避的でリスクを避ける国民であることが確認されている。たしかに，リスクを避けるために，ドイツ人は常に法律・ルールを明確にして他人の失敗が自分に及ばないようにする傾向がある。このようなドイツ人にとって，まさに伝統的な職務給制度はドイツ人的であるといえるだろう。それゆえ，この賃金制度は当分の間変化しないだろう。

最後に，日本企業の賃金制度は，一部年功を中心としたあいまいな総合給であり，一部集団的変動ボーナスからなっている。年功部分はインセンティブが低いが，リスク負担コストも低い部分である。他方，集団的変動ボーナス部分は，ある程度インセンティブを与えるが，ある程度リスク負担コストも高い。

ところで，ホフステッドの研究によると，日本人はリスク回避的で，リスクを嫌う国民であることが確認されている。ドイツ人と異なり，日本人はリスクを回避するために集団的なあいまいさを駆使しようとする。役割の明確さを追求して発生する仲間同士のコンフリクトをひどく嫌う。それゆえ，総合給と変動ボーナスからなる従来のあいまいな賃金制度はきわめて日本人的であったといえる。

　それにもかかわらず，最近，多くの日本企業は米国流の成果主義賃金制度に関心をもち，徐々に成果賃金制度に移行しつつある。そのような制度はたしかにインセンティブも高いが，リスク負担コストもまた高い。それゆえ，リスク回避的な日本人にとって最適な制度とはいえない。それにもかかわらず，そのような制度が採用されているのは，不況対策としてのコスト削減という別の目的があるのではないかと思われる。

練習問題

1. 報酬制度は，インセンティブ・システムであるとともにリスク配分制度でもあるといわれている。この意味について説明しなさい。
2. 公務員1種試験に合格した人は，ある省庁に入省した後，ある地位までの昇進が約束されているといわれている。このような昇進制度はどのような効果をもたらすと思うか。
3. 成果賃金制度は非効率な行動を生み出す可能性がある。なぜか。事例を用いて説明しなさい。

6

エージェンシー理論とコーポレート・ファイナンス

6-1 資本構成論をめぐる簡単な歴史

　さて，エージェンシー理論を最初にファイナンス分野に応用したのは，ジェンセン゠メックリング（Jensen and Meckling［1976］）である。彼らの議論は，ファイナンス分野にさまざまなインパクトを与えたが，最も大きなインパクトの1つは資本構成論をめぐる彼らの議論である。

　常識的にいえば，無借金経営が最も良い企業の財務状態だと思われるかもしれない。しかし，これは必ずしも正しくない。たとえば，いま『ハリーポッター』の本の翻訳権が500万円で購入できるビジネス・チャンスに出くわしたとしよう。このとき，手元に資金がなく，しかも無借金経営こそがベストだとの考えのもとに，このビジネス・チャンスを放棄するだろうか。もし銀行から資金を借りることができれば，借金をしてでもこのビジネス・チャンスを獲得したほうが利益を得ることができるだろう。

　このことから，従来，伝統的にファイナンス分野では，企業にとって最適な資金の調達方法つまり負債と自己資本との間には最適な資本構成比が存在するとされ，それがファイナンス分野での常識となっていた。とくに，資本コスト，つまり配当や利子などの資本調達に必要なコストを最小にするような最適な資本構成があると考えられてきた。

　しかし，この伝統的な考えに対して，近代経済学の手法にもとづいてモジリアーニ゠ミラー（Modigliani and Miller［1958, 1963］）によって展開されたいわ

ゆるMM理論によると，完全競争市場状況では企業にとって最適資本構成は存在しないということ，また法人税が課せられる状況では負債比率が高いほど企業の資本調達は効率的になるといった帰結が導かれ，ここに伝統的な経営財務論者は厳しい批判にさらされた。

こうした論争的状況で，エージェンシー理論にもとづいて再び最適資本構成が存在することを説明したのが，ジェンセン゠メックリングである[22]。以下，このような問題状況を念頭に置いて，彼らのファイナンス分野へのエージェンシー理論の応用を再構成してみよう。

6-2 エージェンシー関係とエージェンシー・コスト

さて，ジェンセン゠メックリングによって展開された実証的エージェンシー理論は，取引関係を依頼人であるプリンシパルと代理人であるエージェントからなるエージェンシー（代理人）関係として分析する。しかも，プリンシパルとエージェントの利害は必ずしも一致せず，両者の情報も非対称的であると仮定される。

このような状況では，エージェントはプリンシパルの不備につけ込んで，悪徳的に自己利益を追求する可能性が発生する。つまり，プリンシパルの利益を無視してエージェントはサボったり，手抜きをしたりする可能性がある。このような不道徳で非効率な現象として，今日，モラル・ハザード（道徳的危険）現象やアドバース・セレクション（逆選択）現象がよく知られている。これらの現象はエージェンシー問題と呼ばれ，その非効率性を反映するコストがエージェンシー・コスト（agency cost）と呼ばれている。

しかも，彼らによると，このエージェンシー・コストはさらにモニタリング・コスト（monitoring cost），ボンディング・コスト（bonding cost），そして残余ロス（residual loss）に区別される[23]。これらのコストのうち，モニタ

---

[22] ジェンセン゠メックリングの資本構成に関する議論は，Jensen and Meckling [1976] に書かれているので，関心のある人は参考にしてほしい。

リング・コストとはプリンシパルがエージェントの行動を監視することによって発生するモニタリング・コストである。たとえば，プリンシパルである株主がエージェントである経営者をモニタリングするために株主総会や監査役会や取締役会を設置したりするのに必要なコストである。

しかし，プリンシパルは，可能ならば，このモニタリング・コストを何らかの方法で非効率なエージェントに帰属させようとするだろう。たとえば，プリンシパルとしての銀行は貸付利子を高くする形でモニタリング・コストをエージェントである借手に帰属させようとするかもしれない。そして，エージェントにとって，このコストがあまりも高い場合には，自ら非効率な行動を避け，自らを束縛し，自らの潔白さをプリンシパルに示そうとするかもしれない。たとえば，銀行から役員を受け入れることもできるし，公認会計士に監査をさせて，結果を公表することもできる。このとき，発生するコストがボンディング・コスト（自己拘束コスト）である。

さらに，エージェントの自己利益を追求する意思決定と富を最大化しようとするプリンシパルの意思決定との間には埋めることができない根本的な違いがあり，その違いによって発生するプリンシパルの富の減少がある。この減少が残余ロスである。

以上のような3つのコストがエージェンシー・コストと呼ばれているコストであり，これらエージェンシー・コストを節約するためにさまざまなガバナンス制度が設計されるという見方に立って，現実のさまざまな制度を分析する理論が実証的エージェンシー理論なのである。

このようなエージェンシー理論を用いると，3.3節で示したように，企業は以下のように分析される。まず，企業とは経営者を中心とする複数のエージェンシー関係から構成される契約の束（ネクサス）とみなされる[24]。すなわち，

---

23) エージェンシー・コストは，Jensen and Meckling［1976］では，モニタリング・コスト，ボンディング・コスト，残余ロスの3つに区別されていたが，最近のジェンセンの著書（Jensen［2000］）では，これに加えてプリンシパルとエージェントの契約コストも含め，4つに区別されている。
24) このような企業の見方については，Jensen and Meckling［1976］を参照。

株主と経営者，債権者と経営者，経営者と従業員，経営者と取引企業，経営者と消費者といったエージェンシー契約の束として企業を理解することができる。

これら企業を構成する複数のエージェンシー関係の中でも，とくにコーポレート・ガバナンスの観点から重要な関係は株主と経営者との関係と債権者と経営者との関係である。というのも，経営者が株式をとおして自己資金を調達する場合，経営者は株主によるガバナンスを受け入れることを意味し，経営者が銀行から資金調達する場合，経営者は債権者によるガバナンスを受け入れることを意味するからである。

今日，コーポレート・ガバナンス問題として広く注目されているのは，まさしくこれら2つのエージェンシー関係における経営者のモラル・ハザード現象なのである。以下，これら2つのエージェンシー関係をより詳しく考察してみよう。

6-3　自己資本調達をめぐるエージェンシー・コスト

まず，自己資本をめぐる株主と経営者とのエージェンシー関係に注目すれば，両者の利害は必ずしも一致しないし，両者の間には明らかに情報の非対称性も成り立つ。それゆえ，バーリ＝ミーンズが主張したように，経営者は株主の不備につけ込んで非効率に行動する可能性がある。

たとえば，経営者は自らの名声を高めるために，株主の利益を無視して必要以上に多くの従業員を雇うかもしれない。また，必要以上にオフィスを贅沢に飾り，不必要に巨大な自社ビルを建築するかもしれない。また，部下にポストを与えるために，不必要に多くの新ビジネスを展開するかもしれない。このような非効率を反映して発生するコストが自己資本をめぐるエージェンシー・コストである。

しかし，巨大企業の経営者が絶えずそのような非効率な行動をとっているわけではない。というのも，株主が経営者の非効率な行動を抑制するために，事前に何らかのガバナンス制度を展開するからである。たとえば，株主は取締役会制度，会計監査制度，そして企業買収などのコーポレート・コントロール市

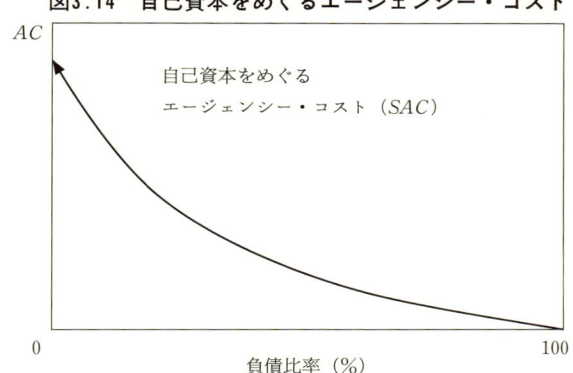

図3.14　自己資本をめぐるエージェンシー・コスト

場からの圧力などを利用して経営者をガバナンスすることができる。また，ストック・オプション制度（自社株購入権）などのような報酬制度によって経営者をあたかも所有者のような状態に置き，自己統治させることもできる。

しかし，たとえこのようなガバナンス制度が展開されたとしても，その制度設計にコストがかかるので，モニタリング・コストとボンディング・コストはゼロにはならない。また，株主も完全に経営者をガバナンスできない限り，残余ロスもゼロにはならない。いま，図3.14のように，縦軸にエージェンシー・コスト（AC）をとり，横軸に負債比率（負債／総資本×100）をとると，一般に，自己資本による資金調達が増加すればするほど，自己資本をめぐるエージェンシー・コスト（SAC）は増加するといえるだろう。

6 - 4　負債調達をめぐるエージェンシー・コスト

企業をめぐるもう1つの重要なエージェンシー関係は，負債をめぐる債権者と経営者との関係である。ここでも，両者の利害は一致しないし，情報も非対称的なので，エージェンシー・コストが発生することになる。

とくに，債権者と経営者の利害対立は原理的なものである。経営者はリスキーな投資に成功すれば株主の承認を得て多大な利益を得ることができ，失敗し

ても出資した額に対応した額だけ責任をとればよい。つまり，有限責任を負えばよい。それゆえ，経営者は負債をリスキーな投資に使用する可能性がある。これに対して，債権者はたとえハイリスク・ハイリターンの投資が成功したとしても，約定利子と元金だけしか得られないため，このようなリスキーな投資を嫌う。このように，債権者と経営者の利害は原理的に一致しない。しかも，債権者と経営者との間には情報の非対称性も成り立つ。

このような状況では，経営者は債権者の利益に反して隠れてリスクの高い投資を行うかもしれないし，経営者は調達した負債を着服するかもしれない。また，最悪の場合，負債を配当支払いに転用したりするかもしれない。このように，負債による資金調達では，経営者は債権者の利害を無視して非効率かつ不正に資金を利用する可能性があるため，エージェンシー・コストが発生する。

しかし，経営者は常にそのような非効率な行動をとるわけではない。というのも，債権者は経営者の非効率な行動を抑制するために，事前に何らかのガバナンス制度を展開しているからである。たとえば，債権者はローンに対して担保をとることが一般的である。また，経営者の資産売却を制限したり，ローンに対する保証措置を定めるローン条項を明記したりする。さらに，決済口座をつくらせて取引を監視したりする。

しかし，たとえこのようなガバナンス制度が展開されたとしても，これらの制度設計にコストがかかるため，負債をめぐるモニタリング・コストとボンデ

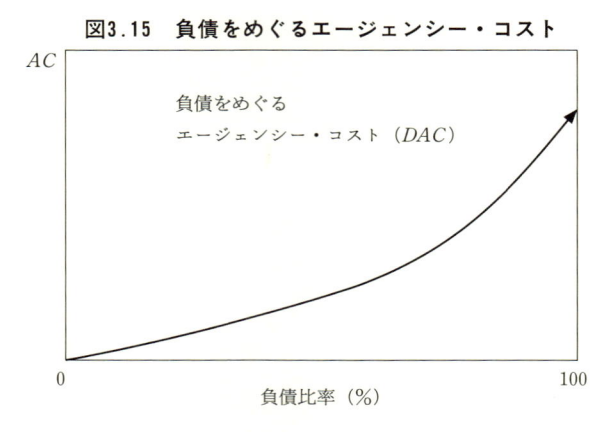

図3.15 負債をめぐるエージェンシー・コスト

縦軸: AC
横軸: 負債比率（%）, 0 から 100

負債をめぐるエージェンシー・コスト（DAC）

ィング・コストはゼロにはならない。しかも，債権者が完全に経営者をガバナンスできない限り，残余ロスもゼロにはならない。一般に，負債による調達が多ければ多いほど，図3.15のように負債をめぐるエージェンシー・コスト（DAC）も増加することになる。

6-5　最適資本構成のエージェンシー理論分析

　以上のことから，どのようなガバナンス制度を構築することによって，これら2つのエージェンシー関係が生み出す総エージェンシー・コスト（TAC）を最小化できるのか。これが，コーポレート・ガバナンスの中心問題となる。

　エージェンシー理論によると，株主も債権者もともに限定合理的であるため，株主だけでもあるいは債権者だけでも十分に企業をガバナンスすることはできない。むしろ，利害対立するこれら株主と債権者をあえて並存させ，両者によるコーポレート・ガバナンスを展開することによって，経営者はより強く規律づけられ，より効率的なコーポレート・ガバナンスが可能になる。このことを，図3.16を用いて説明してみよう[25]。

　いま，縦軸に非効率を表すエージェンシー・コスト（AC）をとり，横軸に負債比率をとる。横軸の左端は負債ゼロであり，右に行くに従って負債比率が上がり，最終的に右端では負債比率は100％で自己資本比率がゼロになるものとする。

　ここで，負債がゼロのとき，自己資本比率は100％なので，たとえ株主による効果的なガバナンスが展開されていたとしても，先に説明したように自己資本をめぐるエージェンシー・コスト（SAC）は最大となり，それは図3.16の点Sで表される。これに対して，図の左端では負債はゼロなので，負債をめぐるエージェンシー・コスト（DAC）はゼロとなる。

　いま，徐々に自己資本を減らし，負債比率を高めていくと，図3.16のように自己資本は減少していくので，そのエージェンシー・コスト（SAC）も減

---

25) このような資本構成の図については，Jensen and Meckling [1976] を参照。

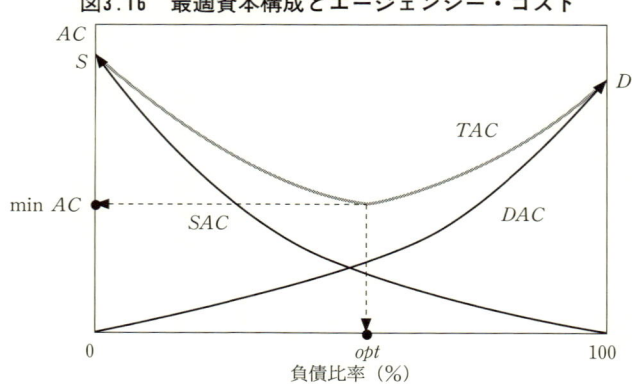

図3.16　最適資本構成とエージェンシー・コスト

少していくことになる。

　ここで，なぜ自己資本をめぐるエージェンシー・コスト（SAC）が逓減するのかといえば，はじめは株主だけによる統治であったが，負債比率の増加とともに利害対立する債権者が統治の主体として参加してくるため，それに影響されて株主が統治を強めることになると考えられるからである。

　これに対して，負債比率は増加するため，負債をめぐるエージェンシー・コスト（DAC）は徐々に増加する。ここでも，なぜ負債をめぐるエージェンシー・コストが逓増するのかといえば，利害対立する株主が統治の主体として初めから存在しているため，それに影響されて債権者は統治を強めるからである。そして，最終的に負債比率100％で負債をめぐるエージェンシー・コスト（DAC）は最大となり，それは図3.16の点 D で表される。

　これら2つのコストを加えたコストが，総エージェンシー・コスト（TAC）である。図3.16のように，総エージェンシー・コスト（TAC）を最小化する資本構成がコーポレート・ガバナンスの観点からみた最適資本構成（opt）となる。

　このことは，株主と債権者をガバナンス主体として並存させることによってエージェンシー・コストが最小になることを意味している。つまり，ガバナンス主体はいずれも限定合理的なので，株主が単独でガバナンスするよりも，あるいは債権者が単独でガバナンスするよりも，両者を並存させてガバナンスす

ることによって総エージェンシー・コストは最小化できることを意味している。しかも，両者は利害対立するので，2つの主体を並存させることによって，相互に統治を強めるという効果が発生し，それゆえ2つの曲線 SAC と DAC は低減し逓増することになる。

6-6　最適資本構成と LBO

さて，ジェンセン（Jensen [1986, 1988]）によると，最適資本構成は企業によって異なる。一般に，株主によるコーポレート・ガバナンスよりも債権者によるコーポレート・ガバナンスは企業に負債を償還させ，利払いをさせ，しかも債務不履行が発生すれば，企業は清算処理される可能性があるので，経営者に強い規律を与える厳しいガバナンスといわれている[26]。

このことを考慮すると，収益性の高い投資機会を多くもっている新興産業内の企業よりも，新しい投資機会をそれほど多くもたない成熟産業内の企業ではフリー・キャッシュ・フロー（自由に利用できる現金）が多く発生し，それが経営者によって不正に非効率に利用される可能性が高い。つまり，成熟産業内の企業ではエージェンシー問題が発生しやすいといえる。

したがって，成熟企業ではできるだけ負債比率を高め，債権者中心のコーポレート・ガバナンスを展開すれば，経営者はフリー・キャッシュ・フローを将来の負債の償還・利払いにあてる必要があるため，それを念頭に置いた効率的な経営が展開され，フリー・キャッシュ・フローをめぐる非効率な利用は抑制されることになる。

したがって，一般に成熟産業内の企業では負債比率が高い資本構成が最適となり，債権者中心の厳しいコーポレート・ガバナンスが有効であるといえる。これに対して，投資機会の多い新興産業内の企業では，負債比率の低い資本構成が最適になり，株主中心のいくぶん甘いコーポレート・ガバナンスが有効であるといえる。

---

26)　負債のガバナンス効果については Jensen [1986, 1988] に詳しい。

しかし，成熟産業内の企業にとって，現在，負債比率が低く，自己資本が充実し，しかも毎年安定してフリー・キャッシュ・フローが蓄積されている場合，たとえ理論的に負債比率の高い資本構成が最適であるという結論が出たとしても，経営者にとってそのような負債中心の資本構成にあえて移行するようなインセンティブはまったく存在しないだろう。それゆえ，このようなエージェンシー理論による資本構成の分析は，一見，無意味に思える。

しかし，このようなフリー・キャッシュ・フローを有効に利用できず，溜め込んでいるようなキャッシュ・カウと呼ばれるような企業では，先に述べたようにフリー・キャッシュ・フローをめぐって経営者のエージェンシー問題が非常に発生しやすいために，LBO (leveraged buyout) つまり負債による敵対的買収の対象になりやすく，買収後，結果的に負債中心の資本構成に移行することになるというのが，ジェンセンの考えなのである[27]。この意味で，これまでLBOは多くの批判にさらされてきたが，買収の対象次第では非常に効果的な企業買収の手法であり，有効なコーポレート・ガバナンスの方法でもあるといえる。

6-7 日米独資本構成とコーポレート・ガバナンス

米国では，従来，企業の自己資本比率は高かった。それゆえ，米国では，株主と経営者とのエージェンシー問題が中心であり，自己資本調達をめぐるエージェンシー・コストが高くなる可能性があり，このコストを節約するために，米国では株主中心のガバナンスが展開されてきた。

しかし，1980年代以降，表3.4のように負債比率が高まり，それゆえ株主と経営者との間のエージェンシー問題が発生するとともに，債権者と経営者との間にもエージェンシー問題が新たに発生してくる可能性がある。したがって，今後，この問題を考慮した新しいコーポレート・ガバナンス・システムが必要

---

27) LBOをめぐる議論については，菊澤［2004］に詳しい。

表3.4　米国製造業の資本構成
(%)

	1990年	1991年	1992年	1993年	1994年	1995年	1996年	1997年
自己資本	40.2	40.1	37.0	36.4	37.5	38.5	39.3	39.5
負債	59.8	59.9	63.0	63.6	62.5	61.5	60.7	60.5

(出所)　日本銀行『国際比較統計』(1999年) より作成。

表3.5　ドイツ製造業の資本構成
(%)

	1990年	1991年	1992年	1993年	1994年	1995年	1996年
自己資本	48.5	48.2	49.0	49.6	50.3	50.8	50.4
負債	51.5	51.8	51.0	50.4	49.7	49.2	49.6

(出所)　同上。

表3.6　日本の製造業の資本構成
(%)

	1990年	1991年	1992年	1993年	1994年	1995年
自己資本	30.6	31.2	31.6	31.0	32.3	32.6
負債	69.4	68.8	68.4	68.0	67.7	67.4

	1996年	1997年	1998年	1999年	2000年	2001年
自己資本	34.1	34.9	44.4	44.7	45.5	46.2
負債	65.9	65.1	55.6	55.3	54.6	53.8

(出所)　同上，『日経経営指標』(日本経済新聞，各年度版) より作成。

になるだろう。

　これに対して，ドイツでは，従来，負債中心の財務構造であった。そのため，ドイツ企業をめぐって債権者と経営者との間にエージェンシー問題が発生する可能性があり，これを抑止するためにユニバーサル・バンクによるコーポレート・ガバナンスが展開されてきた。

　しかし，表3.5のようにドイツ企業の自己資本比率は上昇しており，それゆえ今後は債権者と経営者とのエージェンシー問題のみならず，株主と経営者とのエージェンシー問題をも考慮した新しいコーポレート・ガバナンス・システムが必要となるだろう。

　最後に，日本企業は，従来，負債比率の高い財務構造であった。それゆえ，債権者と経営者とのエージェンシー問題が中心であり，この問題を解くために

メイン・バンクによるコーポレート・ガバナンスが発達してきた。

しかし，最近では，ドイツ企業と同様に，表3.6のように自己資本比率が高まり，債権者と経営者との間のエージェンシー問題のみならず，株主と経営者との間のエージェンシー問題も考慮したガバナンス・システムが必要となるだろう。

以上のことから，近年，日米独企業の財務構造は似てきており，コーポレート・ガバナンス・システムをめぐってまさに日米独が相互に学ぶ時期が来ているように思われる。

練習問題

1. エージェンシー・コストは3つに区別されている。それぞれについて説明しなさい。
2. 負債によるガバナンスは厳しいガバナンスといわれている。なぜか。
3. エージェンシー理論によると，LBOは効率的なコーポレート・ガバナンスの1つとみなされる。なぜか。

7

エージェンシー理論と組織の不条理

　これまで，エージェンシー理論にもとづいてモラル・ハザード現象とアドバース・セレクション現象が個別に発生する現象として説明してきた。しかし，これらの現象は連続して発生することもある[28]。このとき，事態は不条理なものとなる。つまり，個別効率性と全体効率性の不一致が発生する。エージェンシー理論は，このような不条理な組織現象も分析する理論として新しく解釈できることを説明してみたい。

7-1　不条理をもたらすエージェンシー問題

　まず，エージェンシー理論では，これまで述べたように人と人との取引関係はプリンシパル（依頼人）とエージェント（代理人）からなるエージェンシー関係として分析される。一般に，プリンシパルとエージェントはそれぞれ異なる私的利益を追求し，ともに限定合理的なので互いにもつ情報も異なっている。
　このように利害が不一致で情報が非対称的なエージェンシー関係のもとでは，個別効率性と全体効率性が必ずしも一致しないような不条理な現象が発生する。つまり，エージェントはプリンシパルに隠れて手を抜き，裏切り，そしてサボ

---

[28] モラル・ハザードとアドバース・セレクションが連続して発生する可能性については，菊澤［2000］に詳しい。また，ある現象はモラル・ハザードとしてもアドバース・セレクションとしても解釈できることを述べているのは Milgrom and Roberts［1992］である。

るといったモラル・ハザード現象が起こりうる。

　しかし，プリンシパルは完全に非合理でもないので，このようなエージェントの合理的な非効率や合理的な不正を抑止するために，さまざまなモニタリング制度を事前に導入することができる。しかし，設定される制度によってはエージェントの不正で非効率な行動（モラル・ハザード）が完全に抑制されるとは限らない。逆に，プリンシパルが導入した制度によって，良きエージェントが淘汰され，不正で非効率なエージェントだけが生き残るようなアドバース・セレクション（逆選択）現象も発生する可能性がある。

　この場合，プリンシパルもエージェントもそれぞれ個別的には効率的な行動をしているが，全体としてはまったく非効率な現象になるということ，つまり個別効率性と全体効率性が一致しない不条理な現象が発生する可能性がある。

7-2　ボルボをめぐる不条理

　自動車会社は，自動車を販売するために，さまざまな競争優位をつくり出す。ある自動車会社はスピードに特化するかもしれない。また，ある自動車会社は低価格に特化するかもしない。

　こうした中，徹底した安全性に特化したのがボルボ社である[29]。ボルボ社は，これまで安全な車をつくることで評判を築いてきた会社である。それゆえ，ボルボは安全意識の高いドライバーに支持されている。とくに，子どものいる中産階級の夫婦が主要な購入者である。

　しかし，ワシントンDCの交差点で一時停止を無視した車の中で最も多かったのは実はボルボであった。その比率は，ワシントンDCの自動車総数に占めるボルボの割合をはるかに超えていた。安全意識の高いといわれているボルボのドライバーが，なぜ安全性を無視したような運転をするのか。

　このことをエージェンシー理論にもとづいて説明してみよう。いま，ボルボ社をプリンシパルとし，その購入者をエージェントとしよう。両者の利害は必

---

29)　この事例は，Milgrom and Roberts [1992] を参考にした。

ずしも一致しない。また，両者の情報も非対称的である。

　購入者は，ボルボを運転しているドライバーが，たとえ事故にあったとしても安全であることを知っている。それゆえ，ボルボを購入した後，普通の車を運転するときにはしないようなリスキーな運転をするかもしれない。つまり，モラル・ハザードが発生する可能性がある。

　このようなリスキーな購入者の数を増加させないために，ボルボ社はそれほど安い車を提供しているわけではない。むしろ，ボルボは高級車である。それゆえ，誰でもが購入できるわけではない。とくに，安全性に関心をもち，それにお金を出そうする裕福な人々が，ボルボを購入する。

　しかし，このことがアドバース・セレクションを生み出している可能性もある。すなわち，自分が安全なドライバーだと自覚している人にとっては，ボルボはあまりにも高く，それほど魅力的な車ではない。これに対して，自分がマナーの悪いドライバーであることを自覚している人にとっては，ボルボは魅力的でしかもそれほど高くない車となる。こうして，マナーの悪い購入者がボルボを購入している可能性がある。

　このように，ボルボ社は一方で人々に安全性を売り，他方でマナーの悪いドライバーを生み出しているという不条理を発生させているといえる。ボルボ社も購入者もそれぞれ効率的に行動している。しかし，社会全体としては非効率が発生している可能性がある。

7−3　ノンバンクと悪質な取立て

　さて，ノンバンクの借金取立ての方法をめぐって，日本では，一時，社会問題となった。ノンバンクは，貸したお金を取り立てるために，暴力的な行動に出たり，裁判所を利用したりして，通常の金融機関とは異なる非合法的な取立方法を駆使している。それゆえ，この業界をめぐるイメージは悪く，多くの人々がこの業界を批判的にみている。しかし，この業界はいまだ淘汰されることなく，依然として成り立っている。なぜか。

　いま，ノンバンクをプリンシパルとし，エージェントを借手企業家だとしよ

う。企業家は借入契約以前に自分の経済状態について隠れた情報をもっている。他方, ノンバンクは企業家の経済状態について完全に知ることができない。それゆえ, 両者の間には情報の非対称性が成り立つ。

また, ノンバンクは企業家に対してリスキーな投資ではなく, 元金と利息を返済できる程度の堅実な投資を行うことを望むだろう。これに対して, 企業家は借金のもとによりリスキーな投資を行うことに関心をもつかもしれない。それゆえ, 両者の利害も異なる可能性が十分ある。

このような状況では, 借入契約後, 企業家はノンバンクとの契約内容を無視して, 隠れてリスキーな投資を行うかもしれないし, 赤字隠しのために借金で株主に配当を出そうとするかもしれない。最悪の場合, 返済不能になる可能性もある。このように, 契約後, エージェントがプリンシパルに隠れて悪しき行動を行うようなモラル・ハザード現象が起こる可能性がある。

しかし, プリンシパルは完全に非合理ではないので, できるだけエージェントのモラル・ハザードを抑止しようとするだろう。プリンシパルであるノンバンクは, 貸倒れになるといった最悪の事態をできるだけ回避しようとするだろう。そして, そのために, たとえ貸倒れになったとしても被害を最小にするために, 初めから広く一般的に貸出金利を比較的高めに設定し, 他の資金利用者からも利益を得るような行動をとることが合理的となる。

しかし, 一律に高い利子を設定すると, 経済的に健全な企業家にとってその額はあまりにも高くみえるので, この高い金利は健全な企業家にとっては魅力的ではない。それゆえ, 経済的に健全な企業家はこの高い利子のもとに借入契約を行わないだろう。

これに対して, その同じ利子は不健全な企業家にとってはなお安くみえる。それゆえ, そのような利子にもとづく借入契約は, 不健全な企業家にとっては魅力的なものとなる。

以上のように, 経済的に健全な企業家はノンバンクとの借入契約を避け, 不健全で悪質な企業家だけがこの借金契約を結ぼうとするアドバース・セレクション現象が発生する。このような現象は個々の人々が合理性を追求しているが, 全体としては非効率な不条理現象の1つである。

Column 3-9 インパール作戦をめぐる日本軍の不条理分析

　日本陸軍史上，最悪の作戦といわれているインパール作戦は，不条理なケースとして分析できる。インパール作戦とは，太平洋戦争末期，第15軍司令官牟田口廉也中将によって提案された作戦であり，ビルマを防衛するために，受動的に敵を待ちかまえるよりは，ビルマからインド方面のインパールに侵攻したほうがよいという能動的防衛構想のもとに展開された日本陸軍最大の作戦の1つである。

　この作戦を遂行するためには，大軍隊が橋なきチンドウィン川を渡り，険しく未開のアラカン山脈を越える必要があった。当初から，この作戦は補給が続かず，多くの兵士が食料不足と弾薬不足で無駄死にすることが予想され，多くの作戦参謀たちがこのずさんな作戦に反対していた。それにもかかわらず，この作戦は実行され，予想したとおり，数万人の日本軍将兵が餓えと病気で無駄死にしてしまった。多くの人々が反対していたこの作戦がなぜ実行されてしまったのか。その決定に至るプロセスは非合理だったのだろうか。

　インパール作戦では，まずプリンシパルである大本営とエージェントであるビルマ現地軍の牟田口中将との間には利害の不一致があった。日本国内にあった大本営は，戦争全体を眺め，全体的な観点から，いかにして効率的に人的物的資源を配分するかに関心があり，本来，このインパール作戦に対して多くの資源を配分したくはなかったのである。これに対して，ビルマの牟田口中将はこの困難なインパール作戦を何とか成功させ，個人的に名誉を得たいと強く思っていた。

　しかも，大本営と第15軍司令官牟田口との間には情報の非対称性も成り立っていた。大本営は戦局が悪化し，資源も不足していることを隠そうとしたし，牟田口中将も本来なら不可能な作戦の実態を隠そうとしていた。

　このような状況では，牟田口中将率いる第15軍が大本営の命令を無視して，勝手に作戦を開始してしまうのではないかといったモラル・ハザードが発生する可能性があった。事実，牟田口はかつて上官の命令なく，日中戦争の引き金となった盧溝橋事件を起こした人物だったからである。

　このような牟田口中将のモラル・ハザードを阻止するために，大本営が出した命令は作戦実行でも中止でもない「作戦実地準備命令」というきわめてあいまいな命令であった。このあいまいな「準備命令」状態が長く続く中，一方で資源配分の効率性に関心のある人々はこの作戦を実行するにはあまりにも高いコストを生み出すので，この命令のもとでは作戦は実行されることはないと考え，あえて反対意見を述べなくなった。他方，政治的個人的利害をもつ人々にとっては，逆にこの作戦を中止することはあまりにもコストが高いと考え，この作戦を実行するために大いに声を出し，舞台に上ってきた。

　こうして，作戦準備命令のもとに，一方でこの作戦に反対する人々は舞台を降

り，他方でこの無謀な作戦を実行しようとする人々が次々と舞台に登場するというアドバース・セレクション現象が起こった。そして，結果的に成功する見込みのない非効率なインパール作戦が承認され，実行されていった。

このように，非効率な組織行動は人間の非合理性によって発生するのではなく，むしろ人間の合理性によって生み出される可能性がある。全体としては非効率で非倫理的であったが，個々人にとってはきわめて合理的で効率的であった。この不条理な事例の1つが，日本軍のインパール作戦であった。

＊参考文献　菊澤［2000］

練習問題

1. エージェンシー関係がもたらす不条理な事例について，具体的な事例を挙げなさい。
2. いかにしてエージェンシー関係がもたらす不条理を回避できるのか。議論しなさい。

第 3 章の参考文献

Akerlof, G. A. [1970] "The Market for 'Lemons': Qualitative Uncertainty and the Market Mechanism," *Quarterly Journal of Economics*, 84 : 488-500.

Alchian, A. A. and H. Demsetz [1972] "Production, Information Costs, and Economic Organization," *American Economic Review*, 62 : 777-795.

Arrow, K. J. [1985] "The Economics of Agency," in J. W. Pratt and R. Zeckhauser (eds.), *Principals and Agents : The Structure of Business*, Harvard Business School Press.

Besanko, D. A., D. Dranove and M. T. Shanley [2000] *Economics of Strategy*, 2nd ed., John Wiley & Sons. (奥村昭博・大林厚臣監訳『戦略の経済学』ダイヤモンド社，2002 年)

Douma, S. and H. Schreuder [1991] *Economic Approaches to Organizations*, Prentice Hall International. (岡田和秀・渡部直樹・丹沢安治・菊澤研宗訳『組織の経済学入門』文眞堂，1994 年)

Eggertsson, T. [1990] *Economic Behavior and Institutions*, Cambridge University Press. (竹下公視訳『制度の経済学——制度と経済行動（上・下）』晃洋書房，1996 年)

Fama, E. F. [1980] "Agency Problems and the Theory of the Firm," *Journal of Political Economy*, 88 : 288-307.

Fama, E, F. and M. C. Jensen [1983a] "Separation of Ownership and Control," *Journal of Law and Economics*, 26 : 301-326.

Fama, E, F. and M. C. Jensen [1983b] "Agency Problems and Residual Claims," *Journal of Law and Economics*, 26 : 327-350.

Hofstede, G. [1994] *Cultures and Organizations : Software of the Mind*, Profile Business.

Holmstrom, B. R. [1979] "Moral Hazard and Observability," *Bell Journal of Economics*, 10 : 74-91.

Holmstrom, B. R. [1982] "Moral Hazard in Teams," *Bell Journal of Economics*, 13 : 324-340.

稲上毅・連合総合生活開発研究所編 [2000]『現代日本のコーポレート・ガバナンス』東洋経済新報社。

伊藤義久［2004］「信託関係のエージェンシー理論分析」中央大学国際会計研究科修士論文。

Jensen, M. C. [1983] "Organization Theory and Methodology," *The Accounting Review*, 58 : 319-339.

Jensen, M. C. [1986] "Agency Costs of Free Cash Flow : Corporate Finance and Takeovers," *American Economic Review*, 76 : 323-329.

Jensen, M. C. [1988] "Takeovers : Their Causes and Consequences," *Journal of Economic Perspectives*, 2 : 21-48.

Jensen, M. C. [1998], *Foundations of Organizational Strategy*, Harvard University Press.

Jensen, M. C. [2000] *The Theory of the Firm : Governance, Residual Claims, and Organizational Forms*, Harvard University Press.

Jensen, M. C. and W. H. Meckling [1976] "Theory of The Firm : Managerial Behavior, Agency Costs and Ownership Structure," *Journal of Financial Economics*, 3 : 305-360.

菊池敏夫・平田光弘編［2000］『企業統治の国際比較』文眞堂。

菊澤研宗［1998］『日米独組織の経済分析——新制度派比較組織論』文眞堂。

菊澤研宗［2000］『組織の不条理——なぜ企業は日本陸軍の轍を踏みつづけるのか』ダイヤモンド社。

菊澤研宗［2003］「ドイツの企業統治」佐久間編［2003］107-135頁。

菊澤研宗［2004］『比較コーポレート・ガバナンス論——組織の経済学アプローチ』有斐閣。

Lambert, R. [1983] "Long-Term Contracts and Moral Hazard," *Bell Journal of Economics*, 14 : 441-452.

Malcomson, J. M. [1986] "Rank-Order Contracts for a Principal with Many Agents," *Review of Economic Studies*, 53 : 807-817.

Malcomson, J. M. and F. Sprinnewyn [1988] "The Multiperiod Principal-Agent Problem," *Review of Economic Studies*, 55 : 391-408.

Milgrom, P and J. Roberts [1992] *Economics, Organization, and Management*, Prentice Hall.（奥野正寛・伊藤秀史・今井晴雄・西村理・八木甫『組織の経済学』NTT出版，1997年）

Mirrlees, J. [1976] "The Optimal Structure of Incentives and Authority within an Organization," *Bell Journal of Economics*, 7 : 105-131.

Modigliani, F. and Miller, M. H. [1958] "The Cost of Capital, Corporation

Finance, and the Theory of Investment," *American Economic Review*, 48 : 261-297.

Modigliani, F. and M. H. Miller [1963] "Corporate Income Taxes and the Cost of Capital : A Correction," *American Economic Review*, 53 : 433-443.

Mookherjee, D. [1984] "Optimal Incentive Schemes with Many Agents," *Review of Economic Studies*, 51 : 433-446.

Radner, R. [1981] "Monitoring Cooperative Agreements in a Repeated Principal-Agent Relationship," *Econometrica*, 49 : 1127-1148.

Ross, S. A. [1973] "The Economic Theory of Agency : The Principal's Problem," *American Economic Review*, 63 : 134-139.

佐久間信夫編［2003］『企業統治構造の国際比較』ミネルヴァ書房。

Spence, A. M. [1973] *Market Signaling : Informational Transfer in Hiring and Related Screening Processes*, Harvard University Press.

Stiglitz, J. E. and B. Greenwald [2003] *Towards a New Paradigm in Monetary Economics*, Cambridge University Press.（内藤純一・家森信善訳『新しい金融論——信用と情報の経済学』東京大学出版会，2003年）

吉森賢［2001］『日米欧の企業経営——企業統治と経営者』放送大学教育振興会。

第4章

所有権理論

　20世紀の後半から，新古典派経済学の限界を越え，新制度派経済学の名のもとに，取引コスト理論，エージェンシー理論，そして情報の経済学等のさまざまなアプローチが展開されてきた。その中でも，最も理解しにくいアプローチが「所有権理論（theory of property rights）」である。この理論は，1991年にノーベル経済学賞を受賞したコースや，アルチャン，デムゼッツなどによって展開され，日本では「財産権理論」や「プロパティ・ライツ・アプローチ」と訳される場合もある。ここでは「所有権理論」と呼ぶことにし，その基本原理を明らかにし，その原理にもとづいてさまざまな現象が説明できることを明らかにしてみたい。

1

所有権理論の原理

1-1 新古典派ワルラス・モデルの理論的基礎

さて，所有権理論[1]の基本原理を明らかにするために，所有権理論と新古典派経済学の代表であるワルラス（L. Walras）の一般均衡モデルとを簡単に比較してみよう。

まず，ワルラスの一般均衡モデルでは，人間に関して，以下のような効用最大化仮説と完全合理性が仮定されている。

(NC$_1$)　すべての人間は効用最大化する。
(NC$_2$)　すべての人間は完全な情報収集，情報処理，そして情報伝達能力をもち，完全に合理的に行動する。

これらの仮定によると，人間は効用を高めるために完全に合理的に行動し，財の供給者としてあるいは財の需要者として市場で財を交換取引しようとする。

---

1) 所有権理論については，Alchian [1977]，Demsetz [1964, 1967, 1988]，Coase [1960]，Furubotn and Pejovich [1972]，Milgrom and Roberts [1992]，Pejovich [1995] に詳しいので，参考にされたい。また，所有権理論を歴史に応用したのは，1993年にノーベル経済学賞を受賞したノース（North [1990]）やリビーキャップ（Libecap [1993]）である。所有権理論に関する最近の日本の文献としては，清水・堀内 [2003] がある。

そして，もし市場で需要と供給が一致しないならば，価格が変化し，需要と供給が調整されることになる。

たとえば，供給よりも需要が多いならば，価格は上昇する。この価格の上昇によって，財を効率的に利用できる需要者は価格が上昇してもなおその財を需要し続けるだろう。他方，効率的に財を利用できない需要者は，この価格の上昇によって市場から退出することになる。こうして，需要と供給が一致するまで価格は上昇する。

逆に，もし需要よりも供給が多いならば，価格は下がる。この価格の低下によって，財を効率的に生産できる供給者は価格が低下してもなお財を供給しようとするだろう。他方，効率的に生産できない供給者はこの価格の低下によって販売できなくなるので，市場から退出することになる。

このように，価格の変化によって需要と供給が調整され，需要と供給が一致することによって財が交換される。この場合，財を最も効率的に利用することのできる人間に財が配分され，利用されることになる。換言すると，すべての人間が与えられた資源を最大の効用をもって利用している状態となる。このような市場メカニズムが働くために，これまで市場取引は効率的資源配分システムとみなされてきた。これが，一般均衡理論によって描き出される効率的資源配分システムとしての市場経済である。

1-2 所有権理論の基本仮定と基礎概念

これに対して，所有権理論では，新古典派経済学の「完全合理性」の仮定がゆるめられ，以下のような「限定合理性」の仮定が導入される。

（PR_1）　すべての人間は効用最大化する。
（PR_2）　すべての人間は情報収集，情報の処理計算，情報の伝達表現能力に限界があり，限定合理的にしか行動できない。

このような限定合理的な人間は，限定された情報能力のもとでも，なお自ら

の効用を最大化するために財の交換取引を行う。しかし，この場合，人間は限定合理的なため，市場取引をとおして財が効率的に配分され利用される保証はない。財は市場取引をとおして効率的に利用される場合もあるし，非効率に利用される場合もある。それゆえ，限定合理性の仮定を導入することによって，いずれのケースも分析され，理論の説明範囲は拡張されることになる。

とくに，所有権理論では，この効率性および非効率を生み出す原因として資源をめぐる所有関係が分析される。そして，人間が交換取引しようとするのは，標準的な経済学でいわれてきた財やサービスそれ自体ではなく，より厳密に財やサービスがもつ多様な特性，性質，そして属性に関する「所有権（property rights）」であることを明らかにした[2]点に，所有権理論の特徴がある。

たとえば，テレビを購入する場合，われわれが購入するのはテレビそれ自体ではないことに注意しなければならない。購入しているのは，主にテレビがもつ受信映像機能をめぐる所有権であって，物理的物体としてのテレビではない。それゆえ，もし買ってきたばかりのテレビが映らないならば，われわれは単なる物理的物体としてのテレビを販売店に返しに行くだろう。また，われわれが冷蔵庫を購入するときも，われわれが購入しているのは主にその冷却機能をめぐる所有権であって，金属としての属性ではない。そのため，もし買ってきたばかりの冷蔵庫の冷却機能が働かないならば，われわれはすぐにそれを販売店に返しに行くだろう。このように，所有権理論では，市場で取引されるのは物それ自体ではなく，実は財がもつ多様な属性の所有権であるとされる。

ここで，所有権理論の最も重要な概念である「所有権」をより一般的に定式化すれば，以下のような3つの権利を含む権利の束であるといえる[3]。

(1) 財のある特質を排他的に使用する権利。
(2) 財のある特質が生み出す利益を獲得する権利。
(3) 他人にこれらの権利を売る権利。

しかし，所有権理論では，この「所有権」の概念は法律上で使用されている

---

2) このことを明確に述べたのは，Demsetz［1967］である。
3) 所有権の定義については，Eggertsson［1990］，Alchian and Demsetz［1972］，Barzel［1989］に詳しい。

定義に比べて弾力的に使用される。たとえば，企業組織内のある職務につくメンバーは，経営資源としてのヒト・モノ・カネ，そして情報を使用する権利をもつ。このような権利もまた所有権理論では「所有権」として扱われる。

さらに，「所有権」は，以下のような特徴をもつ[4]。
(1) 所有権は分割されたり，統合されたりする。
(2) 所有権は強化されたり，希薄化されたりする。
(3) 所有権は人に帰属されたり，取り去られたりする。

以上のように，所有権理論は新古典派経済学の完全合理性の仮定をゆるめ，限定合理性の仮定を導入することにより，一方でその説明範囲を拡張し，他方で取引をめぐる財の所有権関係をより正確に分析しようとする理論であるといえる。

1-3 所有権理論の基本原理と理論的構想

さて，もしすべての人間が完全合理的ならば，財の多様な特質をコストをかけずに認識でき，しかもその所有権をコストをかけずにだれかに帰属させることができる。このような完全合理的世界では，すべての財の所有権の帰属は明確である。それゆえ，ある財を利用することによって発生するプラス・マイナス効果は常にその所有権者に明確に帰属されることになる。このような世界は，すべての効果や結果が外部に漏れることがないので，「内部化された世界」と呼ばれる。

このような内部化された世界では，所有権者は効用最大化するために，財が生み出すマイナス効果を避け，プラス効果が生まれるようにできるだけ財を効率的に利用しようとするだろう。そして，どうしてもうまく利用できない場合には，その財を市場で売り，そのお金でうまく利用できる財を購入しようとする。

したがって，所有権が明確で内部化された完全合理的世界では，個々人がで

---

4) 所有権の特徴については，Alchian [1977] およびに Eggertsson [1990] 詳しい。

きるだけ資源を効率的に利用しようと努力するとともに，努力してもうまく財を利用できない場合には市場を利用して売ることになる。こうして，資源は能力ある人々に配分され，効率的に無駄なく利用される。このように，市場経済システムは，実は所有権制度という法的制度なくして成り立たないことが明らかにされた。

しかし，実際には，人間は完全ではなく，限定合理的である。そのため，コストをかけることなくして，財の多様な特質を認識し，その所有権をだれかに明確に帰属させることはできない。むしろ，現実世界では財のもつ多様な特徴は完全に認識されず，財の所有権の帰属が不明確なケースが多い。

このような世界では，財を利用することによって発生するプラス・マイナス効果はその利用者に帰属されず，プラス・マイナスの「外部性（externalities）」としてまったく関係のない人々に帰属される可能性がある[5]。

たとえば，電力会社が火力発電し，電気を顧客に供給するために排煙を出し，そのために近隣の洗濯屋がより多くの労働を投入するような影響はマイナスの外部性である。また，ある工場がその廃液を河川に流すことによって河川で漁業をする人々の漁獲量を減少させてしまう公害もマイナスの外部性である。

このような外部性が発生する世界では，資源を利用することによって発生するプラス・マイナス効果はその資源の利用者に帰属されないため，利用者はあえてマイナス効果を回避しようとはしないし，市場を利用して財を売り出そうともしない。それゆえ，このような世界では，資源は非効率に利用され続けることになる。

以上のことから，市場取引によって資源を効率的に配分するためには，プラ

---

5) ここで，外部性とは相互作用する人々が生み出すプラス・マイナス効果が彼ら自身に帰属されず，別の人々に帰属される効果を意味する。コースの言葉を借りると，「外部性は，……ある人の意思決定がその意思決定にかかわっていないだれかに影響を与えること，と定義される。そこで，もしAがBから何かを買うと，Aの買うという意思決定はBに影響を与えるが，これは『外部性』とはみなされない。しかし，AのBとの取引が取引の当事者でないC，D，Eに，たとえば騒音や煙といった形で影響を与える結果になった場合には，C，D，Eへの影響は『外部性』と呼ばれる」(Coase [1988] p. 24)。

ス・マイナスの外部性を内部化させる必要がある。そして，そのために資源の所有権を明確にだれかに帰属させるような何らかの所有権制度を形成する必要がある。

　しかし，人間の能力は限定されているため，財がもつ多様な特質を明確にし，その所有権をだれかに帰属させるにはコストがかかる。このコストを考慮すると，所有権を明確にし，それをだれかに帰属させることが常に効率的であるとは限らない。むしろ，所有権を不明確にしたままのほうがコストが低い場合もある。

　たとえば，日本の領土をめぐっていまだ領有権がはっきりしない竹島や尖閣諸島がある。その近辺の海底には石油資源が眠っているといわれている。しかし，所有権が不明確であるために，それらの資源を効率的に利用することができない。これらの資源を効率的に利用するためには，これらの島の所有権を明確にする必要がある。しかし，それを明確にしようとすると，近隣諸国との間に紛争が起こる可能性があり，そのコストはあまりにも大きい。したがって，この場合，その領有権を明確化せず，あいまいにしておくほうが効率的となる。

　以上のことから，所有権をめぐって次のような原理が成り立つことになる[6]。

(1) もし外部性を内部化するために，所有権を明確にだれかに帰属させることによって発生するベネフィットがそうするコストよりも大きいならば，所有権を明確にだれかに帰属させる何らかの制度や方法が展開されるし，そのような制度を政策的に展開したほうが効率的となる。

(2) しかし，もし所有権を明確にすることによって発生するベネフィットよりもコストのほうが大きいならば，たとえ外部性が発生していたとしても，所有権を明確にしないほうが効率的となる。

　このような原理にもとづいて，既存のさまざまな制度を説明したり，政策を展開したりする理論が所有権理論なのである。

---

6) このような所有権理論の原理については，Demsetz [1967] に詳しい。

練習問題

1. 所有権理論における「所有権」の意味について説明しなさい。
2. 外部性とは何か。具体的事例を用いて説明しなさい。
3. 所有権が明確化されると,なぜ効率的に資源は配分され利用されるのか。

2

所有権理論と環境問題

2-1　コースの社会的コスト論

　所有権，所有権構造，そして所有権システムが経済活動にとって重要な役割を果たすことを初めて明らかにしたのは，コース（R. Coase）[7]である。コースによると，取引コストがゼロの完全合理的な世界では，財の所有権がだれにどのように割り当てられようと，結果的に資源は効率的に配分され，利用される。しかし，実際には，取引コストが発生するため，所有権がだれにどのように割り当てられるかによって，資源は効率的に利用されたり，非効率的に利用されたりする。このコースの先駆的議論を，ここではポリンスキー（A. M. Polinsky）の用いた公害問題の数値例[8]を用いて説明するとともに，所有権理論が今日注目されている環境問題にどのように応用できるのかを明らかにしてみたい。

　まず，煙を排出している工場があり，その煙が隣接する5人の住民の洗濯物を汚しているとしよう。5人の住民はこれまでそれぞれ75ドルの損害を受け，総額で375ドルの被害を被っているとする。いま，地域住民と工場との間に紛争が発生し，裁判沙汰になっているとしよう。

　この煙による損害は，以下の2つの方法によって解決されるものとする。

---

[7]　コースの古典的論文とは，Coase [1960] のことである。
[8]　ポリンスキーの事例とは，Polinsky [1989] の中にある。

(1) 煙遮断装置を150ドルで工場の煙突に取り付ける。
(2) 各住民が室内乾燥機をそれぞれ50ドルで，それゆえ総額250ドルで購入する。

明らかに，効率的な解決法は375ドルの損害を150ドルに減らすことができる煙遮断装置を工場に取り付けることである。このような効率的な解決が，裁判所の判決によって，つまり澄んだ空気を得る権利を住民に割り当てるか，あるいは空気を自由に汚染してもよい権利を工場に割り当てるかといった法的権利（空気の所有権）の割当て問題と関連することが，以下のように説明される。

所有権が問題とならないケース

もし裁判所が澄んだ空気を得る権利を住民に割り当てる判決を下すならば，工場側は以下の3つの選択肢に迫られる。

(1) 洗濯物が汚された住民に損害賠償として375ドルを直接支払う。
(2) 煙遮断装置を150ドルで煙突に設置する。
(3) 各住民のために室内乾燥機5台を250ドルで購入し，各住民に設置してもらう。

この場合，工場側は明らかに最小コストの解決案(2)を選択するだろう。

これに対して，もし裁判所が空気を汚染してもよいという権利を工場に割り当てる判決を下すならば，今度は住民が以下の3つの選択肢を迫られることになる。

(1) 住民は375ドルの損害をそのまま受け止める。
(2) 住民が150ドルを出し合って煙遮断装置を購入し，工場に設置してもらう。
(3) 住民が室内乾燥機を各自購入し，総額250ドルを支払う。

この場合，住民側は最小コストの解決案(2)を選択するだろう。

以上のことから，空気の所有権がどちらに割り当てられるかとは無関係に，つまり裁判所の判決とは無関係に，結果的に自由な交渉取引をとおして最も効率的な解決案が選択されることになる。したがって，この場合，裁判官の判決はたいした問題ではないといえる。

しかし，このような帰結に導かれるためには，実は以下のことが仮定されていることに注意しなければならない。

（NC₁）　すべての人間は効用最大化する。
（NC₂）　すべての人間は完全な情報の収集，処理，そして伝達能力のもとに完全合理的に行動する。

　このような仮定のために，住民たちはコストをかけずに自由に集合し，情報を収集し，そして工場側と交渉取引することができる。つまり，取引コストがかからないわけである。ここから，コースの定理として，以下のことがいえる。すなわち，もし取引コストがゼロならば，所有権の配分とは無関係につまりだれが最初に所有していようと，自由な取引をとおして資源は効率的に配分され，利用されることになるということである。

　しかし，ここで注意しなければならないのは，取引コストがゼロのとき，所有権の配分は効率的資源の配分（allocation）には影響を与えないが，所得の分配（distribution）には影響を与える点である。すなわち，もし住民に澄んだ空気を得る権利が与えられるならば，工場側は煙遮断装置を購入するために，工場側の所得から150ドルを支払うことになる。それゆえ，工場側の所得は減少する。これに対して，もし工場に空気を汚染してもよい権利が与えられるならば，住民は煙遮断装置を購入するために自分の所得から150ドルを支払うことになる。それゆえ，この場合，住民側の所得が減少する。このように，資源の効率的配分には影響はないが，所得の分配は変化することになる。

所有権が問題となるケース

　しかし，実際には人間は以下の仮定に従う。

（PR₁）　すべての人間は効用最大化する。
（PR₂）　すべての人間は情報の収集，処理，そして伝達能力に限界があり，限定された情報能力の中でしか合理的に行動できない。

　それゆえ，紛争中の当事者間の交渉取引には多大な取引コストが発生する。たとえば，住民と工場側が交渉するには300ドルの取引コストがかかるとしよう。ここで，もし裁判所の判決により，住民側に空気を自由に使用する権利が与えられるならば，工場側は以下の3つの選択肢に導かれる。

(1)　375ドルの損害賠償を支払う。

(2) 150ドルで煙遮断装置を購入し，設置する。

(3) 300ドルの取引コストをかけて住民と交渉し，室内乾燥機を250ドルで購入して住民に渡す。

この場合，工場側は，(2)煙遮断装置を購入して設置するので，この判決は社会的にみて効率的な資源の利用に導くことになる。

これに対して，もし裁判所の判決によって工場側に自由に空気を利用する権利が与えられるならば，住民は以下の3つの選択肢に導かれる。

(1) 各住民が総額375ドルのコストを負担する。

(2) 総額300ドルの取引コストをかけて住民側が工場側と交渉し，150ドルの煙遮断装置を購入して工場に設置してもらう。

(3) 各住民が50ドルで，それゆえ総額250ドルで室内乾燥機を購入する。

この場合，住民は自分たちにとって最小コストとなる，(3)室内乾燥機を購入することを選択する。しかし，これは社会的にみて最小コストにはならない非効率な解決となる。

以上のことから，取引コストがゼロではないとき，空気を自由に利用する権利を住民に与えることが効率的資源の配分と利用に導くのであって，空気を汚染する権利を工業側に認めることは社会的コストの観点からすると，非効率な資源の利用に導かれることになる。

このように，もし人間が効用最大化し，限定合理的であるならば，取引コストが発生する。そして，この取引コストによって，所有権の割当て次第で社会的コストが最小になるような解決がなされたり，なされなかったりする。つまり，取引コストが発生する場合，所有権の割当てに依存して経済状態が変化することを意味する。このように，ある状況では自由な市場取引だけでは解決できず，法や国による所有権構造や所有権システムの再構成が必要となる。これがコースの議論の重要な帰結である。

2-2 デムゼッツの北米インディアンの土地所有制発生の所有権理論分析

以上のようなコースの議論に触発されて，デムゼッツ（H. Demsetz）は資源

を効率的に利用するためには所有権の配分が重要であることにいち早く注目した。とくに，彼は財や資源を利用することによって生まれるプラス・マイナス効果が当事者たちに帰属されず，別の人々に帰属する外部性と所有権の関係に注目し，財や資源の所有権を明確にすることによって外部性が内部化されると考えた。

しかし，外部性を内部化するにはコストがかかる。そのコストの大きさ次第では，所有権を明確にして外部性を内部化することが常に効率的とはいえない。何よりも，所有権を明確にして外部性を内部化することによって生まれるベネフィットがそうするコストよりも大きいとき，所有権システムが出現することになるということ，これがデムゼッツの所有権理論の基本原理である。

そして，デムゼッツは，この原理を北米インディアンにみられる土地所有制度の事例[9]に応用してみせた。より具体的にいえば，彼は，北米インディアンをめぐって北部の森林地帯に住むインディアンには土地の所有権の伝統があり，南西部の平原地帯に住むインディアンにはそのような事実はなかったという文化人類学上の争点を所有権理論を用いて理論的に説明してみせたのである。以下，このデムゼッツの議論を紹介してみたい。

まず，ヨーロッパとのビーバーの毛皮貿易が始まる前，北部森林地帯に住むインディアンたちは土地を共有し，衣服に必要な程度の毛皮を得るためにビーバーを捕獲していた。しかし，ヨーロッパとの毛皮貿易が始まると，北部のインディアンたちにとってビーバーの毛皮の価値は急速に高まった。そして，この毛皮貿易が発展するに従って，インディアンたちは毛皮動物を乱獲し始め，早いもの勝ち状態になっていった。やがて，毛皮動物は絶滅の危機つまり共有地の悲劇に導かれ，そのマイナス効果はその乱獲者ではなく，インディアン全体にマイナスの外部性として帰属されるに至った。

こうした資源の非効率な利用を避け，マイナスの外部性を内部化するために，結局，北部のインディアン内では土地が各インディアンに割り当てられ，狩猟は各自が所有する土地に限定されることになった。こうして，乱獲によって生

---

9) デムゼッツの事例は，Demsetz [1967] の中の事例である。

み出されていたプラス・マイナス効果はその土地の所有者自身に直接帰属され，乱獲によるマイナスの外部性は内部化され，毛皮動物という稀少資源はより効率的に利用されるようになった。

たとえば，あるインディアンは自分の土地を2つに分け，それぞれ1年ごとに狩猟地を変えて資源を有効利用した。また，別のインディアンは自分の所有する土地の中で最もビーバーが生息する地域をあたかも銀行のように扱い，普段はその他の領域で狩猟を行い，ビーバーが捕獲できない場合にのみ，銀行としての地域で狩猟を行い，多く捕獲できた場合には，銀行としての地域にビーバーを逃がす形で，効率的に狩猟を行った。

これに対して，なぜ南西部の平原地帯に住むインディアンには土地をめぐる所有制度が展開されなかったのか。まず，南西部の平原には，森林に住む毛皮動物のような商業的に価値ある動物はいなかった。むしろ，平原動物は比較的広い範囲で放牧する必要があった。

このような状況では，南西部のインディアンの共有地をあえて各自に分割し，その所有権を明確にすることによって得られるメリットは，それによって発生するコストよりも少ないことが予測される。それゆえ，南西部のインディアンにとって，土地をめぐる所有権を個々人に割り当てる必要はなかった。

以上のように，所有権理論によると，一方で北部のインディアンには土地の私有制が展開され，他方で南西部のインディアンではそれが展開されなかったという事実は，決して相互に矛盾する事態でもなく，偶然でもない。それは文化人類学的な現象ではなく，経済合理的な現象だったといえる。これが，デムゼッツの所有権理論による分析である。

2-3 ゴミ問題をめぐる行政行動の所有権理論分析

以上のような所有権理論によって，近年，急速に注目されているゴミ問題をめぐる状況も分析できる。

たとえば，いまゴミ処分場に張りめぐらされていたゴミを包み込む巨大なゴム製のビニール・シートの一部が破れ，ゴミ処分場から漏れ出るゴミの廃液に

よって地下水が汚染され，住民の飲料水が汚染されている地域があるとしよう。

その住民はそのゴミの所有権が行政に帰属することを明確にし，行政にその責任をとらせ，早急にゴミ処分場をどこか別の地域に移転させるために，訴訟を起こしたとしよう。これに対して，行政側は，もしそのゴミの所有権を認め，その責任をとり，そしてゴミ処分場を移転させ，新たにゴミ処分場を探そうとすれば，巨大なコストが発生することをすでに十分認識しているとする。とくに，ゴミ処理担当の行政官僚は，通常，定期的に配置転換があり，担当職務の任期が3年ぐらいであるとすれば，3年間でゴミ処理場の移転プロジェクトを計画し実行するコストは非常に大きなものとなるだろう。

このような状況では，たとえ行政側が裁判に敗れ，ゴミ処理場の移転を命じられたとしても，その命令に応じることはあまりにもコストが高い。むしろ，命令に違反し罰金を払い続けたほうがなおコストが安いという不条理な事態が発生する。

このように，限定合理的な世界では，非倫理的であるが，何もしないほうがむしろ経済学的には効率的となるような不条理な現象が発生する可能性が常に存在する。このような不条理な現象は，人間の非合理性によって生み出されるのではなく，むしろ人間がある程度合理的であるために発生する現象であるといえる。

さらに，別の観点からもゴミ問題を分析することができる。今日，日本では税金にもとづいて行政がゴミ処理を行っている。このようなゴミ処理制度は，一見，合理的な制度に思えるが，所有権理論からすると，実はプラス・マイナスの外部性を生み出す非効率な制度であることがわかる。すなわち，この制度のもとでは，同じ税金を支払っている人々のうち，ゴミをより多く出す人はプラスの外部性を獲得し，ゴミを少なく出す人はマイナスの外部性を被ることになる。それゆえ，この制度のもとでは，ゴミを少なく出す人は損をし，ゴミを多く出す人は得するので，ゴミは減ることなく，逆に増加することになる。

このような非効率な状態を改善するためには，外部性を内部化する必要がある。つまり，ゴミを多く捨てる人は多くのコストを負担し，ゴミを少なく捨てる人は少ないコストを負担するような制度設計が必要となる。そのためには，ゴミの所有権を行政に帰属させるのではなく，個々人に帰属させるような制度

が必要となる。

　しかし，このようなゴミの所有権制度やシステムを確立するためにはコストがかかる。このコストがいまだ大きいために，そのままの状態になっているというのが日本の現状である。しかし，今後，世界標準が変化すると，このままの状態でいるコストのほうが逆に高くなる可能性があるので，今後，制度変化が起こる可能性が十分ある。

2-4　公害環境問題をめぐる日米独の所有権理論分析

　所有権理論によると，公害・環境・ゴミ問題をめぐって所有権を明確にすることが効率的な資源の利用と配分に導くことになる。このような観点から，今日，日米独の環境問題をめぐる状況はどのような状態にあるのかを考察してみよう。

ドイツの状況

　ドイツでは，1960年代に公害問題が発生した。ライン川に魚の死骸が浮き，酸性雨によって森林は枯れ始め，屋外に置かれた歴史的な芸術作品も溶解し始めた。このとき，ドイツ政府は徹底した公害対策を展開した。とくに，ドイツ政府は法律によって公害問題を解決しようとした。しかも，ドイツでは，将来を見越して，いち早く学校教育に公害環境問題を取り入れた。

　こうした政府の積極的な政策の具体的方法は多様であったが，その本質はいずれもゴミや公害をめぐる所有権を可能な限り明確にしていこうとするものであった。これによって，ゴミや公害を多く出す人は，それだけコストも負担することになるので，ドイツの人々の環境意識は急速に高められた。

　今日，ドイツは環境先進国といわれている。このような一貫したドイツ政府の所有権明確化政策のもとに，ドイツ企業は環境問題に強い体質を形成し，京都議定書をめぐってドイツは他の先進諸国に対して強い規制条件を戦略的に突きつけている。環境問題に対するドイツのやり方は，今日，国家管理主義と呼ばれている。こうした政府の積極的な介入によって，ドイツではゴミをめぐる所有権の明確化がいち早くなされ，今後も環境問題先進国として活躍していく

ことになるだろう。

米国の状況

同様に，米国でも1960年代に公害問題が発生した。ニューヨーク市の光化学スモッグ，クリーブランドの河川の汚染，五大湖の汚染などが発生した。しかし，米国では，ドイツのように政府が積極的に介入し，問題を徹底的に処理したわけではなかった。米国の場合，州によって公害・環境問題に対する対応の仕方が異なっている。たとえば，カルフォルニア州は，以前から水やエネルギー問題に悩まされてきたため，環境問題に対して非常に熱心に取り組んでいる。

しかし，一般的にはヨーロッパ諸国に比べて環境公害問題に対する取組みは遅れている。そのため，公害環境問題をめぐって強い規制がかけられると，米国は弱い立場に追い込まれることになる。それゆえ，京都議定書の批准に対して，米国は消極的な態度をとっている。

このように，米国政府による対応は遅れているが，今日，米国では民間投資家が環境問題に強い関心をもっている。環境問題に積極的に取り組んでいる企業に投資家の関心が集まっており，環境問題に熱心な企業に投資しようとする動き，つまり社会的責任投資（SRI：Social Responsible Investment）が高まっている。このような動きは，まさに民間主導の米国らしさを示しているといえるだろう。また，米国では排出権の売買を仲介するビジネスも盛んである。しかし，ゴミをめぐる所有権の明確化は遅く，公害・環境問題をめぐる資源配分の効率化は遅れているといえるだろう。

日本の状況

最後に，日本でも1960年代に公害問題が発生し，水俣病，イタイイタイ病，四日市ゼンソクなどが注目された。しかし，日本では，ドイツと異なり，徹底的に政府が介入して問題を処理することはなかった。経済界からの強い要請があり，官民協調路線のもとに政府はあくまで経済成長と協調できる程度に公害対策を行ってきた。

しかし，1970年代になると，OECDが公害問題をめぐる調査を行い，改めて日本の公害対策が遅れていることが指摘された。しかも，1970年代にはオイルショックも発生し，政府は一方で企業の省エネルギー化を進めながら，他方で公害環境対策を行うという難問に直面した。しかし，この問題も，ある程度，解決されていった。

しかし，このような官民協調路線にもとづく環境問題の解決速度は遅く，日本は京都議定書をめぐって積極的に批准できない状況にあった。今日，日本ではゴミをめぐる所有権の明確化も徐々に進み始めているが，いまだヨーロッパ諸国に比べて遅れている。
　以上のように，国家主導型のドイツ，民間主導型の米国，官民協調型の日本の間には，環境問題解決の速度に違いがみられる。

練習問題

1　コースの定理とはどのような定理か。説明しなさい。
2　所有権理論によると，所有権制度はどのようにして発生するのか。
3　行政が税金にもとづいてゴミを処理する方法には限界がある。なぜか。

3

所有権理論と企業組織

　所有権理論はこれまでさまざまな分野に応用されてきたが，組織論分野とは直接関係するものではないとみなされてきた。しかし，所有権理論は企業組織の分野にも十分応用可能な理論である。以下，所有権理論が企業組織にも応用できることを明らかにし，所有権理論が組織の経済理論と呼びうる理論であることを明らかにしてみたい。

3-1　企業形態の所有権理論分析

　周知のように，経済学では企業は生産規模を巨大化することによって有利な状態に導かれることを「規模の経済」と呼ぶ。もし規模の経済が働いているならば，小規模の企業は生き残れない可能性がある。しかし，実際には，多様な形態で中小企業は生き残っており，大企業と共存している。なぜか。所有権理論では，さまざまな企業組織形態の違いを所有権の配分の違いとして説明しようとする。しかも，唯一絶対的に効率的な所有権の配分は存在しないと考える。状況によって効率的な所有権の配分は異なるので，多様な企業組織が共存可能となる。以下，このような観点から，多様な企業形態が説明できることを明らかにしよう。

パートナーシップ企業

　まず，パートナーシップ企業[10]とは，メンバーが情報，知識，物的資産，利益を共有する企業である。たとえば，弁護士グループ，医者グループ，会計士グループなどが形成している企業組織である。このような企業では，1人のメンバーが多くの情報や知識

を獲得しても情報や知識は共有される。また，1人のメンバーが多くの利益を稼いでも，その利益は共有される。つまり，企業をめぐる所有権が共有されるという形で，所有権が配分される点に，この種の企業の特徴がある。

このような所有権の配分にもとづく企業では，メンバー間にプラス・マイナスの外部性が発生する。すなわち，努力して知識・情報・利益を獲得してくるメンバーにとってはマイナスの外部性が発生し，知識・情報・利益を獲得しないメンバーにとってはプラスの外部性が発生する。

一般に，プラス・マイナスの外部性が発生する世界では，資源が非効率に利用される可能性がある。しかし，所有権理論からすると，外部性を内部化するために資産や知識や利益の所有権を個々人に明確に割り当てることが常に効率的とは限らない。むしろ，所有権を個々人に帰属させないで共有するほうが，逆に効率的になる場合も存在する。

たとえば，放牧を行っている集団は土地や利益を共有している。このような集団では，たしかにプラス・マイナスの外部性が発生する。しかし，この外部性を内部化するために，土地の所有権を個々人に割り当てると，放牧は成り立たない。この場合，土地や利益を共有し，パートナーシップ形態をとることがより効率的となる。

しかし，このような企業形態のままメンバーが増加していくと，相互にメンバーの行動を十分に監視できなくなる。このような状況では，手抜きをし，他人の成果にただ乗りするメンバーが多く出現する。また，まじめに働いて多くの利益を獲得するメンバーもその利益が自分に帰属されないので，働くインセンティブが低下する。こうして，このような所有権構造をもつ企業組織は非効率になるので，この形態は絶対的に効率的な形態とはいえない。

企業家企業　この問題を解決する企業形態が単純階層組織としての企業家企業である。この形態の効率性は，アルチャン=デムゼッツ（A. A. Alchian and H. Demsetz）によって展開されたチーム生産の理論[11]によって説明できる。

10）　パートナーシップに関する分析については，Demsetz [1967]，Eggertsson [1990] に詳しい。

アルチャン＝デムゼッツは，次のようなチーム生産と呼びうる生産関係が成り立つとき，組織が形成されると考えた。すなわちチーム生産とは，(1)個々人が別々に働くよりも，ともに働いたほうがより生産性が高い状況であり，(2)また1人ひとりの貢献度を分離して測定することが難しい関係である。

このような生産関係では，それぞれのメンバーの貢献度は正確に測定できないので，各メンバーは相互に怠けるインセンティブをもつ。そのため，このような非効率な行動を抑止するために，メンバーを監視する専門の監視役（モニター）が必要となる。

しかし，この専門の監視役もまた怠ける可能性があるので，再びその監視役の監視役が必要となり，無限に後退していくことになる。この問題を解決し，監視役のサボりをなくすために，監視役に以下のような権利の束つまり「所有権」を与えればよい。すなわち，メンバーに賃金を支払った後に残る残余利益を得る権利つまり残余請求権，メンバーとの契約を改定する権利，そしてこれらの権利自体を売る権利などである。

このように，もしこれら一連の権利が監視役に与えられるならば，彼は効率的にメンバーを監視するだろう。というのも，効率的にメンバーを監視することによってメンバーの努力を促し，サボりを抑制できれば，彼はより多くの残余利益を得ることができるからである。そして，もし彼がうまく管理できないならば，よりうまく監視できる人にこの企業自体を売ることもできる。いずれにせよ，このように1人の人に所有権が配分されるような企業でも，資源は効率的に利用される可能性がある。

アルチャン＝デムゼッツによると，このような権利の束をもち，すべての契約にとって共通の当事者となる所有経営者が監視役となって従業員を管理する効率的な資源配分システムが古典的な企業家企業である。このように，中小企業もそれ自体効率的な資源配分システムとなっているため，大企業と共存可能となる。

| 株式会社 |

しかし，企業の所有権を明確にだれかに帰属させることが，常に効率的な資源配分に導くわけではない。

---

11) チーム生産の理論については，Alchian and Demsetz [1972] に詳しい。

> **Column 4-1　企業の所有構造と効率性**
>
> 　バーリ゠ミーンズ（A. A. Berle and G. C. Means）は，現代巨大企業では株式が分散し，所有者である株主と経営者が分離し，しかも株主は経営者を監視するインセンティブを失い，経営者も株主の完全な代理人になりきれないので，企業は利潤最大化できないと主張した。
>
> 　これに対して，1980年の米国大企業511社を分析したのが，デムゼッツ゠レーン（H. Demsetz and K. Lehn）である。彼らの研究によると，株式総数に占める上位5大株主のシェアは，1.27〜87.14％と幅広く分布し，その平均は24.81％であった。なぜある企業の所有構造は分散し，他の企業は集中しているのか。
>
> 　デムゼッツ゠レーンは，バーリ゠ミーンズの主張に反して，それぞれの企業が効率性を追求しているからだと主張した。つまり，集中することによって，より多くの利益が得られるような状況に置かれている企業の所有構造は集中し，分散によってより多くの利益が得られるような企業の所有構造は分散するということである。
>
> 　たとえば，巨大企業が効率性を追求しようとすると，その所有構造は一般に分散化すると考えられる。というのも，企業が大きくなれば，投資家のリスクは高くなるからであり，また大企業では株式の所有比率を高めるコストが比較的高くなるからである。また，政府によって規制されている企業の所有構造も分散する。というのも，このような企業の行動範囲は政府によって大幅に制限されているので，効率性追求のために株主と経営者が選択できる経営の幅がきわめて狭く，それゆえ株式を集中するメリットがないからである。
>
> 　以上のように，巨大企業をめぐって，今日，所有と支配の分離という現象自体は容認されている。しかし，所有構造が分散している企業が，バーリ゠ミーンズが主張したように非効率になるのか，あるいはデムゼッツ゠レーンが主張したように効率性を追求しために所有構造が分散したのかをめぐって論争的な状況にある。
>
> 　＊参考文献　Berle and Means［1932］, Demsetz and Lehn［1985］

逆に，非効率になる場合もある。デムゼッツによると，所有権の拡大には限界があり，それゆえ最適な所有権の規模があるという[12]。

　そして，企業をめぐる所有権を制限することによって，資源を効率的に配分しようとするシステムが株式会社制度である[13]。多くの株主からなる巨大株式

---

12) 所有権の最適な程度については，Demsetz［1967］を参照。

会社では，すべての株主が直接企業経営の意思決定に参加する場合，これら多数の株主間の意思決定を調整するコストは非常に高くなり，非効率となる。このような非効率を解決するために，間接的にコントロールする権利を保持しながらも，戦略的意思決定に関する権利や経営資源を直接利用する権利を経営者に委譲するという形で，株主の所有権を制限することが効率的な資源配分に導くことになる。

また，もし経営者の意思決定の失敗によって会社が倒産し，負債に対する責任がすべて株主に無限に追求されるならば，このマイナスの外部性のために経営者は投資家から資本を効率的に調達することはできないだろう。つまり，資本家はだれも株を購入しないだろう。この外部性を内部化するために，倒産した場合，出資額に対する責任だけを取ればよいという有限責任の形で株主の所有権を制限する株式会社制度によって，資本は効率的に調達されることになる。つまり，投資家は株を購入することになる。

さらに，株式が自由に販売できるような大きさに分割されなければ，経営者の意思決定によってもたらされる株主への外部性はきわめて大きなものとなる。もし株式が他の株主の許可なく自由に売ることができ，しかも売買しやすい大きさならば，株式市場が発展し，この株価の変動や敵対的買収による脅威によって経営者と株主との利害は調整され，経営者の意思決定によってもたらされる株主への外部性も最小化されることになる。

このように，所有権理論からすると，中小企業と同様に，株式会社でもまた企業の所有権が適切に制限されて配分されており，資源が効率的に配分される制度とみなすことができる。

公企業・国有企業

さて，公企業あるいは国有企業は，所有権理論からすると，所有権が国民に極端に広く分散されているために，所有主体が非常にあいまいで，所有権の帰属が不明確な企業制度であるといえる。

このような企業は，従業員による資産利用によって発生するプラス・マイナス効果を帰属させる最終的な所有主体が非常にあいまいで不明確であり，プラ

---

13) 株式会社の分析については，Demsetz [1967, 1988, 1995] を参照されたい。

ス・マイナス効果は国民1人ひとりに明確に帰属されることはない。それゆえ，国民1人ひとりが国有企業や公企業を監視し，統治しようとするインセンティブは小さい。

同様に，公企業や国有企業の公務員も努力してプラス効果を生み出したとしても，公務員の報酬制度のもとではその効果は1人ひとりに帰属されることはない。また，たとえマイナス効果を生み出しても，それは最終的に国民の税金で補塡される可能性が高い。それゆえ，だれもマイナス効果を避け，プラス効果が生まれるように資源を効率的に利用しようとはしないだろう。

さらに，経営資源をめぐる所有権の帰属が不明確であるために，公企業や国有企業では，たとえマイナス効果が出ている事業があったとしても，そのマイナス効果が自分たちに帰属されることはないので，メンバーにはそれをあえて売却してマイナス効果を削減し，プラス効果を生み出そうとするインセンティブはないだろう。最悪の場合，マイナス効果を税金で補塡しようとするだろう。

同様に，たとえプラス効果が出ている事業があったとしても，メンバーにはそのプラス効果が自分たちに帰属されることはないので，その事業をより効率的に展開しようとするインセンティブもない。それゆえ，そのような事業が売りに出されていたとしても，購入することもないだろう。

以上のように，所有権理論からすると，公企業や国有企業はその所有権の帰属があいまいで不明確なために本質的に非効率な資源配分を行う企業制度であるといえるだろう。

多様な企業形態

以上のような所有権理論分析にもとづいて，ピコー＝ボルフ（Picot and Wolff [1994]）は，以下のように多様な企業形態を整理した。

まず，企業を所有するということは，所有者が以下のような権利を保有することを意味する。

(1) 支配権：企業を支配する権利。
(2) 残余請求権：収入から費用を引いて残る残余利益を請求できる権利。
(3) 譲渡権：企業をめぐるすべての権利を売買できる権利。

そして，これらの権利の割当てによって個人の意思決定は影響され，支配され，そして企業形態が決定される。

表4.1　多様な企業形態の所有権の配分

観　点	静態的			動態的
企業形態	所有権の配分			所有権の移行可能性
	支配権	残余請求権	譲渡権	
パートナーシップ企業	パートナー	パートナー	パートナー	制限された移行可能性
１人の所有者による企業	企業家	企業家	企業家	無制限な移行可能性
株式会社	経営者	株　主	株　主	無制限な移行可能性
共同決定に従うドイツの会社	経営者と従業者	株　主	株　主	制限された移行可能性
非営利企業	メンバー代表	―	―	制限された移行可能性
国有企業	国　家	国　家	国　家	制限された移行可能性
行政機関	国　家 公務員	―	―	移行不可能

　たとえば，株式会社は支配権を経営者がもち，残余請求権と譲渡権を株主がもつ制度として分析される。また，本書の３章３節の３-４項で説明したように，ドイツでみられる労資共同決定企業は企業の支配権を株主代表と労働者代表がもち，残余請求権と譲渡権を株主がもつ制度とみなされる。さらに，国有企業は支配権を経営者がもち，残余請求権と譲渡権が国家に帰属される制度となる。

　このように，所有権理論によって，企業形態を体系的に分析できる可能性があり，これらを整理したのが表 4.1 [14] である。

3-2　組織文化の所有権理論分析

組織文化　　さて，所有権理論が組織文化発生の研究にも応用できる可能性を示したのは，ジョーンズ（G. R. Jones）[15] である。彼の研究を紹介しよう。

---

14)　この表は，Picot and Wolff［1994］にもとづいている。
15)　組織文化の所有権理論分析については，Jones［1983］に詳しい。

まず，すべての組織メンバーは，限定合理的で自己利益を追求するものとする。このようなメンバーからなる組織では，各メンバーは自分の効用を高めるために相互に駆け引きし，それゆえメンバー間を調整し，監視するためにはコストがかかる。ジョーンズは，このコストを「取引コスト」と呼び，取引コストをいかに節約するかが組織の基本問題であるとした。

　そして，この取引コストを節約するために，組織メンバーの行動を相互にどのように規定し，調整するかが問題となる。組織メンバー間の取引を規定し，各メンバーに割り当てられる資源利用に関する特殊な権利を，彼は「所有権」と呼んだ。

　ここで，組織文化を組織メンバーの共有価値，共通の規範，そして共通の期待だとしよう。このとき，組織メンバー間の取引パターンや組織メンバーが依存しているルーティン（予測可能な決まりきった手続きや行動）を決定しているのが固有の規範や価値であり，それが組織文化であるといえる。

　この意味で，組織文化は，ジョーンズによると，企業が組織内取引コストを節約しようとする方法の結果として生じるのであり，それゆえ組織文化の発生と特徴は組織メンバー間の取引行動を規定する所有権システムつまり組織内の資源利用をめぐる所有権構造に依存すると考えたのである。以下，このような観点から，3つの理念型，つまり生産文化，官僚文化，そして専門職人文化が分析できることを明らかにしよう。

生産文化の分析　まず，ある企業の生産プロセスがルーティン化されうる場合，効率的な生産方法とは生産プロセスをできるだけ機械化し，労働を徹底的に標準化し，そして資本集約的な生産システムを形成することである。この場合，労働者の生産技能水準は低くてもとくに問題はなく，お金をかけて労働者を教育する必要はない。しかも，このような単純労働者を監視することは比較的容易である。そのため，このような資本集約的な生産関係では，組織内の労働者1人ひとりの所有権つまり職務権限を明確にしないほうが効率的であるように思われる。

　しかし，実際にはすべての労働者は機会主義的で，しかも管理者は限定合理的なので，一方で労働者は怠ける強いインセンティブをもち，他方で管理者はそのような行動を見逃す可能性がある。とくに，組織内の不明確な所有権構造

では，一生懸命努力して働いてもそれが労働者にとって追加的報酬となる保証はない。また，仕事をめぐる所有権が不明確なために労働者は経営者によって過度に働かされる可能性もある。それゆえ，不明確な所有権構造では，労働者は手抜きをしようとするインセンティブをもつことになる。

したがって，資本集約的な生産関係において労働者の機会主義的行動を抑制するためには，労働者の欠勤や仕事から離れる時間を最小化するような綿密なガイドラインや規定が共通の規範やルールとして必要となる。そして，このような規範体系やルール体系が大量生産組織にみられる組織文化を特徴づけることになる。このような大量生産文化は，組織内の取引コストを節約するためにデザインされた所有権システム（職務権限体系）の明確化の結果であるといえる。

官僚文化の分析

さて，ルーティン化できないような仕事が多くあり，生産関係が専門能力や専門技能をもつ人々に依存するような労働集約的な組織では，すべての従業員が自己利益を追求し，しかも管理者は限定合理的であるために，管理者は従業員の行動を完全に監視することは難しく，モニタリング・コストは非常に高くなる。また，このような労働集約的な組織では，人的資本は専門的で特殊なため，短期雇用契約を繰り返すと，駆け引きが起こりやすく，雇用をめぐる取引コストはきわめて高いものとなる。

このような取引コストを節約するために，官僚制と呼ばれる所有権構造が展開されうる。官僚制は従業員の権利と義務を細分化し，これを各従業員に明確に割り当て，これによって従業員の怠けを抑制するシステムである。多様な規則や厳密な手続きは，直接的な監督に取って代わる形でモニタリング・コストを節約する制度である。また，多様で永続的に保有される権利・権限によって従業員は自分の役割について明確な期待を形成することができ，これらが契約をめぐる交渉コストを節約する。さらに，安定した雇用関係によって，従業員は組織に対して特殊な投資を行うインセンティブをもつことになる。

しかし，これらの規則や手続きがあまりにも多く厳密に詳細に従業員に適用されると，組織は逆に硬直化し，非効率となる。従業員は規則や手続きの変革に対して保守的となり，効率的に環境の変化に適応できなくなる。このような

弱点をもつ組織文化が官僚文化である。

専門職人文化の分析　さて，仕事が本質的に多様で複製が難しいという意味で，組織内の仕事がルーティン化されず，生産関係が専門職人の技能に強く依存するような組織では，従業員は自己利益を追求し，管理者は限定合理的であるために，組織内のモニタリング・コストや調整コストは高いものとなる。

とくに，医者や弁護士のような専門職的な仕事は本質的にルーティン化できず，そのメンバーのパフォーマンスを観察し，評価することは難しい。また，研究開発を担当する研究者や企業の企画担当者も同様に，そのパフォーマンスを監視し，評価することは難しい。

このような監視と評価のコストを節約するために，パートナーシップ制が展開されうる。ここでは，各メンバーが残余請求権者として機能し，残余利益を配分するために何らかの利益配分システムが展開される。また，各メンバーの残余利益は他の組織メンバーのパフォーマンスに依存するので，各組織メンバーが他のメンバーを監視するような相互監視システムが形成され，このような相互監視を促進させるために，組織ではさまざまな権利の内容が明確にされるだろう。

このような組織内の所有権構造のもとで発生するのは，垂直的な階層的モニタリング・システムが水平的相互モニタリング・システムに置き換えられ，官僚的ルールや手続きが専門職的な規範や価値に置き換えられるという形で特徴づけられる専門職人文化である。

以上が，ジョーンズによる組織文化の所有権理論分析である。

3-3　日米独組織文化の発生

米国の大量生産組織文化　ホフステッド（G. Hofstede）は，多国籍企業であるIBMの社員を対象とした膨大なデータを収集し，多変量解析を駆使して国民文化を特徴づける因子を

見出した[16]。

　彼の研究によると，米国の国民文化は個人主義的で不確実性回避度が弱い文化として特徴づけられる。このことは，米国企業の従業員は多少リスクをおかしても自分の能力と利益を追求する国民として解釈することができる。このような国民性をもつメンバーからなる組織では，自分の能力を見極めるために，ある程度明確な職務規定や制度が要求される。自分が果たしてこの職場にあっているのかどうか。これを見極めるためには，ある程度，明確な制度や明確な職務規定が必要となる。

　他方，このような米国企業を取り巻く米国社会は非階級社会であり，言葉や洋服で階層が識別できるような社会ではない。大衆消費社会である。それゆえ，標準化された商品が常に売れる可能性があり，1人勝ちが常に起こる可能性がある社会でもある。こうした社会に対応して，米国では大量生産システムが発達してきたのであり，しかも各メンバーの職務内容があまりにも不明確だと，労働者は怠けるインセンティブをもつため，ある程度，明確な規定や制度が展開されてきたといえる。

　以上のように，米国ではメンバーの国民性と社会環境からある程度明確な制度や明確な職務規定によって特徴づけられる「大量生産組織文化」が形成されたのではないかといえる。

ドイツの官僚組織文化

ホフステッドによると，ドイツの国民文化は個人主義的で不確実性回避度がある程度高い文化として特徴づけられる。このことは，ドイツ人が集団的なあいまいさからくる不確実性や無責任問題を回避しようとする国民であることを意味する。彼らは自分の責任はとるが，他人の失敗に対する責任をとることを極端に嫌う。それゆえ，ドイツ人はあいまいさのない厳密なルールの設定を強く志向し，他人の責任を負おうとはしない。

　他方，ドイツ企業を取り巻くドイツ社会は米国とは異なり階級社会であり，変化の少ない社会でもある。階級によって，着ている服や自動車や食べ物は異なるため，市場は細分化されており，1人勝ちが難しい。それゆえ，安定した

---

16)　これについては，Hofstede [1994] に詳しい。

多品種少量生産が可能であり，仕事は専門化し，ルーティン化や標準化が難しい労働集約的生産システムが形成される。このような生産システムでは，監視が難しく，従業員はサボりやすいので，厳密な職務規定と責任制度が必要となる。

以上のように，ドイツではメンバーの国民性と社会環境から非常に明確に職務が規定され，組織メンバーも厳密な規則やルールを志向するような「官僚組織文化」が発達してきたといえる。

日本のあいまい組織文化

ホフステッドによると，日本の国民文化は集団主義的で不確実性回避度の高い国民として特徴づけられている。これは，日本では人々は個人主義的な明確さからくる対立や不確実性を回避しようとする傾向があることを意味する。それゆえ，日本人は集団主義的であいまいなルールや規則を求めることになる。

他方，企業を取り巻く日本の社会環境は非階級社会で，変化の速度が非常に早く，それゆえ迅速な多品種少量生産が要求される社会である。それゆえ，米国のように1つの仕事だけを専門に行う単能工から構成される生産システムでは組立プロセスがあまりにも長く複雑で，取引回数が非常に多くなるため，取引コストは非常に高くなる。むしろ，各メンバーの職務をあえてダブらせ，あいまいな職務規定やあいまいな責任制度を展開することによって，このような変化の激しい社会にも対応できる仕組みになっている。

以上のように，日本ではメンバーの国民性と社会環境からあいまいな職務規定によって特徴づけられる「あいまいな組織文化」が発達してきたといえる。

3-4　組織構造の所有権理論分析

組織構造と所有権

さて，企業組織を資源分配システムとみなすことによって，組織構造を所有権理論的に分析することができる。まず企業家は，(1)企業内のヒト・モノ・カネ，そして情報などの経営資源を自由に利用する権利，(2)それらが生み出す利益を得る権利，そして(3)これらの権利自体を売る権利をもっている。

しかし,企業が巨大化すると,企業家の情報の収集,処理,そして伝達能力は限定されているので,企業家が利潤最大化するためには,これら所有権の一部である,(1)経営資源を使用する権利を権限としてだれかに委任して組織的に経営資源を利用したほうがはるかに効率的となる。

とくに,職務権限を体系化し,各職務権限をメンバーに明確に帰属させるならば,メンバーの経営資源利用によって生み出されるプラス・マイナス効果はそのメンバーに帰属されるので,経営資源は効率的に利用され配分されることになる。そして,もしそのメンバーがマイナス効果しか出せない場合には,そのメンバーは退職して別の職を探し,プラス効果をもたらすメンバーがその職務に就くことになるだろう。それゆえ,このような組織では,効率的に資源は利用されることになる。

しかし,組織内で職務権限を明確にだれかに帰属させることが,常に効率的とは限らない。というのも,職務権限を明確にだれかに帰属させる手続きはコストを伴うからである。とくに,環境の変化に対応して職務権限体系をたびたび変化させる必要があるような組織では,その厳密な再構成には多大な変革・調整コストを伴うので,職務権限を明確に規定してメンバーに帰属させるような所有権構造よりも,むしろ初めから職務権限をあいまいにしてダブらせておくような所有権構造のほうがより効率的となる。

以上のことを考慮して,以下に4つの観点からより具体的に組織の所有権構造について分析[17]してみよう。

| 堅固な所有権構造と柔軟な所有権構造 |

(A) **所有権の帰属**　まず,経営資源を使用する権利をさまざまな権限に分化して人間に帰属させるか,あるいは権限を職務や地位に帰属させ,そこに人間を割り振るかによって組織の所有権構造は異なる。職務権限がメンバー自身に帰属されるような属人的な所有権構造では,メンバーの資源利用によって発生するプラス・マイナス効果はそのメンバーに明確に帰属されるので,各メンバーはマイナス効果を避け,プラス効果を生み出すように資源は効率的に利用されるだろう。

[17) 以下の分析は,菊澤[1997]に詳しいので参照されたい。

これに対して，環境の変化に絶えず適応しようとする組織がこのような所有権構造をもつと，逆に非効率となる。というのも，環境の変化に対応して職務権限体系を再編成する場合，高い変革・調整コストを伴うからである。したがって，このような組織では権限をメンバーにではなく，むしろ職務・地位に帰属させるような非属人的な所有権構造がより効率的となる。

(B) **所有権の内容**　職務権限内容が明確に規定されているかあるいはあいまいに規定されているかによって，組織の所有権構造は異なる。もしすべての職務権限が明確に細分化され厳密に規定されているような所有権構造をもつならば，メンバーの資源利用によってもたらされるプラス・マイナス効果はそのメンバーに明確に帰属されるので，資源は効率的に利用されるだろう。

これに対して，環境の変化に絶えず適応しようとする組織がこのような所有権構造をもつならば，逆に非効率となる。というのも，環境の変化に対応して絶えず明確に職務権限内容を変化させる必要があり，その変革・調整コストは非常に大きいからである。それゆえ，このような組織では各職務権限内容を常にあいまいにしておくことが効率的となる。

(C) **所有権の保有期間**　メンバーの職務権限の保有期間が長いか短いかによって，組織の所有権構造は異なる。もし組織が長期的に職務権限をメンバーに保有させるような所有権構造をもつならば，メンバーの資源利用がもたらすプラス・マイナス効果は結果的にそのメンバーに帰属されるので，資源は効率的に利用されるだろう。

これに対して，環境の変化に絶えず適応しようとする組織がこのような所有権構造をもつならば，逆に非効率となる。というのも，環境の変化に対応して職務権限体系を再編する場合，長期的に職務権限を保有する各メンバーから職務権限を取り上げるには多大な交渉コストを伴うからである。それゆえ，このような組織では，職務権限の保有期間が短い所有権構造が効率的となる。

(D) **所有権配分の正当性**　職務権限の配分がどのように正当化されるかによって，組織の所有権構造は異なる。もし組織がメンバーがもつ公的資格にあわせて職務権限が与えられるならば，それゆえ職務権限の配分が公的に正当化されるような所有権構造であるならば，メンバーの資源利用がもたらすプラス・マイナス効果は，ほかでもなくそのメンバーに帰属されるので，資源は効

表4.2 組織の所有権構造

所有権構造	堅固な所有権構造	柔軟な所有権構造
(A) 権限帰属	(A$^+$) 人間に権限を帰属	(A$^-$) 職務地位に権限を帰属
(B) 職務権限内容	(B$^+$) 明確な規定	(B$^-$) あいまいな規定
(C) 職務保有期間	(C$^+$) 長期	(C$^-$) 短期
(D) 職務配分の正当性	(D$^+$) 公的	(D$^-$) 私的

率的に利用される。

　これに対して，環境の変化に絶えず適応しようとする組織がこのような所有権構造をもつと，逆に非効率となる。というのも，このような組織では新しい革新的な職務が絶えず生まれる可能性があるので，それに対応した公的資格をもつ人材を見出すには高い探索コストを伴うからである。それゆえ，このような組織では職務権限を柔軟に私的に配分するような所有権構造が効率的となる。

　以上のことをまとめると，表4.2のようになる。ここで，記号A$^+$，B$^+$，C$^+$，D$^+$で特徴づけられる組織構造は堅固な所有権構造と呼びえ，利点は変化のない安定した状態に強いことである。この構造では，各メンバーが与えられた資源を利用することによって発生するプラス・マイナス効果はそのメンバーに明確に帰属され，それゆえメンバーはマイナス効果を避け，プラス効果を追求するように資源を有効に利用することになる。もし効率的に利用できなければ，メンバーは退職し，代わりにより効率的に利用できるメンバーが入社する。それゆえ，このような明確でハードな所有権構造をもつ組織では資源は効率的に利用され，資本利益率（利益／総資本×100）は高くなるといえるだろう。

　しかし，このような組織の弱点は変化に弱いことである。このような所有権構造では，絶えず新しい生産技術を導入しようとすると，すべての職務体系と権限体系を変化させる必要があり，それをメンバーに再び明確に帰属させる必要がある。そのため，チェンジング・コストが非常に高くなる。このコストのために，新技術導入に否定的になるケースが多い。それゆえ，このような組織は一般に新技術がもたらす生産性の上昇率は低くなるといえる。

　これに対して，記号A$^-$，B$^-$，C$^-$，D$^-$で特徴づけられる所有権構造は柔軟な所有権構造と呼びえ，弱点は安定した状態に弱い点である。このような所有権構造では，各メンバーは資源利用によって発生するプラス・マイナス効果が

自分に明確に帰属されないので、だれもマイナス効果を避け、プラス効果を得るように努力しようとはしない。それゆえ、マイナス効果を出すメンバーがいてもその結果がそのメンバーに帰属されないので、退職するインセンティブももたない。それゆえ、資源は能力のないメンバーによって非効率的に利用され続け、資本利益率は低くなる可能性が高い。

しかし、このような組織は変化に強い。新しい生産技術を導入する場合、とくに大きく変化する必要がない。もともと構造があいまいなため、変革コストが少なく、新技術を導入しやすい構造となっている。それゆえ、このような組織では新技術がもたらす生産性の上昇率は高いといえるだろう。

3-5　日米独組織構造の所有権理論分析

ここで説明した組織の所有権構造モデルを利用して日米独の企業組織を分析してみよう。

米国型企業組織

まず、米国型企業組織では権限は人に帰属されるのではなく、権限は地位や職務体系に帰属される（A^-）。職務権限は垂直的にも水平的にも細分化され、しかも各職務権限内容は明確に規定されている（B^+）。それゆえ、採用されたばかりの労働者でも職場に行けば、ある程度、作業ができるような体制となっている。また、事務職員に関しても、監督方法に関する多くの規範が明示され、細部にわたってマニュアル化されている。しかも、労働者がその職務権限体系に組み込まれる契約期間は一般に2、3年であり、問題がなければ更新されていく仕組みになっている（C^-）。そして、この職務権限体系に被雇用者が組み込まれる場合、一方で被雇用者は自分がもつ資格やキャリアにもとづいて職を探し、他方で雇用者も資格やキャリアを十分考慮して人を採用するので、職務権限体系への組込みはかなり公的に正当化されているといえる（D^+）。以上のように、米国型企業組織の所有権構造は、表4.3のようにA^-、B^+、C^-、D^+によって特徴づけられ、適度にあるいは不完全に堅固で柔軟な所有権構造であるといえるだろう。

表4.3　日米独組織の特徴

	堅固な構造	柔軟な構造	米国	ドイツ	日本
A 権限帰属	A⁺ 人間に帰属	A⁻ 職務地位に帰属	A⁻	A⁺	A⁻
B 内容	B⁺ 明確	B⁻ あいまい	B⁺	B⁺	B⁻
C 期間	C⁺ 長期	C⁻ 短期	C⁻	C⁺	C⁻
D 正当性	D⁺ 公的	D⁻ 私的	D⁺	D⁺	D⁻
メリット	変化がない場合利益率高	変化がない場合利益率低	変化がない場合利益率上昇抑制	変化がない場合利益率高	変化がない場合利益率低
デメリット	変化に弱い生産性上昇率低	変化に強い生産性上昇率高	変化に適度に強い生産性上昇率抑制	変化に弱い生産性上昇率低	変化に強い生産性上昇率高

　このように，もし米国型組織の所有権構造が適度に堅固な構造ならば，メンバーの資源利用によって生み出されるプラス・マイナス効果はそのメンバーにかなり明確に帰属されるので，メンバーは与えられた資源を効率的に利用するだろう。たとえば，このような所有権構造では，マイナス効果が発生したとき，それがどの職務のだれの責任に帰するかがかなり明確になるので，メンバーは管理者の目を盗んで怠けたり，他人の成果にただ乗りすることが難しくなる。それゆえ，このような適度に堅固な所有権構造では，資源はある程度効率的に利用されることになる。

　しかし，メンバーがもつ権限がどれだけ明確に規定され，しかもその権限の配分がどれだけ公的に正当化されていたとしても，米国型組織の所有権構造はメンバーの職務権限の保有期間が短く，常にだれかにとって代えられる可能性があり，しかも権限が人間にではなく，職務や地位に組み込まれているという意味で，不完全に堅固な所有権構造でもある。それゆえ，このような所有権構造ではメンバーの資源利用によって発生するプラス・マイナス効果はそのメンバーではなく，次にその職務に就くメンバーに帰属される可能性があり，それゆえ外部性が生じる可能性がある。このように，もし資源利用によるプラス・マイナス効果が自分に帰属されない可能性があるならば，メンバーが資源を効率的に利用するインセンティブは低下する。それゆえ，米国型企業組織は効率

的に資源を利用し，利益を生み出す組織としては限界があるといえる。

　しかし，米国型企業組織の所有権構造は，適度に堅固であるとともに適度に柔軟な構造でもある。このような所有権構造では，環境の変化に対応して，ある程度，新技術を導入して生産性を高めることができる。というのも，雇用が短期的で権限が属人的ではないので，新技術の導入に対応して新しい人材を少ない変革・調整コストで雇用できるからである。

　しかし，このような米国型所有権構造は，一般に職務権限体系が明確に規定され，各権限が明確にメンバーに配分されるという意味で不完全に柔軟な構造でもある。それゆえ，新しい生産技術を導入するたびに，職務権限体系の厳密な再編成が必要となり，そのために多大な変革・調整コストを伴うことになる。さらに，新しい職務の担い手が必要となるとき，そのような公的資格をもつ人材を見出すのに，多大な探索コストを伴うだろう。したがって，このような不完全に柔軟な所有権構造では，環境の変化に対応して絶えず生産性を高めるには限界があるといえる。

　以上のように，米国型組織は，批判的にいえば，その所有権構造が不完全に堅固で柔軟な構造であるために，利益を追求する資源配分システムとしても，環境の変化に適応して生産性を高める資源分配システムとしても，その効率性には限界があるといえる。逆に，好意的にいえば，米国型企業組織は，ある程度，効率的に資源を利用するシステムであるとともに，ある程度，環境に適応して生産性を高めることもできるバランスのいい資源配分システムであるといえる。それゆえ，米国企業は好況期に需要が供給を大幅に上回る場合，不完全に柔軟な所有権構造のために，労働者に残業を強いることができず，結局，価格を上げることによって利益を拡大しようとする。他方，不況期に需要が供給を下回ると，適度に柔軟な所有権構造を利用して徹底したレイオフを遂行し，利益の低下を防ごうとする。

ドイツ型企業組織　　さて，米国型企業組織の限界を越えて，徹底した効率的資源配分システムを展開して利益を追求しようとする組織がドイツ型企業組織である。ドイツ企業では，米国企業以上に職務は厳密に分化され，その内容も明確に規定されている（B$^+$）。とくに，ドイツ企業では生産工程は綿密に分割され，その分割された工程に専門能力をもつ人

材が割り当てられる。それゆえ，各メンバーは工場内に自分の領域をもち，あたかも下請仕事をしているようになる。しかも，ドイツ企業では，上は取締役から下は徒弟に至るまで，国家資格が重要な意味をもつ。すなわち，ドイツではマイスター資格制度に代表されるように，垂直的にも水平的にも分化された職務・職業の国家資格体系が展開されており，企業ではこの公認の職務・職業資格をもつメンバーに，それ相当の権限が割り当てられる（A^+）。それゆえ，ドイツ企業では職務権限の配分は国家資格にもとづいているという意味で，その分配は公的に正当化されているといえる（D^+）。そして，一般にこれら各種国家資格を獲得するには，ある程度の下積み期間が必要となるため，雇用期間も比較的長くなる傾向がある（C^+）。以上のように，ドイツ型企業組織の所有権構造は，表4.3のようにA^+，B^+，C^+，D^+によって特徴づけられる堅固な所有権構造であるといえる。

　このように，もしドイツ型企業組織の所有権構造が堅固な所有構造ならば，各メンバーの資源利用よってもたらされるプラス・マイナス効果は各メンバーに間違いなく帰属されることになる。それゆえ，各メンバーは他人の成果にただ乗りしたり，手抜きをしたりするような非効率な行動を避け，逆に職務遂行に対して責任と誇りをもって与えられた資源を効率的に利用することになる。このように，ドイツ型企業組織は，その堅固な所有権構造のもとに徹底的に外部性を内部化して利益を追求する効率的資源分配システムであるといえる。

　しかし，各職務権限がメンバーに明確に帰属され，メンバーが職務遂行に対して強い誇りと自信をもち，あたかも各メンバーが下請会社のようになる堅固なドイツ型所有権構造では，環境の変化に適応して新しい技術を継続的に取り入れることは難しい。というのも，このような所有権構造では，メンバーが自分の職務の管轄内では他人の干渉を一切許さないような状況となり，たとえ新技術導入の意思決定が上層部でなされたとしても，それを実行する段階で多くの摩擦や対立が生じ，高い変革・調整コストを伴うからである。また，ドイツ企業の所有権構造は公認された職務・職業体系に依存しており，その体系が有効である限り，人的資源は効率的に利用される。しかし，新商品や新技術によって消滅したり生まれたりする職種があるため，職務・職業の国家資格体系は常に見直しが必要となる。このような見直しは，通常，政府や業界全体を巻き

込んでなされるため，多大な変革・調整コストを伴うことになる。それゆえ，このような公認の職務・職業資格体系に依存する堅固な所有権構造をもつドイツ型企業組織は，新しい生産技術の受け入れに対して常に消極的になる。

以上のように，ドイツ型企業組織は，その堅固な所有権構造のもとに，外部性を徹底的に内部化し，与えられた一定の資源を効率的に配分して利益を高める組織であって，環境の変化に適宜適応しながら生産性を高める資源配分システムではない。そして，このような所有権構造のために，ドイツ企業は好況期に需要が増加してもいたずらに雇用を拡大して生産性を上げようとはしない。ドイツ企業は，常に需要が供給を上回るように活動し，極端にいえば好況期での供給不足は客を待たせることで対処することになる。

日本型企業組織　最後に，ドイツとは異なり，米国型企業組織の別の限界を越え，環境の変化に適応しながら徹底的に生産性を高めようとする組織が日本型企業組織である。日本型企業組織では，米国やドイツと異なり，職務は機能的に明確に分化されていないし，その内容も明確に規定されていない（B^-）。たとえ，各職務がマニュアル化されていたとしても，そのマニュアル書は形骸化し，各メンバーはダブって仕事をしていることが多い。さらに，日本企業では長期雇用が一般的であるが，メンバーは企業内で数年ごとに配置転換され，その職務保有期間は短く（C^-），社内教育をとおして多能工やゼネラリストとして育成される。しかし，他方，構造的にはある程度の階層的年功秩序原理があり，実はこの年功秩序に権限が帰属され，そこにメンバーが組み込まれている（A^-）。そして，その組込みは米独企業のように公的資格にもとづくものではなく，その企業内でのみ有効であるという意味で私的な正当性しかもたない（D^-）。このように，日本型企業組織は構造的インフレキシビリティと機能的フレキシビリティを持ち合わせたシステムであり，その所有権構造は表4.3のようにA^-，B^-，C^-，D^-によって特徴づけられる柔軟な所有権構造であるといえる。

以上のように，もし日本型企業組織の所有権構造が柔軟な構造ならば，メンバーの資源利用によってもたらされるプラス・マイナス効果はそのメンバーに明確に帰属されず，それゆえ外部性が発生する。とくに，マイナス効果が発生したときには，各職務権限が相互に複雑に重複しているため，このマイナス効

果を帰属させる主体を特定化することが非常に難しい。このように，柔軟な日本型所有権構造では，マイナス効果が生じたときには，それを帰属させる主体が明確に特定できず，結局，無責任となる。そして，このような無責任なマイナスの外部性は組織内に留められるので，米独型組織に比べて企業の利益率は低くなる。

　しかし，このような柔軟な所有権構造では，各組織メンバーがあいまいに相互にダブって仕事をしているため，新知識や新技術が導入されても，高い変革・調整コストを伴うことなく，比較的容易に対応でき，より生産性の高い新しい状態を形成することができる。つまり，日本型企業組織はこの柔軟な所有権構造のもとに，環境の変化に適応して微調整が可能となり，実際にこれまで多品種少量生産，商品の高生産性，高品質，高機能化，そしてソフト化を効率的に実現してきたのである。そして，これによって得られる利益は，プラスの外部性としてメンバー全体に還元されることになる。

　以上のように，日本型企業組織は，その柔軟な所有権構造のために，所与の生産技術のもとに利益性を追求しようとすると，マイナスの外部性が多く発生する無責任で非効率な資源配分システムとなる。何よりも，日本型企業組織は，この柔軟な所有権構造のもとに絶えず環境の変化に対応し，新知識や新技術を導入して加速度的に生産性を上昇させる動態的な効率性を生み出す資源配分システムであるといえる。それゆえ，日本企業は，好況期に需要が高まると，客を待たせることなく，残業によって弾力的に需要に対処でき，不況にはメンバーをレイオフすることなく，赤字を甘受しながらも，生産をめぐって徹底的な合理化が進められることになる。

練習問題

1. 企業家企業はなぜ効率的な企業形態なのか。
2. 株式会社はなぜ効率的なのか。
3. 日本企業ではメンバーの職務が相互に不明確でダブっているといわれている。このような組織の効率性と非効率性について説明しなさい。

4

所有権理論と経営戦略

　所有権理論を企業組織や経営戦略論に応用した研究として最も注目されているのは，オリバー・ハートの研究（Hart [1990, 1995]）である。彼は，企業間の統合と非統合の問題を分析することによって，企業の境界問題にアプローチした。

　なぜある企業とある企業が統合するのか。なぜある企業とある企業は統合しないのか。この問題は，これまでウィリアムソンによって取引コスト理論にもとづいて説明されてきた。しかし，取引コスト理論による説明は統合前の状態を分析するものであって，統合後の企業状態を考慮した分析とはなっていない。

　そこで，統合後の所有権の状態を考慮しながら，統合すべきかどうかを決定する必要があることを説明する理論がハートによって展開された新所有権理論である。以下，このハートの議論を簡単に説明しよう。

4-1　残余コントロール権としての所有権

　ハートの議論では，基本的に人間は効用最大化し，しかも人間は限定合理的で情報の収集，処理，そして伝達能力に限界があり，その能力内でしか合理的に行動できないものと仮定される。

　このような限定合理的な人間が効用最大化するために，いまある資産の使用をめぐって契約を行うとしよう。この場合，取引当事者たちは互いに限定合理的なので，資産の使用をめぐって完全な契約を結ぶことはできない。契約は常に不完備契約となる。実際，契約後，資産が使用される段階になって，事前の

契約では明記されていなかった事態が次々と起こる可能性がある。

たとえば，ある自動車メーカーが部品メーカーと1年間にわたって1カ月1000個の部品の供給を契約していたとしよう。しかし，契約後に予想に反して自動車の需要が急増し，自動車メーカーが契約よりも多くの部品を部品メーカーに求めるケースはしばしば起こりうる。

この場合，一般に資産の所有者が最終的に資産をコントロールする権利をもつ。上述の例では，部品メーカーが部品製造設備の所有権を保有しているので，不測の事態に対応して部品供給量を増やすかどうかは，この会社が決定権をもつことになるだろう。

ハートは，このような権利に注目し，これを「残余コントロール権（residual control rights）」「コントロールの残余権（residual rights of control）」「残余権力（residual powers）」と呼び，これを所有権の特徴とみなした[18]。というのも，このような権利は資産使用をめぐって他人の使用を排除できる権利だからである。このような権利が，ハートの新所有権理論の中心概念となる。

以上のような観点から，ハートは企業というものを「物的資産の所有権の総体」「残余コントロール権の総体」とみなす。もちろん，ハートは企業内の人的資本の重要性も十分認識している。しかし，現代のように奴隷制度が廃止されている世界では，企業の人的資本は所有できないので，物的資産の所有権にだけ注目せざるをえなかったのである。

企業＝物的資産の所有権の総体

もちろん，ハートが主張するように，物的資産の所有は直接的にも間接的にも企業内の人的資本に影響を与える。それゆえ，彼の企業観は決して人的資本の存在や影響を無視しているわけはない。むしろ，企業内の人的資本は物的資産と相互に密接な関係があり，物的資産の所有権を獲得することによって，ある程度，人的資本もまた間接的にコントロール可能となる。

たとえば，ある企業が別の企業を買収したとする。この場合，買収した企業

---

18) このような権利については，Hart［1995］p.6, 30 に詳しい。また，ハートの議論については，伊藤・林田・湯本［1992］に詳しい。

は形式的には被買収企業の物的資産の所有権だけを獲得するのであって，人的資本の所有権を獲得することはできない。しかし，一般に人的資本と物的資産との間には特殊な関係がある。それゆえ，物的資産の所有権が別の企業に買収されたからといって，すぐに人的資本である従業員がその企業を辞めることはないだろう。ハートによれば，従業員は物的資産との間に特殊な関係を形成しているために，従業員は簡単に企業を辞めることはできないと考える。

このように，企業を物的資産の所有権の総体，物的資産の残余コントロール権の総体とみなす見方は，決して企業内の人的資本を無視するものではないということ，これがオリバー・ハートの企業観なのである。

4-2 統合戦略の所有権理論

さて，もし企業の物的資産の残余コントロール権に注目するならば，限定合理的な人間は自分の効用を高めるために，物的資産に関して，以下のような行動をとるものと予想される。

(1) 取引関係にある2つの企業をめぐって，それぞれの企業がそれぞれの物的資産に対して関係特殊な投資を行うならば，2つの企業の全体収益は増加する。簡単にいえば，資産特殊な投資をすれば，利益は増加する。

(2) 取引関係にある2つの企業をめぐって，物的資産をより多く所有する企業ほど，事後的な利益配分をめぐる交渉を有利に運ぶことができる。それゆえ，投資しようとするインセンティブが高まる。簡単にいえば，物的資産の所有権を多くもつほど，投資インセンティブは高まる。

このことから，企業の統合戦略について，基本的に以下のことがいえる。すなわち，2つの企業間の統合は常に効率的であるとは限らない。一方で，統合する側の企業経営者の物的資産の所有権は増加するので，その投資インセンティブは高まる。しかし，他方，統合される側の企業経営者は物的資産の所有権を失うので，投資インセンティブを喪失する。もし統合側のインセンティブの高まりによるメリットが統合される側のインセンティブの減少によるデメリットよりも高ければ，統合したほうが効率的となる。逆の場合には，統合しない

ほうが効率的となる。

より具体的に，ハートは以下のような帰結を導き出した（補論C参照）。

(1) もし2つの企業の物的資産が相互に補完的ならば，統合によって一方の企業の特殊な投資によって全体の収益は増大する。しかも，その投資が生み出す収益は2つの企業間の駆け引きなくして増大する。したがって，2つの企業の物的資産が相互に補完的な場合，2つの資産は共通のコントロールのもとに置かれることによってより効率的に投資がなされ，収益も増加する。

(2) 逆に，2つの企業の資産が互いに独立的で，統一的に所有する効果が期待できなければ，統合して特殊な投資をしても収益は増加しない。しかも，物的資産の所有権を失った被統合企業は投資してもリターンは少ないので，特殊な投資を行うインセンティブはない。それゆえ，この場合，統合した側の企業の投資額が一定に保たれたとしても，統合された側の企業の投資額は減少するので，全体利益は減少することになる。したがって，資産が相互に独立である場合，非統合がより良い選択となる。

(3) ある物的資産が価値を生み出すためにある特定の人間の参加が必要なとき，その人間はその物的資産にとって必要不可欠な人的資本であるといえる。いま，ある企業の人的資本がその物的資産にとって必要不可欠であるならば，取引相手企業にとっては相手に統合されようが，相手を統合しようが，あるいは互いに分離していようが，投資は同じである。これに対して，必要不可欠な人的資本を保有する企業は所有権が増加すると，投資インセンティブが高まる。それゆえ，全体的な観点からして統合がより効率的となる。

4-3　GMとフィッシャー・ボディ社の合併

以上のようなハートの所有権理論にもとづいて，第2章の取引コスト理論で扱った同じ事例，つまり1920年代に発生したゼネラル・モーターズ社（GM）と，車体を供給していたフィッシャー・ボディ社の合併について分析してみよ

う[19]。

　その事例の骨子は，こうであった。当時，フィッシャー・ボディ社は車体の供給をめぐって10年間の長期契約をGMと結んでいた。しかし，1920年代にGMの自動車の需要が予想外に急増し，GMは大量生産を決定した。この決定によって，GMはフィッシャー・ボディ社との間に契約していた車体の供給価格が割高だと認識した。そこで，GMは車体価格の再交渉を求めるとともに，GMの工場の近くにフィッシャー・ボディ社の工場を設立するようにフィッシャー・ボディ社に要請した。しかし，フィッシャー・ボディ社はこれを拒否したため，その後，GMはフィッシャー・ボディ社を買収した。

　このようなGMの行動は，所有権理論のもとに，以下のように分析されうる。まず，GMとフィッシャー・ボディ社は，ともに効用最大化するために取引契約を結んでいた。しかし，両者は限定合理的で，ともに情報の収集，処理，そして伝達能力は限定されていたため，両者の間に交された契約は不完備な契約であった。それゆえ，起こりうるすべての事態を契約上で明記できず，不測の事態が発生した場合，物的資産の所有権つまり残余コントロール権をもつ者が最終的に決定権をもっていた。

　具体的にいえば，当時，フィッシャー・ボディ社は金属製の車体を製造する物的資産の所有権を保有していた。また，車体生産のスピード，1日当たりの交替数，そして機械設備のメンテナンスについての残余コントロール権も保有していた。それゆえ，車体を増産するためには，フィッシャー・ボディ社の許可を得る必要があった。こうした状況で，当時，GMは車の需要が急速に高まり，それに対応するために大量生産を決定した。このとき，GMはフィッシャー・ボディ社と契約した車体価格が割高だと感じ，再交渉を求めた。しかし，この交渉は難航した。

　ここで，もしGMがフィッシャー・ボディ社を子会社として統合するならば，GMはフィッシャー・ボディ社の資産の残余コントロール権を獲得することになる。それゆえ，車体増産の要求が拒否されるならば，GMはフィッシャー・ボディ社の経営陣を解任し，直接，工場を管理し，そしてだれかを雇うこ

---

19) この事例については，Hart［1990, 1995］，とくに［1995］p. 7, pp. 29-33.に詳しい。

> **Column 4–2　分社化の非効率説と効率説**
>
> 　バブル経済崩壊後，事業部制組織を採用していた日本企業の中には，事業部の一部を分社化し，子会社化するという動きが活発化した。この分社化の動きをめぐって，今日，分社化は非効率を生み出すという非効率説と分社化によって効率性が得られるという分社化効率説が展開されている。
>
> 　分社化非効率説によると，分社化によって親会社と子会社の相互連携性や子会社間の相互連携性が弱められるため，分社化は非効率を生み出すとされる。また，分社化によって，親会社によるコントロールがゆるめられ，子会社がグループ全体の目的とは異なる目的を追求する可能性が高まるため，分社化は非効率を生み出すということ，これが分社化の非効率説である。
>
> 　これに対して，所有権アプローチによると，事業部制組織ではしばしば職務転換が繰り返されるため，事業部長を含む組織メンバーが明確な所有意識をもてないのに対し，分社化はメンバーにビジネスをめぐる所有権を明確に与えることになるため，メンバーは関係特殊な投資を行うインセンティブが高まり，これによってより効率的な資源の利用がなされることになるということ，これが分社化効率説である。
>
> 　今日，これらの説をめぐって実証研究が進められているが，一方で分社化によって業績を下げている企業があるとともに，他方で分社化によって業績を高めている企業が並存しているようである。
>
> 　＊参考文献　伊藤・林田［1997］，伊藤・菊谷・林田［1997］

とができる。あるいは，一時的に直接フィッシャー・ボディ社を操業することもできる。それゆえ，GM はフィッシャー・ボディ社の経営陣を脅すことができる。

　もちろん，買収・統合によるマイナス効果も発生する。もし GM がフィッシャー・ボディ社を統合すれば，フィッシャー・ボディ社の経営陣は GM との交渉力をもちえないので，彼らはより効率的な生産に導くための特殊な投資へのインセンティブを失うだろう。しかし，それ以上に GM にとって統合によるメリットがあったと思われる。

　また，GM とフィッシャー・ボディ社の物的資産は相互に補完的であった。それゆえ，統合した場合，GM の資産特殊な投資は全体の収益を増加させ，しかもこの投資が生み出すリターンもまたフィッシャー・ボディ社と駆け引きすることなく，GM が獲得できた。

以上のように，GM は統合後のメリットを考慮しながら，フィッシャー・ボディ社を買収し，統合する戦略にでたものと考えられる。

補論 C　ハートの新所有権理論の数学モデル

以下では，ハート（Hart [1995]）の第2章の新所有権理論の数学モデルについてやさしく説明してみたい。このモデルによって，彼の理論的構想がより明確になるだろう。

▶ハートの不完備契約モデル

基本前提　いま，2つの企業 M_1 と M_2 があり，それぞれ資産 a_1 と資産 a_2 を保有し，それを利用してビジネスを行うものとする。図 4.1 のように，企業 M_2 は資産 a_2 を用いて1つの部品を生産し，企業 M_1 に供給する。そして，その部品を用いて企業 M_1 は資産 a_1 のもとに生産物を作り，完成品として市場で販売する。

この取引関係は，2期間にわたって実行されるものとする。まず，第0期で関係特殊的投資が行われ，次の第1期で部品が供給される。資産は第0期の時点ですでに設置されており，特殊な投資を行うことによって資産はより生産的なものになる。

両社は，期間中は対称的な情報を保有し，両社のコストとベネフィットに不確実性はない。しかし，両社はともに限定合理的なので，企業 M_1 が必要とする部品のタイプについては不確実性があり，第0期では企業 M_2 は事前に企業 M_1 がどのような部品を必要とするのかはわからない。この不確実性は第1期で解決され，企業 M_1 が必要とする部品が何であるのかが明らかになる。

このように，どのような部品が必要なのかわからないので，企業 M_1 と企業 M_2 は事前に長期取引契約を結ぶことができない。同様に，部品価格も事前に設定できない。したがって，両社は部品のタイプと価格をめぐって第1期においてゼロから交渉することになる。

さらに，両社は第0期で投資を行う際に，再交渉をめぐって合理的な期待を

図4.1　2つの企業の関係

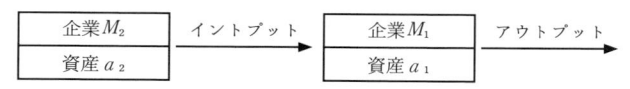

```
┌─────────┐           ┌─────────┐
│ 企業 M₂  │ インプット │ 企業 M₁  │ アウトプット
│ 資産 a₂  │ ────────→ │ 資産 a₁  │ ────────→
└─────────┘           └─────────┘
```

もっているとしよう。とくに，両社は包括的な契約を結べないとしても，互いに可能な行動を分析し，期待収益を正確に計算できるものとする。両社は，ともにリスク中立的であり，それぞれ自分と相手にとって効率的などんな資産でも購入できるほど多くの富をもっているものとする。単純化のため，利子率は0とする。

また，両社は限定合理的なので，第0期では，契約上，資産 a_1 と資産 a_2 の特殊な使用方法をすべて明確にすることはできない。明確にするにはあまりにもコストが高い。それゆえ，資産 a_1 と資産 a_2 を所有する者は，それぞれの資産のコントロール権をもつだけではなく，それぞれの資産に対する残余コントロール権も保有する。言い換えると，資産の所有者は資産を自由に使用することができるものとする。

ここで，2つの企業 M_1 と M_2 をめぐって，以下の3つの主要な所有関係に焦点を当て，どの所有関係のもとでは投資のインセンティブが高まり，より効率な投資がなされうるのかについて分析する。

(1) 非統合：企業 M_1 が資産 a_1 を所有し，企業 M_2 が資産 a_2 を所有する。
(2) タイプ I の統合：企業 M_1 が資産 a_1 と a_2 を所有する。
(3) タイプ II の統合：企業 M_2 が資産 a_1 と a_2 を所有する。

完備契約

まず，第0期に行われる企業 M_1 の投資額を i とする。そして，企業 M_2 と取引が行われた場合の企業 M_1 の収益を $R(i)$ とする。同様に，企業 M_2 の投資額を e とし，そのコストを $C(e)$ とする。

いま，両社が完全合理的で，あたかも1つの組織のように両社の情報が対称的で，しかも両社の利害も一致し，完備な取引契約が結ばれるとしよう。このとき，2つの会社全体が生み出す純利益は，以下のようになる。ここで，M_1 の費用は M_2 の収益となるので，これらは以下の式から消去される。

$$R(i)-C(e)-i-e$$

この場合，最適な投資額 i^* と e^* は，i と e についてそれぞれ微分し，それぞれ以下の条件を満たす i と e となる。

$$R'(i)=1$$
$$-C'(e)=1$$

これが完備取引契約のもとでの最適投資額 i^* と e^* の条件である。

不完備契約　今度は，企業 M_1 と企業 M_2 ともに限定合理的であるとする。そのため，両社の契約は必然的に不完備となる。いま，企業 M_1 と企業 M_2 の取引額を p とした場合，それが企業 M_1 にとって費用となるので，M_1 の事後的な粗利益（投資額 i の控除前利益）は

$$R(i)-p$$

となる。

他方，企業 M_2 の事後的な粗利益（投資額 e の控除前利益）は，企業 M_1 への売上高 p から費用 $C(e)$ を引いたものとなる。

$$p-C(e)$$

次に，企業 M_1 と企業 M_2 の間で取引が行われない場合について考えてみよう。この場合，企業 M_1 と企業 M_2 との間の取引が行われた場合と比べて，最終的な産出量が変化し，外部への売上高も変化する。この場合の企業 M_1 の収益を $r(i)$ とする。これに対して，企業 M_1 は企業 M_2 から部品を調達しないので，広く外部市場から部品を市場価格で調達することになり，その総額を q とする。それゆえ，企業 M_1 の粗利益（投資額 i の控除前利益）は

$$r(i)-q$$

となる。

他方，企業 M_2 も部品を M_1 に販売しないで，部品を市場価格で広く一般に販売し，その売上高を q とする。また，企業 M_1 と企業 M_2 の間で取引がない

場合の企業 M_2 のコストを $c(e)$ とすれば、企業 M_2 の粗利益（投資額 e の控除前利益）は

$$q - c(e)$$

となる。

　ここで、2つの企業 M_1 と M_2 の資産をめぐる3つの所有関係について考えてみる。A, B をそれぞれ企業 M_1 と M_2 が所有する資産の集合だとすると、3つの所有関係は、以下のように数学的に表現できる。ただし、ϕ は空集合を表す。

(1) 非統合　　　　　$A = \{a_1\}$, 　　　　$B = \{a_2\}$
(2) タイプIの統合　　$A = \{a_1, a_2\}$, 　$B = \phi$
(3) タイプIIの統合　 $A = \phi$, 　　　　　$B = \{a_1, a_2\}$

　このような定義のもとに、2つの企業の事後的な利益配分について考えてみよう。まず、企業 M_1 と M_2 で取引が行われる場合、2社の粗利益の合計は以下のようになる。

$$[R(i) - p] + [p - C(e)] = R(i) - C(e) \tag{1}$$

次に、両社の間に取引がない場合、2社の粗利益の合計は以下のようになる。

$$[r(i\,;\,A) - q] + [q - c(e\,;\,B)] = r(i\,;\,A) - c(e\,;\,B) \tag{2}$$

ここで、以下の3つのことを仮定する。

仮定1　　M_1 と M_2 が取引したほうが利益の合計は大きい。式で表すと、すべての i, e に関して以下の不等式が成り立つものとする。この式によって、投資 i と e が関係特殊的であることが表現される。

$$R(i) - C(e) > r(i\,;\,A) - c(e\,;\,B)$$

仮定2　　関係特殊性は限界的な意味でも当てはまるとする。すなわち、投資による限界収入は人的資本およびアクセスできる物的資産が多くなればなるほ

ど増大するということである．より具体的にいえば，企業 M_1 が企業 M_2 の人的資本と物的資産 a_1 と a_2 の両方にアクセスできる場合，企業 M_1 の限界投資収入 R' は最も高く，次に M_1 が M_2 の人的資本にはアクセスできないが，物的資産 a_1 と a_2 にアクセスできる場合の限界収入 $r'(i; a_1, a_2)$ が高く，続いて物的資産 a_1 にしかアクセスできない場合の限界収入 $r'(i; a_1)$ となり，最後に人的資本にも物的資産にもアクセスできない場合の限界収入 $r'(i; \phi)$ が最も低くなる．企業 M_2 も同様のことがいえる．C' と c' は負の数なので（e が増加するとコストが少なくなる）ので，以上の状況は次のように表せる．

すべての $0 < i < \infty$ について，
$$R'(i) > r'(i; a_1, a_2) \geq r'(i; a_1) \geq r'(i; \phi)$$
すべての $0 < e < \infty$ について，
$$|C'(e)| > |c'(e; a_1, a_2)| \geq |c'(e; a_2)| \geq |c'(e; \phi)|$$

ただし，$|C|$ は C の絶対値を意味し，$r'(i; A) \equiv \partial r(i; A)/\partial i$，$c'(e; B) \equiv \partial c(e; B)/\partial e$ とする．

仮定 3 任意の所有権の配分において，R は厳密に凹で，r は凹，しかも i に関して微分可能であり，C は厳密に凸，c は凸，しかも e に関して微分可能であるとする．

$$R' > 0,\ R'' < 0,\ C' < 0,\ C'' > 0,\ r' \geq 0,\ r'' \leq 0,\ c' \leq 0,\ c'' \geq 0$$

さて，企業 M_1 と企業 M_2 の両社の利益配分はどのようにして決まるのか．両社の取引によって発生する事後的なメリットは，両社が取引した場合の利益と取引しなかった場合の利益の差として，次の式で表される．

$$(R - C) - (r - c) \tag{3}$$

両社は，先に述べたように情報が対称的で再交渉をめぐって合理的な期待をもつ．それゆえ，両社の事後的な利益の配分はナッシュの交渉解[20]により，50：50 となると考えてよい．このとき，企業 M_2 の企業 M_1 への販売額 p は，

市場価格での販売額 q に両社が取引をした場合のメリットの $1/2$ を加えた額になる。

$$p = q + \frac{1}{2}(R-r) - \frac{1}{2}(c-C) \qquad (4)$$

ここで，企業 M_1 と M_2 の粗利益の配分をそれぞれ π_1 と π_2 で表すと，式(4)より，それぞれ以下のようになる。

$$\pi_1 = R - p = r - q + \frac{1}{2}(R-C) - \frac{1}{2}(r-c) \qquad (5)$$

$$\pi_2 = p - C = q - c + \frac{1}{2}(R-C) - \frac{1}{2}(r-c) \qquad (6)$$

さらに，企業 M_1 と M_2 の投資額 i と e をも考慮したうえで，それぞれの純利益を考えると，式(5)と(6)からそれぞれ投資額 i と e を引いて得られる以下の式で，それぞれの純利益が表されることになる。

---

20) ハートの議論は，以下のようなナッシュ交渉解にもとづいて展開されている。ナッシュ交渉解とは，たとえば以下のような交渉問題に対する解のことである。いま，2人のプレイヤー A，B が交渉しているとする。もし2人が協調できず，交渉が打ち切られるならば，A は V_a の利得を獲得し，B は V_b の利得を得るとする。V_a と V_b は，威嚇点（threat point）と呼ばれる。これを基準点として，もし2人が協調し，交渉が成立するとすれば，2人の利得の合計は Y になるとする。協調した結果として，A の利得 U_a と B の利得 U_b はそれぞれどのようになるのか。この問題に対して，ナッシュは最終的に合意に至る解は，以下の4つの条件を公理として満たすべきだと考えた。(1)不変性，(2)効率性，(3)対称性，(4)解とは無関係な選択肢からの独立性という条件である。これらの条件の詳しい説明は専門書に譲り，これらのうち，とくに重要なのは「対称性」と「効率性」の条件であり，これは2人のプレイヤーがお互いの利益が等しくなる（対称性）ように，しかも最大となる（効率性）ように解を選択することを意味する。したがって，先の交渉問題に対するナッシュ交渉解は，以下のようにA，Bが協調して得られる最大利益（効率性）を50：50に折半する（対称性）ことを意味する。

$$U_a = \frac{1}{2}(Y - V_a - V_b) + V_a$$
$$U_b = \frac{1}{2}(Y - V_a - V_b) + V_b$$

$$\pi_1 - i = r - q + \frac{1}{2}(R-C) - \frac{1}{2}(r-c) - i \tag{7}$$

$$\pi_2 - e = q - c + \frac{1}{2}(R-C) - \frac{1}{2}(r-c) - e \tag{8}$$

ここで，企業 M_1 と企業 M_2 の両社は，それぞれ純利益を最大化するような最適な投資水準 i^{**} と e^{**} を選択するだろう。そのような最適投資水準 i^{**} と e^{**} は，式(7)を i について微分し，式(8)を e について微分して得られる次の条件を満たす i^{**} と e^{**} となる。

$$\frac{1}{2} R'(i) + \frac{1}{2} r'(i\,;\,A) = 1 \tag{9}$$

$$-\frac{1}{2} C'(e) - \frac{1}{2} c'(e\,;\,B) = 1 \tag{10}$$

これが不完備契約下での最適な投資 i^{**} と e^{**} の条件となる。つまり，セカンドベスト解の条件となる。

▶ 過少投資となるセカンドベスト解

これらの式(9)と(10)は，それぞれセカンドベストとしての投資水準 i と e が所有権の配分 A と B に依存していることを表している。これらの式を，先の2つの企業 M_1 と M_2 の資産 a_1 と a_2 に関する3つの所有権の配分パターンに従って表示すると，以下のようになる。

(1) 非統合：M_1 が a_1 を所有し，M_2 が a_2 を所有している所有権の配分パターン

$$\frac{1}{2} R'(i_0) + \frac{1}{2} r'(i_0\,;\,a_1) = 1 \tag{11}$$

$$-\frac{1}{2} C'(e_0) - \frac{1}{2} c'(e_0\,;\,a_2) = 1 \tag{12}$$

(2) タイプⅠの統合：M_1 が a_1 と a_2 の2つとも所有する所有権の配分パターン

$$\frac{1}{2} R'(i_1) + \frac{1}{2} r'(i_1\,;\,a_1,\ a_2) = 1 \tag{13}$$

$$-\frac{1}{2} C'(e_1) - \frac{1}{2} c'(e_1\,;\,\phi) = 1 \tag{14}$$

(3) タイプⅡの統合：M_2 が a_1 と a_2 の2つとも所有する所有権の配分パターン

図4.2 人的物的資産の所有と投資の関係

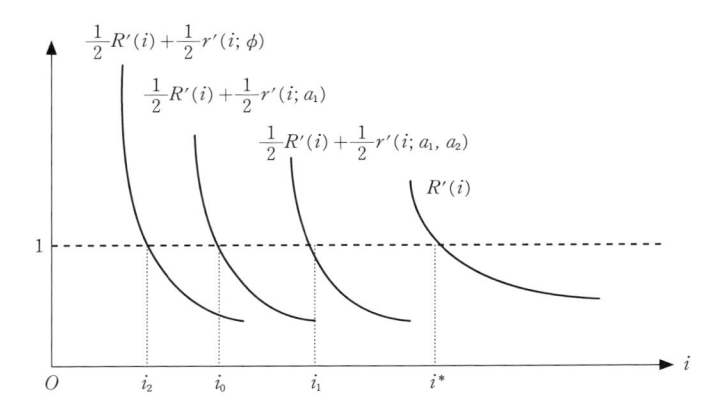

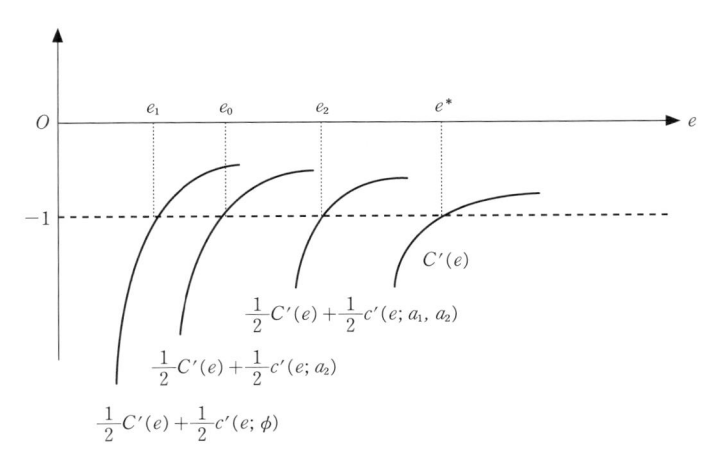

$$\frac{1}{2}R'(i_2) + \frac{1}{2}r'(i_2 ; \phi) = 1 \qquad (15)$$

$$-\frac{1}{2}C'(e_2) - \frac{1}{2}c'(e_2 ; a_1, a_2) = 1 \qquad (16)$$

これに対して，完備契約における最適投資 i^*，e^* の条件は，以下のとおりであった。

$$R'(i) = 1$$
$$-C'(e) = 1$$

4 所有権理論と経営戦略

仮定 2 から，それぞれが所有する人的資本と物的資産量が多ければ，投資 i も e も増大することが図 4.2 のように描かれる。

$$R'(i) > r'(i\;;\;a_1,\;a_2) \geq r'(i\;;\;a_1) \geq r'(i\;;\;\phi) \geq 0$$
$$-C'(e) > -c'(e\;;\;a_1,\;a_2) \geq -c'(e\;;\;a_2) \geq -c'(e\;;\;\phi) \geq 0$$

以上のことから，i，e の投資水準について，以下の不等式(17)，(18)が成り立つ。このことは，不完備契約上でのセカンドベストな投資水準 i^{**} と e^{**} は，常に最適な投資水準 i^* と e^* に対して過少投資となることを意味する。このことを直感的に説明すれば，こうである。もし企業 M_1 が少しだけ投資 i を増加させると，全体の収入は $R'(i)$ だけ増加することになるが，企業 M_1 の取り分は $\frac{1}{2}\left[R'(i)+r'(i\;;\;A)\right]$ しか増加せず，残りは M_2 のものとなる。このような状況では，企業 M_1 は M_2 を考慮せず自分のことだけを考えて行動するので，投資は最適水準よりも少なくなる。

$$i^* > i_1 \geq i_0 \geq i_2 \tag{17}$$
$$e^* > e_2 \geq e_0 \geq e_1 \tag{18}$$

さらに，この式は一方が他方の資産を所有したとき，投資インセンティブが最も高く，次にそれぞれが分離して資産を所有している状態，そして最も投資インセンティブが低いのは資産を相手に取られたときであることを示している。

▶ セカンドベストな所有権の配分

最後に，より良いセカンドベスト解がどのように選択されうるのかを説明する。両社によってファーストベストの投資額は選択されなくても，セカンドベストとして純利益の合計ができるだけ大きくなるような，よりファーストベストに近い資産をめぐる所有権の配分とはどのようなものか。ハートは，セカンドベストとしての所有権の配分について考察し，以下のようないくつかの命題を導き出した。

(A) もし，企業 M_2 の投資判断 e が（M_1 の投資判断 i が）非弾力的ならば，タイプ I の統合（タイプ II の統合）が最適である。

企業 M_2 がどのような所有権構造であっても，50：50 のナッシュ交渉解に伴って同じ投資水準 $e=\bar{e}$ を選ぶとき，このような企業 M_2 の投資判断は「非弾力的」であると呼ぶことにしよう。このとき，企業 M_2 の投資は $e_2=e_0=e_1=\bar{e}$（一定）となるのに対し，企業 M_1 の投資は $i_1 \geq i_0 \geq i_2$ となる。それゆえ，企業 M_1 がすべての資産を所有するタイプⅠの統合がセカンドベストとして最適な所有権の配分となる。これは，投資決定がインセンティブによらない企業には所有権を与える意味がないということである。逆に，企業 M_1 の投資判断 i が非弾力的ならば，すべての資産のコントロール権を企業 M_2 に与えることがセカンドベストとして最適な所有権の配分となる。

(B) M_2 の投資（M_1 の投資）が相対的に非生産的な場合，タイプⅠの統合（タイプⅡの統合）が最適である。

企業 M_2 の投資水準 e が企業 M_1 に対する関係性において重要でない場合，その投資を「非生産的」と呼ぶことにしよう（企業 M_1 についても同様）。この場合，投資 e が非生産的で重要でない企業 M_2 に資産の所有権を与えても意味がない。それゆえ，企業 M_1 がすべての資産を所有するタイプⅠの統合（企業 M_2 がすべての資産を所有するタイプⅡの統合）がセカンドベストとして最適となる。

(C) M_1 の資産と M_2 の資産が独立的であるならば，非統合が最適である。

2つの資産 a_1 と a_2 が相互に独立であることを，$r'(i;a_1,a_2) \equiv r'(i;a_1)$ および $c'(e;a_1,a_2) \equiv c'(e;a_2)$ と定義する。この場合，投資 i については非統合とタイプⅠの統合は同じことになるので，e の条件により $e_0 \geq e_1$ となる。逆に，投資 e については，非統合とタイプⅡの統合は同じことになるので，i の条件から $i_0 \geq i_2$ となる。したがって，この場合，非統合がセカンドベストとして最適となる。

このことをより具体的に説明すれば，こうである。企業 M_2 から企業 M_1 へ資産 a_2 の所有権を移動させる場合，両者が合意に達していない不完備契約状態では資産 a_1 と a_2 が相互に独立的で，一緒に所有する効果が期待できなければ，投資は企業 M_1 の限界収入に効果をもたらさない。一方，企業 M_2 にとっ

て資産 a_2 の所有権の移転は限界収入に著しいマイナス効果を生み出すだろう。というのも，企業 M_2 は資産 a_2 なしではごくわずかの成果しかあげられないからである。それゆえ，企業 M_2 から企業 M_1 へ資産 a_2 の所有権を移転させることは，企業 M_1 の投資額 i を一定に保つが，企業 M_2 の投資額 e を減少させ，全体の総利益も減少させてしまう。したがって，資産が相互に独立的であるならば，非統合がよい選択となる。

(D) M_1 の資産と M_2 の資産が厳密に補完的であるならば，統合がよい。

まず，2つの資産が厳密に補完的ということを，数学的に $r'(i;a_1) \equiv r'(i;\phi) \geq 0$ あるいは $c'(e;a_2) \equiv c'(e;\phi)$ と定義する。この場合，前者の定義から投資 i の水準については非統合と企業 M_2 によるタイプIIの統合は同じことになるので，e の条件により $e_2 \geq e_0$ となり，企業 M_2 によるタイプIIの統合が非統合よりもよいという結論になる。また，後者の定義から投資 e の水準については企業 M_1 によるタイプIの統合がよいという結論になる。いずれにしても，非統合よりも統合がよいという結論になる。

換言すると，企業 M_2 から企業 M_1 へと資産 a_2 の所有権を移動させる場合，資産 a_1 と資産 a_2 が厳密に補完的ならば，投資によって資産 a_2 から企業 M_1 の限界収益は増加する。しかも，投資が生み出すリターンは両社の駆け引きなくして増加する。他方，企業 M_2 にとっては，資産 a_2 は資産 a_1 と厳密に補完的なために，それなしには有効ではなく，両者の合意がない状態のもとで資産 a_2 の所有権を移転しても企業 M_2 のリターンは変化しない。したがって，所有権を移せば全体でより多くの利得が得られることになり，統合のほうが非統合よりも望ましいことになる。

(E) もし M_1（M_2）の人的資本が必要不可欠ならば，タイプI（タイプII）の統合が最適である。

もし，$c'(e;a_1,a_2) \equiv c'(e;\phi)$ ならば，企業 M_1 の人的資本は必要不可欠であるとしよう。逆に，$r'(i;a_1,a_2) \equiv r'(i;\phi)$ ならば，企業 M_2 の人的資本は必要不可欠であるとする。もし一方の会社の人的資本が欠けており，資産 a_1 と資産 a_2 の存在が，他方の会社の投資による限界収入を高めることがなけ

れば，一方の会社の人的資本は必要不可欠である。もし企業 M_1 の人的資本が必要不可欠ならば，$e_0=e_1=e_2$ で，かつ $i_1 \geq i_0 \geq i_2$ により，企業 M_1 によるタイプ I の統合が最適である。同様に，企業 M_2 の人的資本が必要不可欠ならば企業 M_2 によるタイプ II の統合が最適となる。

換言すると，もし企業 M_1 の人的資本が必要不可欠であるならば，資産の所有権を企業 M_2 から企業 M_1 へ移転しても企業 M_2 の投資へのインセンティブに効果はない。なぜなら，企業 M_2 の収入は企業 M_1 の人的資本がない状況では，企業 M_2 が保有している資産に依存しないからである。しかしながら，この所有権の移転には何らかのベネフィットはあるかもしれない。もし企業 M_1 がすべての資産を保有するならば，企業 M_1 の投資へのインセンティブが増えることはありうるからである。命題(B)と(E)ともに，重要な資産または重要な人的資本を保有する会社が所有権をもつべきであると要約できることに注目する必要がある。

(F) もし，M_1 の人的資本と M_2 の人的資本の双方が必要不可欠ならば，すべての所有権構造は無差別によい。

もし企業 M_1 と企業 M_2 の人的資本の双方が必要不可欠ならば，$i_0=i_1=i_2$ かつ $e_0=e_1=e_2$ となる。それゆえ，組織の形式は関係がない。これは，もし企業 M_1 と企業 M_2 がどちらも必要不可欠な人的資本を所有していれば，両社の投資はお互いの合意がない状況において収入をもたらさないので，所有権構造は重要ではないということである。

練習問題

1. 残余コントロール権とはどのような権利か。具体的に説明しなさい。
2. ハートによると，企業はどのような存在なのか。
3. ある企業が別の企業を買収する場合，事前の分析では買収することは効率的と判断されたが，買収後の状態は非効率となる場合がある。なぜか。所有権理論にもとづいて議論しなさい。

5

所有権理論と組織・戦略の不条理

　最後に，不条理な現象を説明する理論として所有権理論を再解釈してみよう。所有権理論によると，資源の所有関係をめぐる不明確さによってもたらされる資源の非効率的で，不正な利用と配分が分析されうる。そして，この理論によって個別効率性と全体効率性が一致しないような不条理現象[21]つまり全体効率性を捨てて個別効率性を追求する人間行動が説明されうる。

5-1　不条理をもたらす所有権

　所有権理論でも，取引コスト理論やエージェンシー理論と同様に，人間は自己利益を追求するが，人間の合理性は限定されており，人間は限定合理的にしか行動できないと仮定される。そのため，人間は財のもつ多様な特質を認識できず，その特質をめぐる所有権をだれかに完全に明確に帰属させることはできない。

　このような不明確な所有関係のもとでは，財の使用によってもたらされるプラス・マイナス効果をだれにも帰属できないような無責任な事態が生ずる。たとえば，公害のように，非効率で非倫理的なマイナスの結果がまったく関係のない人々に帰属させられる可能性がある。また，ゴミ問題のようにだれにこのマイナス効果を帰属させればよいのかわからない場合もある。このようなマイ

---

[21]　不条理な現象の新制度派経済学分析については，菊澤［2000］に詳しい。このような現象が起こる所有権理論の原理については，Demsetz［1967］に詳しい。

ナス効果はマイナスの「外部性」と呼ばれ，その責任が問われるべき所有主体が不明確なために，たれ流し状態になる。

ここで，財をより効率的に利用するためには，財をめぐる所有権をだれかに明確に帰属させ，外部性を内部化するような何らかの制度や法律が必要となる。しかし，このような制度や法律を形成するにはコストがかかる。このコストを考慮すると，以下のように，個別効率性と全体効率性が一致しないような不条理が発生する。すなわち，もし所有権を明確にするような制度を形成するコストがあまりに高く，その制度が生み出すベネフィットよりもその形成コストが大きいならば，たとえマイナスの外部性が発生し，まったく無関係な人々に迷惑をかけ続けることになるとしても，何もしないほうが経済学的には効率的となる。

5-2 捕虜大量虐殺の不条理

このような所有権理論によって，しばしば歴史上に現れる軍隊による捕虜や占領地住民の大量虐殺という不条理な現象が決して人間の非合理性によってもたらされるものではないことが説明されうる。

いま，ある国の軍隊が他国を占領し，その住民や兵士を捕虜にしたとしよう。ここで，人間が完全合理的ならば，捕虜や住民などの人的資源を最も効率的に利用する方法は，彼らを完全に支配し，あたかも奴隷のように強制的に労働させることである。

しかし，人間は限定合理的なので，捕虜や住民がどのような生産能力をもち，どれだけの食事と睡眠を与えれば，最適に働くのかを十分に知ることができない。つまり，人間は人間を奴隷として完全に所有することはできない。それゆえ，捕虜や住民に食事や睡眠を十分与えても，彼らは巧妙に手を抜いたり，仮病を使ったりして適切に働かない可能性がある。つまり，与えるだけで何も返ってこないという意味で，占領軍にとってマイナスの外部性が発生する可能性がある。

このような外部性を内部化し，捕虜や住民を効率的に利用するために，占領

軍が捕虜や住民の能力や行動を厳密に調査し監視を続けるには，あまりにもモニタリング・コストが高い。また，何もしないで，捕虜や住民をただ生かしておけば，食事などの生活維持費だけがいたずらに増加し続けることになる。

このような状況では，占領軍にとって捕虜を維持するコストを節約する最も効率的な方法の1つは，捕虜や住民を虐殺し，捕虜の所有自体を放棄するという社会的に最も非効率で非人道的な方法となる。このように，人間を奴隷として所有しようとすると，人間は合理的に残虐な大量虐殺へと導かれるという不条理に陥る可能性が常にあるといえるだろう。

これに対して，奴隷の大量虐殺という不条理を回避し，逆に奴隷解放に導かれていったのが米国である。バーゼル（Barzel [1989]）は，米国の奴隷制をめぐる興味深い歴史的パズルに注目し，このパズルを所有権理論を用いて解いてみせた。

彼が見出した歴史のパズルとは，米国南部の奴隷が奴隷として所有されていたにもかかわらず，奴隷の中には奴隷としての契約を自ら購入し，自由を得ていた奴隷がいたという事実である。つまり，奴隷はその所有者の資産として所有され，彼ら自身何も所有していなかったにもかかわらず，なぜ奴隷が奴隷としての契約を購入することができたのか。バーゼルの議論は，以下のように再構成できる。

まず，奴隷もその所有者もともに効用最大化するように行動していたが，一方で所有者は奴隷から最大利益を得るために最大の生産性を期待し，他方で奴隷はできるだけ怠けようとしていた。しかも，奴隷も所有者もともに情報の収集，処理，そして伝達能力に限界があったので，実際には奴隷をめぐる所有関係は不明確で不完備であった。つまり，所有者は奴隷がもつ生産能力や奴隷が必要とする消費量を完全に測定し，知ることができなかった。それゆえ，奴隷がもつさまざまな特性をめぐる所有権は実際には所有者に帰属されることなく，多くは奴隷に帰属されたままであった。

このような不完備な所有関係のもとで，奴隷の所有者にとってマイナスの外部性が発生した。一般に，奴隷は自分の労働に対応する正当な成果や報酬を得ることができないという意味で，奴隷制度は常に奴隷にマイナスの外部性をもたらすものと思われるかもしれない。しかし，バーゼルによると，所有者が食

事を与えてもそれに対応して奴隷が十分働く保証はまったくなかった。それゆえ，むしろ所有者にマイナスの外部性が発生していた可能性もあるという。

このようなマイナスの外部性を内部化するために，所有者が奴隷の行動を徹底的に監視し，その成果を評価しようとすると，非常に高い内部化コストが発生する。また，暴力を振るって奴隷を強制的に働かせようとすると，高い値段で購入した奴隷を殺してしまう恐れもあり，それは所有者にとって多大な資産の損失となる。

こうした状況で，米国の奴隷所有者たちが考え出した方法は，奴隷にさまざまな権利を与えることであった。より具体的にいえば，所有者たちは奴隷に生産物の一部を与えたり，お金を与えたり，自由時間を認めたりして，マイナスの外部性を内部化した。それゆえ，奴隷の一部は徐々に富を蓄積することができ，結果的に奴隷契約自体を購入するものが現れた。こうして，リンカーンの奴隷解放を待つことなく，米国では奴隷制度はすでに自滅していたということ，これがバーゼルの説明である。

5-3 連帯責任制度の不条理

さて，不条理現象はもちろん現代の企業組織においても発生する。たとえば，メンバーのだれかが問題を起こした場合，それがメンバー全員の責任となるような日本ではおなじみの連帯責任制度について考えてみよう。

この制度は，もしメンバーのだれか1人でも悪しき行動をとり，それが発覚するならば，その人間の責任が問われるだけでなく，何も悪いことをしていない他のメンバーもまた罰せられるというマイナスの外部性を生み出すあいまいな所有権構造の一種なのである。

とくに，このような連帯責任制度的な状況に置かれているのは，公務員や有名な大企業の従業員たちである。というのも，もし1人の公務員あるいは1人の従業員が不祥事を起こしたならば，日本ではその批判は当人だけではなく，その所属省庁あるいはその所属の有名企業全体がマスコミをとおして世間から批判されるような状況に置かれているからである。

ここで，もしすべてのメンバーが完全合理的ならば，連帯責任制度のもとでは各メンバーは他人に迷惑をかけないように（マイナスの外部性を出さないように）事前に自己統治しようとするだろう。また，他のメンバーも互いに悪しき行動をとらないように（マイナスの外部性を避けるために）事前に相互に監視し合うだろう。それゆえ，このような連帯責任制度にもとづく組織ではマイナスの外部性は抑制され，不祥事も未然に抑止され，効率的に集団的な生産性を得ることができるだろう。

　しかし，実際には，すべての人間は限定合理的である。それゆえ，人間はすべての失敗を事前に予測できないし，事前に抑止することもできない。どんな人間も不完全なのであり，必ず一度は失敗する。しかも，それが違法で不正なものであることに気づくのにも時間がかかる。

　ここで，もし連帯責任制度のもとであるメンバーが失敗を犯し，それを合法的にあるいは良心に従って公表すれば，組織メンバー全員に迷惑がかかることになり，組織全体にとってコストは最大になるだろう。これに対して，違法であれ不正であれ，世間の人々の不備につけ込んで失敗を隠蔽できれば，組織全体にとってコストは最小となる。したがって，この場合当該メンバー個人は，たとえ社会的には不正で非効率であろうと，失敗を隠し続けたほうが，自分にとっても個別組織にとっても効率的で正当になるといった不条理に導かれることになる。

　同様に，メンバーが自らの不正や失敗を組織のリーダーに相談したとしよう。彼もまた監督責任制度という一種の連帯責任制度のもとに置かれているため，同じような不条理に導かれることになる。もし部下の失敗を公表すれば，自らの地位が危機にさらされるとともに組織の存続も危なくなる。これに対して，もし人間の不備につけ込んで失敗を隠蔽することができれば，たとえそれが社会的に違法で不正であれ，自らと組織全体が負担するコストは低い。したがって，この場合，組織的隠蔽工作を行うことが効率的となるといった組織の不条理が発生する。

Column 4-3　不条理を回避したジャワ占領統治の所有権理論分析

　歴史上，しばしば軍事力を背景にして一切の権利を認めずに占領地住民や捕虜を独裁的に統治する軍事独裁統治が展開されてきた。もし人間が完全合理的ならば，人間は捕虜や住民を奴隷として効率的に利用できるかもしれない。そのため，軍事独裁統治は，たとえそれが非倫理的で不当な方法だとしても，効率性の観点からすれば，最も効率的な人的資源の利用と配分の方法となる。

　しかし，どんな人間も神のように完全合理的ではない。人間は人間のもつ多様な能力を十分知ることはできない。それゆえ，人間は人間を所有し支配しようとしても，完全に所有することはできない。それにもかかわらず，人間があたかも完全合理的であるかのように人間を奴隷として扱おうとすると，逆に奴隷にだまされ，食事や睡眠だけを与えて，奴隷のサボりや手抜きを許すことになる。支配者は奴隷に搾取され，多大なコストを負担することになる。

　このコストがあまりに大きい場合，このコストを節約する合理的な方法の1つとして歴史的に採用されてきた方法が，奴隷や捕虜の大量虐殺という最も非効率で非倫理的な方法である。つまり，所有自体を放棄し，人的資源を破壊してしまうことである。

　このような不条理を回避するためには，自らが限定合理的であることを明確に認識し，逆に権利の一部を奴隷や捕虜に与え，働けばそれだけメリットが発生するような形で彼らのインセンティブを高めるような穏健統治を展開する必要がある。

　このような軍事穏健統治を展開した典型的事例が，太平洋戦争における今村均中将によるジャワ軍政である。今村中将を司令官とするジャワ軍政は，軍事史上，これまで心情的あるいは倫理的にしか評価されてこなかった。しかし，その統治は経済学的にも効率的な方法であったといえる。

　彼は，軍上層部が指示したように住民や捕虜に強制労働や日本文化を押しつけることなく，逆に住民や捕虜にできるだけ多くの権利を与え，彼らの主体性を引き出そうとした。

　文化統治　　たとえば，今村はインドネシア人の文化をオランダ人のように独裁的に無視することなく，できるだけ彼らの文化慣習を尊重するように統治した。当時の日本軍はよく人の頭を殴る悪い癖があった。しかし，頭に神が宿ると信じるインドネシア人に対して，今村はこのような行為を訓示を出して禁止した。また，ジャワ攻略後，首都をオランダ名のバタビアの替わりに日本名にするという提案があった。しかし，今村はこれをやめ，逆にインドネシアの旧名であるジャカルタに改名した。さらに，日本兵の慰霊塔や日本の神社の建築も提案されたが，ジャワ住民の心情を考慮して，これもまた戦後を待つという形で自粛された。さ

らに，言語も公用語とされていたオランダ語を禁止し，インドネシア語を統一語とした。

教育統治　　また，今村はインドネシア人に対して多大な教育投資を行った。日本軍政のもとに，小学校，実業学校，官吏学校，師範学校，工業学校，商船学校，医科大学，そして農林大学等が設立され，約10万名のエリートが教育された。また，日本軍の宣伝班をとおして日本の体操や日本語学校も流行した。このような教育への投資は，決して強制的なものではなかった。むしろ，インドネシア人の熱望によるものであった。というのも，このような教育への投資は日本軍にとっては多大な負担であり，軍中央はジャワ住民への教育投資にはかなり批判的であった。

産業統治　　さらに，今村はインドネシアの資源開発と工場建設も進めた。また，農業関係では品種改良と耕作法改良によって農産物を増産し，綿の研究も進めた。そして，これまで水の国オランダ軍でも不可能であった水害対策のための河川の土木工事も成功させた。これら一連の産業政策は，軍事独裁的に一切の権利を認めず住民に強制労働を強要して実施したのではなく，多くの権利を住民に与えて，まさしく住民と協力して展開した。

政治統治　　そして，今村は民族主体の統治を展開するために，当時，オランダ政府によって政治犯として孤島に軟禁されていたバンドン工科大学教授スカルノを解放し，民族自主化統治の協力を要請した。その際，今村は「協力されるかどうかはあなたの自由である。たとえ，拒否されたとしても，あなたの名誉と財産と生命は守ります」と真摯な申し出をしたといわれている。その後，1942（昭和17）年秋にスカルノを中心とするインドネシア人の日本軍政協力団が発足した。スカルノは，日本のジャワ軍政に協力しつつ，日本軍から政治および軍事的知識を学び，民族独立を目指すことになった。そして，1943（昭和18）年4月には，衆議院が開設されるまでに至った。

以上のように，今村均は軍事独裁ではなく自由放任でもない，民族主体の穏健統治をジャワで展開した。このような彼の穏健統治によって，ジャワでは日本軍の監視コストは大幅に削減され，住民や捕虜のインセンティブは高められ，占領地の生産性は急速に上昇していった。

このように，ジャワ軍政では，完全合理性の妄想にとらわれることなく，自らが限定合理的であることを十分自覚していた今村中将によって，独自の穏健軍政が展開された。このような統治によって，ジャワ軍政では不条理は回避され，占領軍と住民と捕虜との間には新しい関係が形成された。ここに個別効率性と全体効率性の一致がみられる。

＊参考文献　菊澤［2000］，防衛庁防衛研修所戦史室［1967］

練習問題

1 どのような所有状況では、不条理な現象が発生するのか。
2 所有権にかかわる不条理な現象の具体的例を挙げなさい。

第4章の参考文献

Alchian, A. A. [1977] *Economic Forces at Work*, Liberty Press.
Alchian, A. A. and H. Demsetz [1972] "Production, Information Costs, and Economic Organization," *American Economic Review*, 62 : 777-795.
Barzel, Y. [1989] *Economic Analysis of Property Rights*, Cambridge University Press.
Berle, A. A. and G. C. Means [1932] *The Modern Corporation and Private Property*, Commerce Clearing House.（北島忠男訳『近代株式会社と私有財産』文雅堂書店，1985年）
防衛庁防衛研修所戦史室［1967］『戦史叢書　蘭印攻略作戦』朝雲新聞社。
Coase, R. H. [1960] "The Problem of Social Cost," *Journal of Law and Economics*, 3 : 1-44.
Coase, R. H. [1988] *The Firm, the Market, and the Law*, University of Chicago Press.（宮沢健一・後藤晃・藤垣芳文訳『企業・市場・法』東洋経済新報社，1992年）
Demsetz, H. [1964] "The Exchange and Enforcement of Property Rights," *Journal of Law and Economics*, 7 : 11-26.
Demsetz, H. [1967] "Toward a Theory of Property Rights," *American Economic Review*, 57 : 347-359.
Demsetz, H. [1988] *Ownership, Control, and the Firm*, Vol.1 of the Organization of Economic Activity, Basil Blackwell.
Demsetz, H. [1995] *The Economics of the Business Firm : Seven Critical Commentaries*, Cambridge University Press.
Demsetz, H. and K. Lehn [1985] "The Structure of Corporate Ownership : Causes and Consequences," *Journal of Political Economy*, 93 : 1155-1177.
Eggertsson, T. [1990] *Economic Behavior and Institutions*, Cambridge University Press.（竹下公視訳『制度の経済学――制度と経済行動（上・下）』晃洋書房，1996年）
Furubotn, E. G. and S. Pejovich [1972] "Property Rights and Economic Theory : A Survey of Recent Literature," *Journal of Economic Literature*, 10 : 1137-1162.

Hart, O. D. [1990] "An Economist's Perspective on the Theory of the Firm," Williamson, O. E. (ed.), *Organization Theory : From Chester Barnard to the Present and Beyond*, Oxford University Press. (飯野春樹監訳『現代組織論とバーナード』文眞堂, 1997年)

Hart, O. D. [1995] *Firms, Contracts, and Financial Structure*, Oxford University Press.

Hofstede, G. [1994] *Cultures and Organizations : Software of the Mind*, Profile Business.

伊藤秀史・林田修・湯本祐司 [1992]「中間組織と内部組織——効率的取引形態への契約論的アプローチ」『ビジネス・レビュー』第39巻第4号, 34-48頁。

伊藤秀史・林田修 [1997]「分社化と権限委譲——不完備契約アプローチ」『日本経済研究』第34号, 89-119頁。

伊藤秀史・菊谷達弥・林田修 [1997]「日本企業の分社化戦略と権限委譲——アンケート調査による分析」『通産研究レビュー』第10号, 24-59頁。

Jones, G. R. [1983] "Transaction Costs, Property Rights, and Organizational Culture : An Exchange Perspective," *Administrative Science Quarterly*, 28 : 454-467.

菊澤研宗 [1997]「日米独企業組織の所有権理論分析——日本型組織の効率性と外部性」『日本経営学会誌』創刊号, 13-22頁。

菊澤研宗 [2000]『組織の不条理——なぜ企業は日本陸軍の轍を踏みつづけるのか』ダイヤモンド社。

Libecap, G. D.[1993]*Contracting for Property Rights,* Cambridge, University Press.

Milgrom, P and J. Roberts [1992] *Economics, Organization, and Management*, Prentice Hall. (奥野正寛・伊藤秀史・今井晴雄・西村理・八木甫『組織の経済学』NTT出版, 1997年)

North, D. C. [1990] *Institutions, Institutional Change and Economic Performance*, Cambridge University Press. (竹下公視訳『制度・制度変化・経済成果』晃洋書房, 1994年)

Pejovich, S. [1995] *Economic Analysis of Institutions and Systems*, Kluwer Academic Publishers.

Picot, A. and B. Wolff [1994] "Institutional Economics of Public Firms and Administrations : Some Guideline for Efficiency-oriented Design," *Journal of Institutional and Theoretical Economics*, 150 : 211-232.

Polinsky, A. M. [1989] *An Introduction to Law and Economics*, Little, Brown.
清水克俊・堀内昭義［2003］『インセンティブの経済学』有斐閣。

第5章

新しい組織の経済学アプローチ

　これまで新制度派経済学の名のもとに展開されてきた主要な組織の経済理論として取引コスト理論，エージェンシー理論，所有権理論について説明してきた。最後に，組織の経済学の名のもとに，今後さらに発展していくと思われる有力なアプローチを紹介したい。すなわち，進化経済学アプローチ，行動経済学（経済心理学）アプローチ，法と経済学アプローチ，そしてゲーム理論アプローチである。
　ここでは，これらのアプローチの違いを理解してもらうために，それぞれの理論を簡単に紹介するとともに，それぞれの理論によってどのように企業間関係が分析されうるのかを例示してみたい。

1

進化経済学と企業間関係

　これまで，企業組織研究に進化論的な考えを取り入れた議論は多く展開されてきた。その中でも，ネルソン＝ウインター（Nelson and Winter [1982]）によって展開された進化経済学（evolutionary economics）の議論ほど注目された議論はない。以下，このネルソン＝ウインターの進化経済学の骨子を紹介してみたい[1]。

1-1　ルーティン集合としての企業組織

| ルーティンの種類 |

　ネルソン＝ウインターによると，組織は「ルーティン（routine）」というキー概念によって表される。ルーティンとは，規則的で予測可能な行動パターンを意味する。たとえば，企業組織には，固有の生産活動をめぐるルーティン，広告宣伝活動をめぐるルーティン，雇用と解雇をめぐるルーティン，そして企業戦略をめぐるルーティンなどがある。このように，さまざまなルーティンが企業組織には存在しているが，彼らによると，以下のように基本的に3つに区別される。

(1)　**企業の操業上の特質をめぐるルーティン**　このルーティンは，短期的に一定とされる生産要素のもとで，企業が日常的に行うことに関連しているルーティンである。たとえば，企業組織では一般に固有のルーティンに従って研究

---

　1)　ネルソン＝ウインターの進化経済学の容易な説明については，Vromen [1995]，Douma and Schreuder [1991] を参考にされたい。

開発（R&D）の方針が決定され，固有のルーティンに従って生産活動が行われている。また，固有のルーティンに従って人事が展開され，固有のルーティンに従って投資もなされている。

(2) **企業の資本ストックをめぐるルーティン**　このルーティンは，短期的に一定とされる生産要素（資本ストック）自体が長期的に変化するパターンに関するルーティンである。たとえば，設備投資に関するルーティンなどがこれである。

(3) **ルーティン自体を修正するルーティン**　企業組織には，既存のルーティンそれ自体を修正するより高次のメタ・ルーティンが存在している。企業では，既存のルーティンをめぐって問題が発生した場合，新しいルーティンを探求しようとする。その際，依存するルーティンがメタ・ルーティンである。

以上のようなルーティンの束から企業組織は構成されていると考える点が，ネルソン゠ウインターの企業論の特徴である。

| ルーティンの性格 |

さらに，これらルーティンの性格は，一般に以下のように人間が自転車に乗ったり，コンピュータを操作したり，そしてテニスをしたりするような個人的スキルに似ているとされる。

(1) 人間は自転車に乗り始めの頃，細かい動作すべてに注意を払う。しかし，自転車に慣れてくると，動作はプログラム化され，自然に自転車に乗れるようになる。このとき，自転車に乗ることはすでにスキルになっている。組織のルーティンも，このようなスキルに似ている。

(2) また，自転車に乗るといった自動的プログラムを，人間は完全に明確に言葉で語ることはできない。そこには，常に言葉では語れない「暗黙知」が存在している。この点でも，個人的スキルと組織ルーティンは似ている。

以上のように，もし企業組織が個人的スキルに似たルーティンの集合だとすれば，オーソドックな新古典派経済学が説明してきたように，組織行動は熟慮を重ねた選択的意思決定の結果ではなく，むしろこれら多様なルーティンによって大部分が決定されていることになる。

つまり，組織がルーティンに従って行動している場合，何も選択なされていないような状態に近くなる。自転車に乗っていて赤信号になったとき，人間は十分熟慮して行動選択しているわけではない。人間は，自然に速度をゆるめ，

停止する。同様に，組織内でも組織メンバーの行動はルーティンに従って自動的に行われており，オーソドックスな経済理論が説明するように熟慮して最適な行動を選択しているわけではない。

組織行動は，このようなルーティンに左右されるのであって，オーソドックスな経済理論がいうほど選択の役割は重要ではない。これが，ネルソン＝ウインターの基本的な考えなのである。

ルーティンの役割　では，ルーティンは組織内でどのような役割を果たすのか。ネルソン＝ウインターによると，ルーティンは主に2つの重要な役割を果たす。

(1) まず，ルーティンは組織的「記憶」として役に立つ。彼らによると，組織は行動することによって多くのルーティンを記憶する。もしルーティンが利用されないならば，記憶が薄れるように，ルーティンもまた衰える。というのも，組織はそのようなルーティンを実行する能力を失ってしまうからである。換言すると，組織メンバーは，そのルーティンを実行するスキルを失ってしまうのである。また，メンバー間に人事異動が頻繁に起こると，組織的記憶はいっそう危機にさらされる。

(2) 次に，ルーティンは組織内での利害対立やコンフリクトを休止（trace）させる役割を果たす。ネルソン＝ウインターによると，組織は最大化原理に従っているのではなく，サイモン（H. A. Simon）が主張したように満足化原理に従っている。メンバーが満足化原理のもとにルーティンに従って行動している限り，たとえメンバー間に利害対立やコンフリクトが潜在的に存在していたとしても，それは顕在化しない。ルーティンは組織内を安定させる力となり，組織内のコンフリクトを休止させる役割を果たすことになる。それゆえ，もしルーティンが変更されるならば，組織内の政治的均衡が崩れ，潜在的な利害対立やコンフリクトが顕在化することになる。

以上のようにルーティンは，(1)組織内では組織的記憶の役割と，(2)利害対立やコンフリクトを休止させる役割を果たすことになる。

1-2　ルーティンの突然変異と淘汰

　さて，遺伝子の構造自体が部分的に潜在的な突然変異を決定するように，組織のルーティン構造自体が突然変異を部分的に決定する。ネルソン゠ウインターによると，ルーティンの突然変異は，(1)偶然か，(2)熟慮の結果としてもたらされる。人事異動によってルーティンの突然変異が発生する。これは偶然による突然変異である。

　これに対して，熟慮によるルーティンの突然変異は，問題解決をめぐる活動によって生み出される。問題が発生すると，組織内では初めは解決案が既存のルーティンの近傍で探索されることになる。ルーティンをめぐってさまざまな変化が発生しうるが，組織内ではより抵抗の少ない道筋をたどるケースが多い。つまり，既存のルーティンに近接しているところにルーティンの変化をとどめることが，組織的な休止状態を攪乱させないのであり，それが変化の成功確率を高めることになる。しかも，そのようなルーティンの変化は，企業組織がこれまで収集し蓄積してきた暗黙知や経験から学んだものを十分引き出すことができ，組織にとって受け入れやすい。

　このように，ルーティンの突然変異は，偶然によって起こる場合もあるし，問題が発生し，熟慮し，新しいルーティンの探索過程でも発生する。このような突然変異を起こしたさまざまな組織的ルーティンに対して，環境による淘汰は成功的なルーティンに対して好意的である。ここで，成功的なルーティンとは，企業により多くの利益をもたらすルーティンである。このようなルーティンを可能な限り複製することは，企業にとって望ましいことである。

　以上のような変化と淘汰は，同時進行的で相互作用的である。これらの変化と淘汰の相互作用によって，一方で企業は新しい産業条件に適応するようにルーティンを変化させ，進化しようとする。他方，成功的なルーティンは累積的に企業内に保持されることになる。

1-3　企業間取引の進化プロセス

　以上のようなネルソン゠ウインターの進化経済学によって企業間取引をめぐる進化プロセスは，どのように説明されうるのだろうか。以下，事例を示してみよう。

　(1)　まず，ネルソン゠ウインターに従い各企業は利潤最大化原理ではなく，満足化原理に従って偶然あるいは模倣によって多様なルーティンにもとづく多様な企業間関係を展開しているとしよう。たとえば，ある企業は自由な市場取引をルーティンとしているかもしれないし，別の企業では1対1の継続的で固定的な組織取引がルーティンとして展開されているかもしれない。また，同じ企業内でも，ある部門では市場取引がルーティン化され，別の部門では組織取引がルーティン化されているかもしれない。

　(2)　これらのうち，たとえば市場取引をルーティン化していた企業や部門が失敗し，組織的取引をルーティン化していた企業が成功していることが広く知れわたると，この取引の仕方は他の企業や他の部門によって模倣されることになる。また，自由な市場取引をルーティン化していて失敗した企業や部門は問題を解決するために，既存のルーティンを変化させようとするだろう。

　(3)　しかし，模倣は常に完全ではなく，不完全であり，突然変異を含んでいる。中には，完全に1対1の固定的な組織取引をルーティン化できず，偶然，特定の2，3社と取引するような組織的でも市場的でもない中間的な取引をルーティン化する企業が出現するかもしれない。あるいは，問題を解決する過程で，市場取引の特徴を残しつつ，そのような中間的な取引に徐々にシフトしていく企業や部門が出現するかもしれない。

　(4)　そして，結果的に組織的な取引とともに，このあいまいな中間組織的な取引もまた社会システムによってより効率的なものとして選択されることになるかもしれない。こうした進化プロセスをとおして，日本では系列取引がルーティンとして支配的になった可能性があるといえる。

　これがネルソン゠ウインターによる進化経済学的な企業間取引関係の説明の

イメージである。このような進化経済学的議論の問題点は，現存しているものは常に効率的なものとみなされるため，この議論にもとづいて現状に対して政策案を提案できない点にある。

練習問題

1. ルーティンとは何か。具体例を用いて説明しなさい。
2. ルーティンの役割とはどのようなものか。
3. ルーティンの突然変異はどのようにして発生するのか。

行動経済学と企業間関係

　2002年にノーベル経済学賞を受賞したカーネマン，トヴァースキー（Kahneman and Tversky [1979]），セイラー（Thaler [1985]）らによって展開されたプロスペクト理論（prospect theory）にもとづく経済心理学（economic psychology），行動経済学（behavioral economics），とくに心理会計（mental accounting）[2]について説明してみたい。この分野は，今日，最も注目されている分野であり，今後，飛躍的に発展する可能性を秘めている分野である。

2-1　プロスペクト理論

　経済心理学の基礎の1つは，プロスペクト理論である。この理論は，基本的に人間は効用最大化するが，完全に合理的ではなく限定合理的であるという人間の心理的特性をより具体的に説明する理論である。
　まず，限定合理的な人間には，「レファレンス・ポイント（参照点）」があるとされる。それは，人間が物事を認識し，評価するときに参考にする主観的な点であり，それは1人ひとり異なっている。
　たとえば，Aさんは銀行でいつも5分待つことに慣れているとしよう。Aさんは5分を参考にして待たされた時間の長短を認識し，評価する。この場合，5分がレファレンス・ポイントであり，この5分を基軸にして「思ったよりも

2）　行動経済学については，多田 [2003] がわかりやすい。心理会計については，菊澤 [2006] に詳しい。

早かったので，得した」とか，「思ったよりも遅かったので，損した」などと考えることになる。

このレファレンス・ポイントを境に，自分の予想より高い水準の結果は「利益」と認識され，それが増加すれば得られるであろう価値や満足も増大する。他方，レファレンス・ポイントより低い水準の結果は「損失」として認識され，それが増えれば価値は減少し，不満足は増大する。

しかも，利益の増加率と満足の増加率は正比例しない。利益が増加すればするほど，価値や満足は逓減する。ただし，ここでいう「利益」と「損失」は，あくまでレファレンス・ポイントを基準とする相対的な利益と損失であって，絶対的な利益でも絶対的な損失でもないことに注意しなければならない。

また，限定合理的な人間にとっては，1単位の相対的利益の増加から得られる満足の大きさよりも，1単位の相対的損失によって発生する不満足のほうが大きい。言い換えると，人間は利益が出ているときはリスク回避的であるが，損失が出ているときにはリスク愛好的になるということである。

以上のような限定合理的な人間の特性は，図5.1の価値関数（v）で表される。

(1) 図5.1の中心点が，限定合理的な人間の主観的なレファレンス・ポイントである。この点よりも高い水準の結果が出ればそれは利益であり，その利益が大きければ満足も高まる。これに対して，レファレンス・ポイントよりも低い結果が出ればそれは損失であり，その損失が大きければ不満足も高くなる。

(2) また，図5.1のレファレンス・ポイントを境に，相対的利益が増加すればするほど，満足が比例的に高まるのではなく，逓減する。これが限定合理的な人間の特徴とされる「感応度逓減」である。

(3) さらに，図5.1では，利益が増加して得られる満足の度合いよりも，損失を生み出すことによって得られる不満足の度合いのほうが大きいという限定合理的な人間の「損失回避」の性格も描かれている。

以上のような限定合理的な人間の心理的バイアスを描き出す価値関数を用いると，一見，非合理にみえる行動も合理的なものとして説明できる。

たとえば，為替や株式を扱う投資家は一般に利益が十分上がらないうちに利

図5.1　価値関数

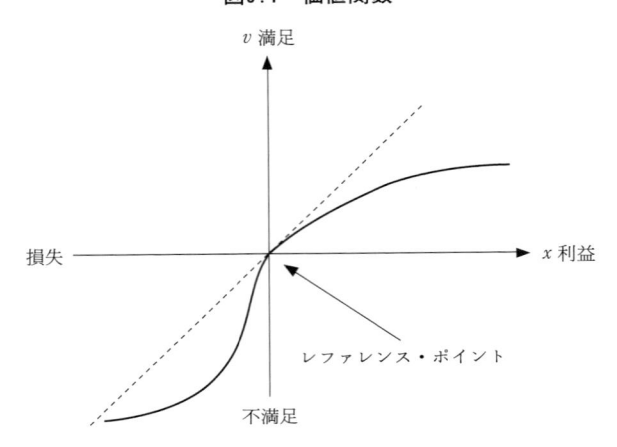

益を確定してしまう傾向があり，これに対して損失の確定は先送りする傾向があるといわれている。具体例を用いれば，ある日本人がドルを100万円分購入したとする。いま，ドルが上昇し，手持ちの100万円分のドルが120万円にまで上昇したとしよう。この場合，手持ちのドルをすぐに円に交換して20万円の利益を確定しようとする。しかし，ドルが下がり，100万円で購入したドル総額が90万円に下がった場合，投資家はそれを円に交換して10万円の損失を確定しようとはしない。しかも，なおドルが下がる可能性が高くても，円に交換しようとはしない。なぜか。

　このような行動は，一見，非合理にみえる。しかし，プロスペクト理論の価値関数によると，この行動は決して非合理な行動ではない。図5.2より，利益を出している場合，これ以上利益を出してもそれほど満足は高まらないので，利益を確定しようとする。しかし，損失を出した場合，少しでも損失が減ると，急速に不満は減少するのに対して，損失がさらに増加してもそれほど不満は高まらない。それゆえ，損失を出している場合，結果を確定しないで，そのままにしておくほうが合理的となる。このように，利益が出ている場合にはすぐに利益を確定しようとするが，損失を出しているときにはすぐに損失を確定しようとはしないという行動は決して非合理な行動ではないといえる。

　また，企業も成功しているビジネスを容易に売却することはできるが，損失

図5.2 価値関数と投資行動

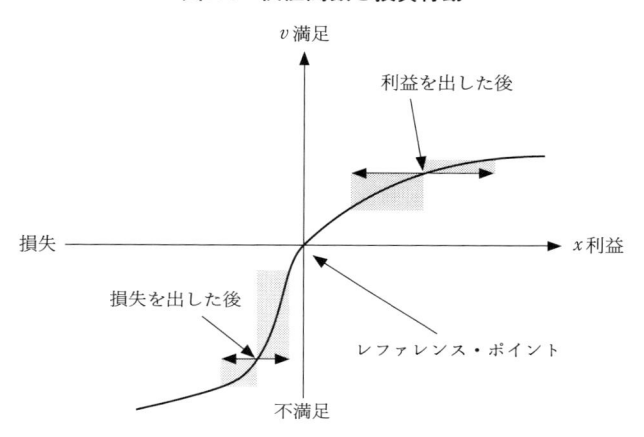

(図：縦軸 v 満足／不満足、横軸 x 利益／損失。S字型の価値関数曲線。原点はレファレンス・ポイント。第1象限上部に「利益を出した後」の領域、第3象限に「損失を出した後」の領域が示されている。)

を出しているビジネスから撤退したり，それを売却したりすることは非常に難しい．むしろ，そのようなビジネスにより多く投資してしまうケースが多い．このような行動も，一見，非合理にみえるが，価値関数に従う人間にとっては合理的な行動となる．

より具体的に説明すれば，いま2つのビジネスを展開している企業経営者について考えてみよう．第1のプロジェクトは，1000万円の損失が発生し，第2のプロジェクトでは1000万円の利益が発生しているとしよう．もしこの経営者が時間と労力を第1のプロジェクトに向けるならば，何とか1500万円の利益が見込めるとし，他方第2のプロジェクトに時間と労力を振り向けるならば，3000万円の利益が発生するとしよう．この場合，どちらに努力と時間を集中する必要があるのか．

合理的には第2のプロジェクトに経営者は労力と時間を集中すべきである．しかし，価値関数にもとづけば，経営者は第1のプロジェクトに時間と労力を集中する可能性がある．図5.4のように，第2のプロジェクトから3000万円の利益を生み出すよりも，図5.3のように第1のプロジェクトから1500万円の利益を生み出すほうが，経営者にとって満足 v は高くなるからである．

このように，社会的にみてまったく非合理な行動にみえる行動も，価値関数にもとづけばきわめて合理的な行動として分析することができる．

図5.3 第1のプロジェクト

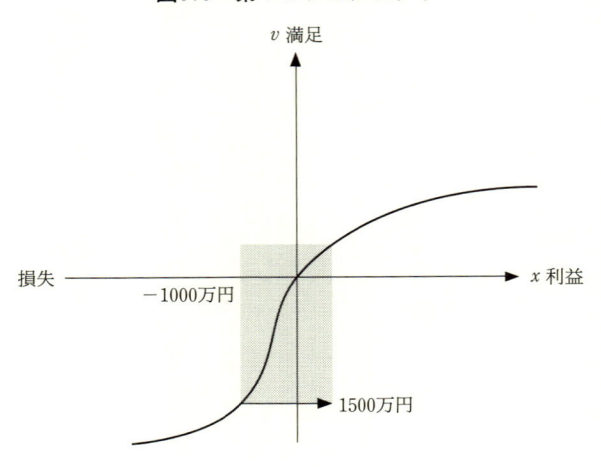

損失　−1000万円　　1500万円　　x 利益　　v 満足

図5.4 第2のプロジェクト

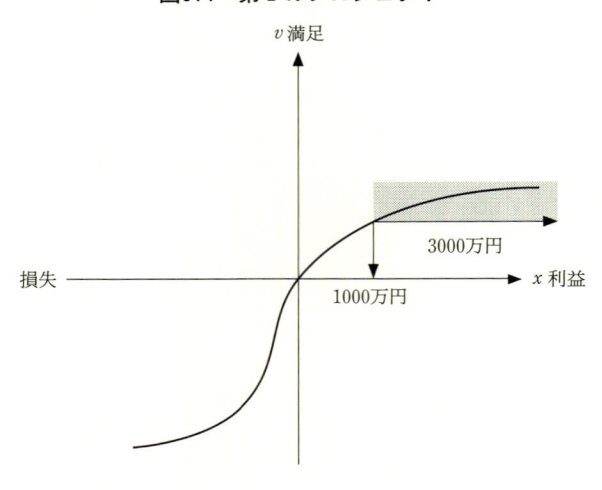

損失　1000万円　3000万円　x 利益　v 満足

2-2 心理会計

さて,明らかに貯金の一部を取り崩したほうが合理的であるにもかかわらず,われわれは非合理にも一方で子どもの教育費として0.1％の金利で貯蓄し続け,他方で金利3％で自動車ローンを組んでしまうことがある。このような人間行動の合理性を説明するのが,セイラーによって展開された心理会計の考え方である。この考えを説明してみよう。

プロスペクト理論にもとづいて,いま2つのビジネスを展開している企業経営者について考えてみよう。第1のビジネスから得られる予想外の成果をx_1,第2のビジネスから得られる予想外の成果をx_2とする。企業会計上では,これら2つの成果x_1とx_2を2つの分離した勘定で処理しようと,1つに統合した統合勘定で処理しようと,その値は図5.5のように同じである。

しかし,実際にはこの2つの成果x_1とx_2は,人間の心の中の価値関数$v(x)$をとおして主観的価値$v(x_1)$と$v(x_2)$に再評価され,心理勘定(mental account)のもとに処理されることになる。このとき,図5.6のように,2つの成果$v(x_1)$と$v(x_2)$を統合する心理勘定(統合勘定)のもとに処理したほうが心理的により価値が高く感じられる場合と,2つの成果を分離して処理するほう(分離勘定)が心理的により価値が高く感じられる場合がある。

このことを具体的に説明するために,たとえば,第1のビジネスで予想外の利益($x_1>0$)が発生し,第2のビジネスでも予想外の利益($x_2>0$)が発生

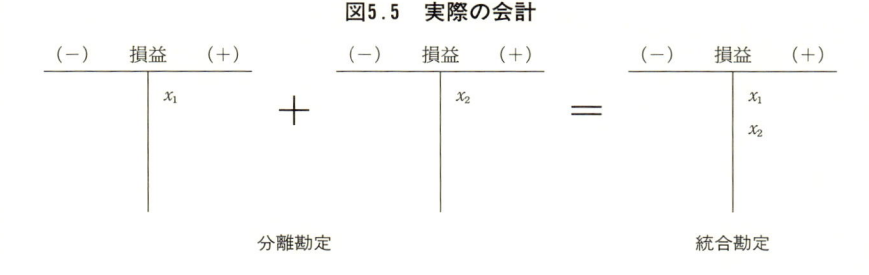

図5.5 実際の会計

(−) 損益 (+)		(−) 損益 (+)		(−) 損益 (+)
x_1	＋	x_2	＝	x_1 x_2
分離勘定				統合勘定

図5.6　心理会計

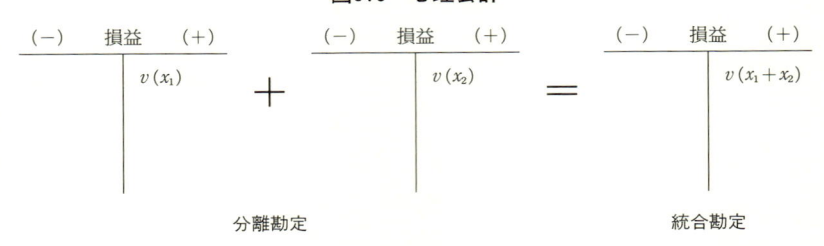

```
(−)　損益　(+)       (−)　損益　(+)       (−)　損益　(+)
     │ v(x₁)     +      │ v(x₂)     =      │ v(x₁+x₂)
     │                  │                  │
     │                  │                  │
     分離勘定                                統合勘定
```

している企業経営者の心理について考えてみよう。

　この場合，予想外の利益 x_1 から得られるプラスの心理的な価値 $v(x_1)$ は図 5.7 の点線の矢印の高さで表される。また，予想外の利益 x_2 から得られるプラスの心理的な価値 $v(x_2)$ は図の細い実線の矢印の高さで表される。したがって，予想外の利益 x_1 と予想外の利益 x_2 を分離した状態で得られるプラスの心理的な価値の合計 $v(x_1)+v(x_2)$ は，図の点線の矢印と細い実線の矢印を加えた高さとなる。

　これに対して，2つの予想外の利益の合計 (x_1+x_2) から得られるプラスの心理的な価値 $v(x_1+x_2)$ は図のグレーの実線の矢印の高さで表される。図5.7より，明らかにグレーの実線は点線と細い実線を加えた高さよりも低いので，$v(x_1+x_2) < v(x_1)+v(x_2)$ となる。つまり，

(1) 予想外の利益 ($x_1>0$) と予想外の利益 ($x_2>0$) が出た場合には，統合勘定で処理するよりも分離勘定で処理したほうが主観的価値が高くなる。

　したがって，この場合，2つのビジネスの成果 x_1 と x_2 の合計を最大化しようとするのではなく，それぞれのビジネスの成果をそれぞれ別勘定で扱い，それぞれを個別に最大化するように行動する可能性が高いといえる。

　この同じ方法で，別のケースを分析してみると，一般に以下のような帰結に導かれる（価値関数 $v(x)$ の図を用いて，以下のような結論が出るのかどうか，自分で試みてほしい）。

(2) 予想外の損失 ($x_1<0$) と予想外の損失 ($x_2<0$) が出た場合，分離勘定よりも統合勘定で処理したほうが主観的価値が高い。

(3) 予想外の小さな損失 ($x_1<0$) と予想外の大きな利益 ($x_2>0$) が発生した場合 ($x_1+x_2>0$)，分離勘定よりも統合勘定で処理したほうが主観

図5.7　価値関数と心理会計

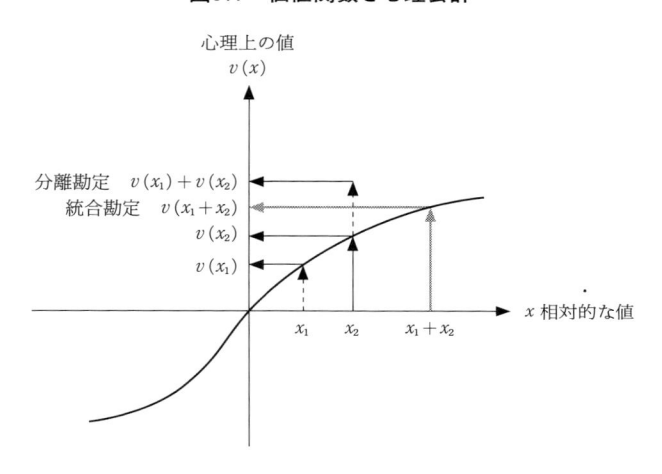

的価値が高い。

(4) 予想外の小さな利益（$x_1 > 0$）と予想外の大きな損失（$x_2 < 0$）が発生した場合（$x_1 + x_2 < 0$），統合勘定よりも分離勘定で処理したほうが主観的価値が高い。

このような心理会計の特徴を利用すると，以下のような販売戦略の問題に応用できる。いま，ある自動車のディーラーが250万円で自動車を販売しているとする。別のディーラーは同じ自動車を280万円で販売しているが，いろいろな割引サービスをつけるので，最終的には250万円になるとしよう。もし両者のディーラーから勧誘を受けたとすれば，消費者はどちらのディーラーから購入する可能性が高いか。

この場合，単純に計算すれば，両者の販売の仕方には本質的な差はない。しかし，心理会計的観点からすると，前者のディーラーは消費者に統合会計を展開させているのに対して，後者のディーラーは消費者に対して大きな損失と小さな利益を分けて与えることによって，消費者に分離会計を展開させ，より高い価値を感じさせていることになる。つまり，価値関数 $v(x)$ のＳ字の形状をイメージすれば，損失としての自動車の費用は，それぞれ-250万円と-280万円なので，図5.8のように消費者にとって主観的価値 $v(-250)$ と $v(-280)$ に大きな差は出ない。他方，利益は0円と30万円なので，図5.8

図5.8　2人のディーラーの心理会計

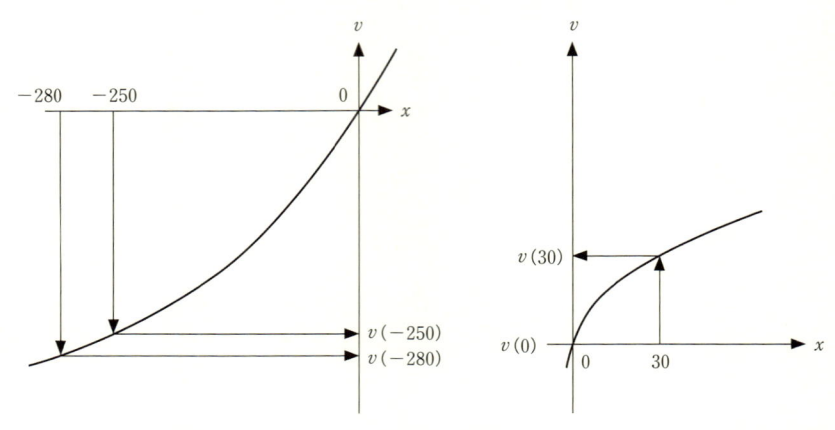

のように主観的価値 $v(0)$ と $v(30)$ に大きな差が出る。これは上記の(4)の状況であり，消費者に分離会計を展開させる後者のディーラーが消費者により高い満足を与えることになる。それゆえ，後者のディーラーから購入する消費者が多いことが予想される。

以上のように，限定合理的な人間の心理的バイアスを描き出す価値関数を用いると，一見，非合理にみえる人間行動も合理的なものとして説明することができる。

2-3　企業間関係への心理会計の応用

以上のようなプロスペクト理論にもとづく心理会計の考え方を利用すると，興味深い企業間取引関係が分析されうる。

いま，組立メーカーの代表者と部品メーカーの代表者が今後の取引をめぐって事前に取引交渉を行っているとしよう。今後の取引関係をめぐっては，毎回必要な量だけ取引し，その都度代金を支払う個別契約（市場的スポット契約取引）と，数年間包括的に取引する包括契約（長期取引契約）に区別できる。

ここで，部品を注文する組立メーカー側にとって，いま交渉に臨むにあたって市場的な個別契約取引と長期的な包括契約のどちらが心理会計的に好ましい

図5.9 組立メーカー側の心理会計

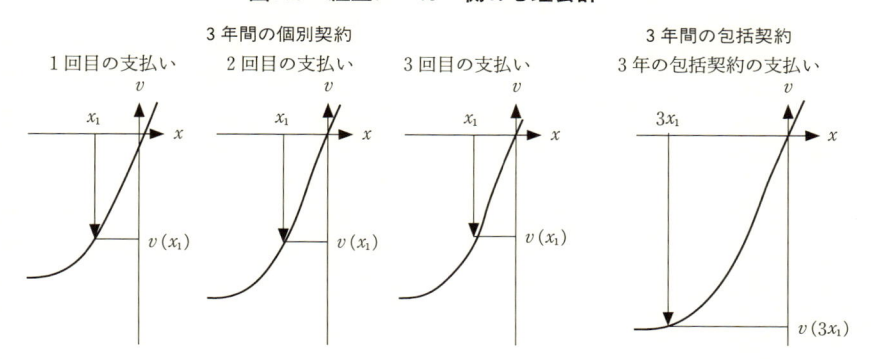

3年間の個別契約
1回目の支払い / 2回目の支払い / 3回目の支払い

3年間の包括契約
3年の包括契約の支払い

図5.10 部品メーカー側の心理会計

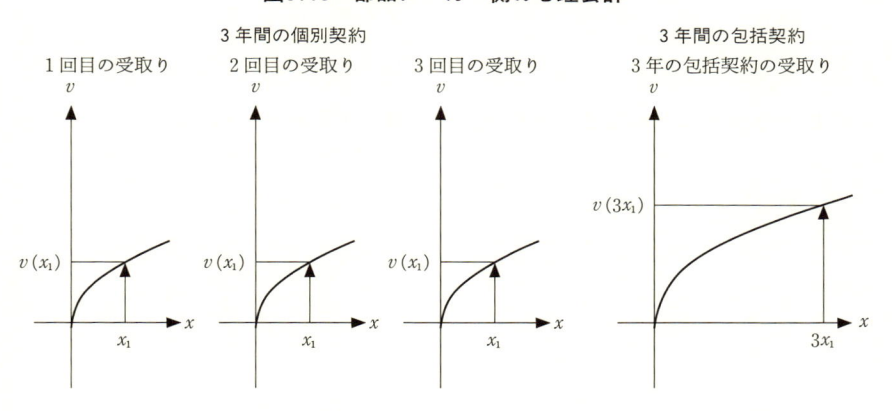

3年間の個別契約
1回目の受取り / 2回目の受取り / 3回目の受取り

3年間の包括契約
3年の包括契約の受取り

のかを考えてみよう。たとえば、以下の2つの契約について考えてみよう。

(1) 3年間に3回必要なときに必要なだけ部品を調達し、その都度代金を支払いたい（支払ってほしい）という個別契約。

(2) 3年間固定的に一定の部品量に対して一定の代金を支払いたい（支払ってほしい）という包括契約。

いま、図5.9の横軸を支払い金額 x とし、縦軸を心的価値 $v(x)$ とすると、組立メーカーの担当者にとって、図5.9のようにたとえ支払わなければならない金額が結果的に同じ額（$x_1+x_1+x_1=3x_1$）であっても、包括契約のほうが個別契約よりも価値関数にもとづく心的価値の損失感は小さいことがわかる。

2 行動経済学と企業間関係　259

つまり，代金を支払う側にとって個別契約による分離勘定 $v(x_1)+v(x_1)+v(x_1)$ よりも包括契約による統合勘定 $v(3x_1)$ のほうがより損失が少なく感じられることになる。これを，一般化すれば，組織内取引では統合会計がより徹底されるので，組立メーカーにとっては組織内取引が最も心地よい取引となることが予想される。

これに対して，他方，部品メーカーの代表は代金を受け取る側になる。この場合，図5.10のように，たとえ受け取る金額が結果的に同じ（$x_1+x_1+x_1=3x_1$）であっても，その都度，代金を受け取る個別契約が一括で代金を受け取る包括契約よりも心的価値は大きく感じられる。つまり，部品供給会社の担当者にとっては，統合会計 $v(3x_1)$ よりも分離会計 $v(x_1)+v(x_1)+v(x_1)$ のほうが心理的により高い価値をもつことになる。

ここで，もし組立メーカー側の交渉力が強いならば，両者の取引は長期的な包括契約あるいは組織化の方向にバイアスがかかるだろう。これに対して，部品メーカー側のほうが交渉力が強い場合には，市場的な個別契約の方向にバイアスがかかることになる。

以上のことから，市場取引か組織内取引かといったコースの選択問題は実は単純に取引コストの問題だけではなく，契約形態をめぐる心理的バイアスにも依存する可能性があるといえる。

練習問題

1 人間の心のバイアスを描くS字の価値関数の特徴について説明しなさい。
2 いま2つのビジネスを展開している経営者がいずれも予想外の損失を生み出しているとする。この場合，分離勘定よりも統合勘定で処理したほうが心的価値が高くなる。このことをS字の価値関数を用いて説明しなさい。
3 どのような場合，統合勘定にもとづく心理会計が展開されうるのか。具体的事例を用いて説明しなさい。

3

法の経済学と企業間関係

3-1 法と経済学アプローチとは

法と経済学の始まり　次に，法と経済学アプローチについて説明してみたい。法と経済学は，1960年代から70年代にかけてコース（Coase [1960, 1988]）やカラブレイジ（Calabresi [1970]）やポズナー（Posner [1973]）らの経済学と法律学の両分野に明るい研究者たちによって開発され，急速に発展した研究分野である。1991年にノーベル経済学賞を受賞したコースの受賞理由の1つが，この分野への貢献であった。今日，主要な米国のロースクールのほとんどで，「法と経済学（law and economics）」や「法の経済分析（economic analysis of law）」という名の講義が開講されている。

これまで独占禁止法や税法の分野では，経済学の知識が必要とされ，法律分野でも経済学が利用されてきた。しかし，それはあくまで例外的であって，基本的に経済学と法律学はほとんど無関係であった。一方で，経済学は効率性を追求する学問であり，他方で法律学は正義を実現する学問であると考えられており，しかも効率性と正義は必ずしも一致しないため，両者が両立するとは考えられていなかった。

この考えを覆し，伝統的法律分野に経済理論が適用できることを明らかにしたのが，法と経済学アプローチである。とくに，これまで正義の実現を理想として展開されてきたと思われてきた不法行為法や契約法などの伝統的な法律分野に，経済学を適用した点に，法と経済学の画期的な側面がある。以下では，

企業間取引に関連するポリンスキー（Polinsky [1989]）の取引契約をめぐる法と経済学アプローチの基本的考え方を紹介してみたい[3]。

契約は絶対に守るべきか

さて，一般に「契約は守らなければならない」ということはだれでも知っている。契約を破ることは正義に反する行為であり，契約を守ることこそが道徳的に正しい絶対的な規律と思われている。事実，歴史的には，契約を守れなかった債務者は債務奴隷にされた時代もある。そして，今日でも，不況の中，債務不履行の責任をとって自殺する経営者もいる。

しかし，法律的にいえば，「契約を守らなければならない」という命題は実はそれほど絶対的な命題ではない。たとえば，企業Aがある商品を企業Bに販売する契約を結んだとしよう。しかし，企業Aはこの契約を破って第三者である企業Cにその商品を売ってしまったとしよう。この場合，企業Aは契約を破ったために厳しい刑罰を科せられることはない。一般に，法律の世界では企業Aは企業Bに損害を賠償すればよい。

このように，民法では契約を守らせることを必ずしも絶対的なこととは考えていない。原則的に，損害賠償さえすれば，契約を破ることが許されている。しかも，相手が被った損失のすべてを必ずしも賠償する必要すらなく，強制履行もそれが可能な場合だけに限られている。

したがって，法律の世界では，論理的にいえば，もし損害賠償を行うことができるならば，契約は破ってもよいということになる。つまり，法律上，「契約を破る自由」がわれわれに認められている。しかし，なぜ，損害賠償さえすれば，契約を破ってもよいのか。

契約を破る自由の意味と企業間関係

法と経済学アプローチによると，契約を破るということは経済学的に効率的だからである。一般に，すべての人間は契約上起こりうるすべての状況を完全に明示できるほど合理的ではない。他方，人間は契約上起こりうる状況をまったく明示できないほど完全に非合理でもない。何よりも，人間は限定合理的で

---

3) 契約法をめぐる法と経済学アプローチの平易な説明は，小林・神田 [1986]，宍戸・常木 [2004] を参考にされたい。

あり，ある程度，契約上起こりうる条件を明示できる。それゆえ，限定合理的な人間世界では，契約は常に不完備なものとなる。

このような不完備契約を常に絶対的なものとして守らせると，場合によっては非効率な資源配分が発生する可能性がある。逆にいえば，効率的に資源配分するためには，状況によっては不完備契約を破る必要がある。

たとえば，ある製造業者がある小売業者と契約していたが，その価格よりも高い価格で商品の購入を強く希望する第三者が現れたので，契約を破って商品を第三者に売ったとしよう。この場合，本来の契約者である小売業者に損害賠償を支払ったとしても，第三者に売ったほうがなお利益があることを計算したうえで契約を破ることが一般的である。このような契約違反は，以下のように経済学的に効率的といえる。

まず，本来の契約者であった小売業者は損害賠償を受け取るので，彼の利得はゼロとなる。製造業者はより多くの利益を得る。そして，製品はより高く評価する第三者に，それゆえ製品をより有効に利用できる方法を知っているためにより高い値段でも買いたいと思っている人に製品が配分され利用される。このように，この契約違反によってより効率的な資源の配分と利用が起こることになる。

以上のように，人間は限定合理的であり，限定合理的な人間世界では契約は常に不完備契約となる。それゆえ，不完備契約を絶対的なものとして守らせようとすると，逆に非効率な資源配分が発生する。むしろ，損害賠償制度のもとに必要とあれば契約を破る自由を与えておくほうが，限定合理的な人間世界ではより効率的な資源配分に導かれることになる。

3-2 企業間取引をめぐる法と経済学アプローチ

2つの賠償責任ルール　さて，以上のような単純な考察から，損害賠償さえすれば，契約違反の自由を認めることが常に効率的な資源配分に導くかといえば，それほど簡単ではない。実は，損害賠償制度の内容しだいでは非効率な契約違反に導かれることもある。どのような損害賠償

制度が効率的な契約違反に導くのだろうか。

　論理的に単純化していえば，賠償責任制度は基本的に以下の2つに区別される。すなわち，契約違反した場合，違反者は相手の過去のみならず予見可能な将来の損害に対しても賠償責任を負うのか，あるいは過去の確定的な損害だけに限定して賠償責任を負うのかであり，論理的にそれ以外にありえない。

　これらのうち，(1)予見可能な未来の損害をも含めて賠償責任を問う賠償責任制度は「期待賠償責任（expectation remedy）」制度と呼びうる。それは，契約の履行によって得られると期待されていた同じ状態を賠償によって作り出すことであり，契約が実行されていたならば将来も含めて獲得していただろうと予見されうる期待価値を賠償する責任制度である。

　これに対して，(2)過去の確定した損失だけを賠償する賠償責任制度は「原状回復賠償責任（restitution remedy）」制度と呼びうる。それは，契約がなされたことを前提として契約遂行者に与えた便益に相当する額を回復させることであり，契約違反によって発生した過去の確定的な損害だけを賠償する責任制度である。

　これら2つの賠償責任制度のいずれがより効率的な資源配分に導くのか。このことを，以下のような単純な取引契約モデルを用いて考察してみよう。

　いま，小売業者Xがある製造業者と商品の購入契約を行い，事前に契約金として100万円を支払ったとする。そして，小売業者Xはその商品を140万円で消費者に販売できるものと予見しているとする。しかし，製造業者が小売業者Xに商品を引き渡す前に，第三者Yが直接その商品を100万円よりも高い値段で購入したいと申し出てきたとする。

　この場合，損害賠償責任制度が確立している世界では，製造業者は第三者Yが申し出る値段しだいで小売業者Xとの契約を破棄し，損害賠償額を払っても第三者Yと契約したほうがより効率的になる可能性がある。以下，損害賠償制度の違いによって，どのような結果が生まれるのかを考察してみよう。

効率的資源配分制度としての期待賠償責任制度

　まず，期待賠償責任制度について考察してみよう。この損害賠償責任償制度のもとでは，製造業者が小売業者Xとの契約に違反すれば，製造業者は小売業者Xに商品を販売して得られるはずであった期待収益140万円を賠償する必要が

ある。それゆえ，この制度のもとでは，小売業者Xは契約が実行されようと違反されようと，結果的に同じ期待収益140万円を得ることになる。これが期待賠償責任制度である。

ここで，もし後から購入を申し出た第三者Yが130万円で製造業者に商品購入を申し出たとするならば，製造業者は小売業者Xとの契約に違反しないだろう。というのも，製造業者にとって契約違反して得られる期待収益130万円よりも小売業者Xへの損害賠償額140万円のほうが高いからである。

この選択は，製造業者にとって効率的であることのみならず，社会的にも効率的な取引である。というのも，これによって理論的に社会的観点からしてより低く商品を評価する消費者に，それゆえ商品をより効率的に利用する方法を知らないために低い値段でしか購入できない消費者に商品が配分されないことを意味するからである。

しかし，もし第三者Yが期待賠償額140万円よりも高い値段で，たとえば150万円で商品の購入を申し出たならば，製造業者は小売業者Xとの契約に違反し，第三者Yと契約したほうが彼にとっては効率的となる。というのも，小売業者Xとの契約を履行すれば，製造業者の収入は100万円であるのに対して，契約違反して第三者Yに商品を渡せば，Xから事前に受け取っている100万円とYから受け取る150万円からXへの損害賠償額140万円を差し引いて残るのは，110万円だからである。つまり，製造業者にとって契約違反したほうが収入はより多くなる。

しかも，このような契約違反は社会的にも効率的である。というのも，この契約違反によって社会的にみてより高く商品を評価する人に，それゆえ商品をよりうまく利用する方法を知っている人に商品が配分され，利用されることを意味するからである。

このように，期待賠償責任ルールのもとでは，個人的のみならず社会的にも効率的な契約違反に導かれることになる。一般に，期待賠償責任制度のもとでは，期待賠償額が比較的高いために非効率な契約違反は抑制されることになるといえる。

非効率的資源配分制度としての原状回復賠償責任制度

これに対して、原状回復賠償責任制度のもとでは、人はどのように行動するのであろうか。この賠償責任制度のもとでは、もし製造業者が小売業Xとの契約に違反すれば、製造業者は小売業者Xから事前に受け取った契約金100万円を払い戻せばよい。

ここで、もし後で交渉してきた第三者Yが100万円よりも安い値段で商品購入を申し出たとすれば、製造業者は小売業者Xとの契約に違反しないだろう。というのも、この契約違反によって発生する損害賠償額のほうが契約違反によって得られる収入よりも大きいからである。

しかし、もし第三者Yが損害賠償額100万円よりも高いが、小売業者Xが商品に期待していた販売価格140万円よりも安い値段で、たとえば130万円で販売できると考えて120万円で商品購入を要求してきたならば、どうか。製造業者にとっては、小売業者Xとの契約に違反して第三者Yに製品を供給するほうが効率的となる。というのも、製造業者が契約違反しない場合、事前に支払われた100万円が収入であるのに対して、契約違反すれば、損害賠償額として事前に支払われた契約金100万円を小売業者Xに払い戻し、新たにYから120万円の収入を得ることができるからである。

しかし、この契約違反は社会的には効率的ではない。というのも、この取引によって商品はより安く評価する人に、それゆえよりうまく利用する方法を知らないために安い値段でしか購入できない人に商品が配分され利用されることを意味するからである。

このように、原状回復賠償制度のもとでは、人々は個人的には効率的であるが社会的には非効率な契約違反に導かれる可能性がある。つまり、この賠償責任制度のもとでは個人的効率性と社会的効率性が一致しない不条理な現象が発生する。一般に、このような賠償責任制度のもとでは、損害賠償額が少ないので、必要以上に契約違反が多発する可能性がある。

以上のように、法制度もまた経済効率性の観点から分析でき、この観点からすると、期待賠償責任制度が効率的な制度であるといえる。

練習問題

1 なぜ契約を破る自由があるのかを説明しなさい。

2 原状回復賠償制度のもとでは，なぜ非効率な契約違反が起こる可能性があるのかを説明しなさい。

3 期待賠償責任制度のもとでは，なぜ効率的な契約違反が起こる可能性があるのかを説明しなさい。

4

ゲーム理論と企業間関係

　ゲーム理論はフォン・ノイマン（J. von Neumann）によって開発され，1994年にナッシュ（J. F. Nash Jr.），ハルサーニ（J. C. Harsanyi），ゼルテン（R. Selten）がノーベル経済学賞を受賞し，さらに2006年にもシェリング（T. C. Schelling）とオーマン（R. J. Aumann）がノーベル経済学賞を受賞したという意味で，現代経済学の中心理論である。このゲーム理論を企業組織の問題に関連づけた研究として最もよく知られているのは，クレプス（D. M. Kreps）の名声の担い手としての企業論である[4]。以下，彼の議論を簡単に紹介してみたい。

4-1　企業間関係と囚人のジレンマ

　ゲーム理論で最も有名なゲームは，囚人のジレンマ・ゲームである。クレプスの議論はこれを基礎としているので，囚人のジレンマ・ゲームの説明から始めてみよう。
　いま，Bを相手にしてプレイするAを考える。図5.11のように，最初にAがBを信頼するかどうかを選択するものとする。もしAがBを信頼しなければ，AもBも利得はゼロとなる。しかし，もしAがBを信頼するならば，今度はB

---

[4]　クレプスの議論をめぐる平易な説明は，小田切［2000］を参考にされたい。また，ゲーム理論の平易な説明については，たとえば神戸［2004］，中山［1997］，Kreps［1990a］を参考にされたい。

図5.11 囚人のジレンマ

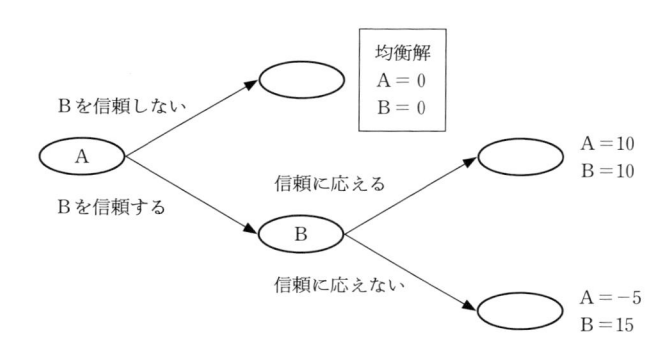

```
                  均衡解
   Bを信頼しない    A = 0
        ○         B = 0
       ↗
      A                      A = 10
       ↘    信頼に応える      B = 10
    Bを信頼する  ↗ ○
            B
             ↘  信頼に応えない
                ○            A = -5
                             B = 15
```

がこれに応えるかどうかを選択する権利を得る。そして，もしBがAの信頼に応えれば，AもBも10ドル得られる。しかし，BがAを裏切れば，Bは15ドル獲得し，Aは－5ドルとなる。

ここで，このプレイが1回だとすると，明らかにAはBを信頼しないだろう。というのも，もしBを信頼するならば，Bはその信頼に応えて10ドル得るよりもAを裏切って15ドルを得たほうが得するからであり，しかもこの場合，Aは－5ドルとなるからである。したがって，AはBを初めから信頼しないほうがよい結果になる。

しかし，この状態は，両者が信頼しあったときと比べると，明らかに悪い結果となっている。これが囚人のジレンマである。つまり，それぞれが合理的に行動したにもかかわらず，全体としては非効率な帰結に導かれるという状態である。

4－2　繰り返し企業間関係とジレンマからの脱出

さて，現実の企業の世界で，このように互いが信頼しないで抜け駆けするような現象が多く発生しているだろうか。実際には，両者が互いに信頼して取引を行うことがしばしばみられる。どのようにして，このジレンマから脱出できるのだろうか。

もしAとBの取引が1回限りではなく，何度も繰り返されるとすれば，どうだろうか。この場合，1回目に相手の信頼を裏切ると，次回は報復される可能性があると考えるだろう。このことを考慮して，もしAがBを信頼した場合，Bはどのように行動するだろうか。

　この場合，もしBがAを裏切るならば，Bは今回15ドルを得ることができるが，次回は，Aはその報復として信頼しないので，Bの利得はゼロとなる。これに対して，もしBがAを信頼すれば，Bは今回10ドルを獲得し，次回もAがBを信頼し，BもまたAを信頼すると，Bは10ドルを得るので，あわせて20ドルの利得を得ることになる。それゆえ，ゲームが繰り返される場合，相互に信頼して取引したほうがよいことになり，ジレンマから脱出できる可能性が出てくる。

　しかし，もしゲームが有限回しか繰り返されないならば，結果は1回限りのゲームと本質的には同じ結果になる。たとえば，もしゲームが2回しか繰り返されないならば，BはたとえAから信頼されたとしも，2回目以降のことを考える必要がまったくない。それゆえ，1回目は信頼したとしても2回目はAを裏切って15ドルを獲得したほうが有利となる。このことを，Aもまた考えるので，Aは初めからBを信頼しないだろう。したがって，ゲームが有限回ならば，結果は1回のゲームと同じ囚人のジレンマに陥ることになる。

　これに対して，もしこのゲームが無限に続くものとすれば，囚人のジレンマは解消される可能性がある。BはAを信頼し続けるほうが利得が多く得られるので，BはAを信頼しようとするインセンティブをもつことになり，両者の取引は可能になる。

4-3　1つの企業と多数の企業との取引関係とジレンマからの脱出

　さて，以上のような議論は，図5.12のように1つの企業Bと多数の企業群 A_t（$t=1, \cdots$）といった関係に応用しても結果は同じものとなる。

　しかし，今度は「繰り返しによる信頼」によってジレンマ問題は解決できない。というのも，ここではBは同じであるが，Aが取引ごとに変わるような取

図5.12　1企業と多数企業の取引

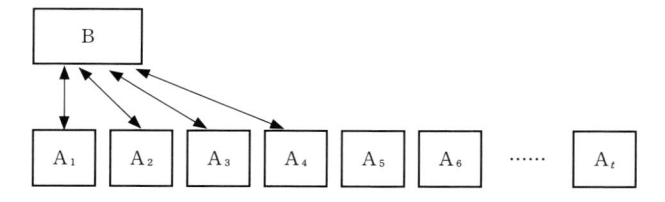

引関係だからである。この場合，新しいA_tがBとの取引を信頼すべきかどうかは，Bをめぐる「うわさ」や「評判」に依存することになる。それゆえ，Bはより有利な関係を維持するために「Bは相手を裏切らない」という「名声」や「ブランド」を形成するインセンティブをもつ。

　このような状況で，Bが無数のA_tとゲームを繰り返すというのはあまりにも非現実的であると思うかもしれない。もしBが人間であるならば，人間は有限な命しかないので，取引を無限に繰り返すことは不可能だからである。しかし，理論的にはBは人間である必要はまったくない。クレプスはBを企業組織であると考えた。もしBが企業組織であるならば，その所有者，経営者，従業員が時間とともに代わったとしても，理論的には企業組織自体は永遠に生き延びることができる。

　いま，AとBがともに企業だとすると，なぜある部品メーカーが，ある完成品メーカーが部品を購入し続けてくれるものと信じて，関係特殊な投資をするのかを理解することができる。また，なぜ消費者が，あるメーカーがブランドの名声を守るために欠陥品を生産販売しないことを信じて商品を購入し続けるのかも理解できる。このように，ゲーム理論にもとづくと，名声の担い手として企業組織が存在しうる。これがクレプスの考えである。

　さらに，クレプスはこの分析を進め，名声やブランドにもいくつかの種類があり，それは複数のナッシュ均衡によって理論的に証明されうる。企業は「相手を絶対に裏切らない」という名声を形成することもできるし，「相手を大抵は裏切らない」という名声を形成することもできる。どの名声に従うか。それはフォーカル・ポイント（焦点）として単純で内部整合性をもったものがよいのだが，それは企業が戦略的に決定することであり，それが企業文化になるの

4　ゲーム理論と企業間関係　**271**

だとクレプスは解釈した。

▶結　語

以上，組織の経済学の名のもとに，今後さらに発展していくと思われる有力なアプローチを紹介した。すなわち，進化経済学アプローチ，行動経済学（経済心理学）アプローチ，法と経済学アプローチ，そしてゲーム理論アプローチである。

これらの研究は，ゲーム理論を除いて，基本的に人間の限定合理性を仮定しており，そのような人間の特質が組織制度を含むさまざまな制度の発生や変化を生み出すことを説明する。また，一見，非合理にみえる人間行動や組織行動も偶然ではなく合理性にもとづく必然的な現象であることを明らかにする。

このような研究は今後ますます進展し，理論と実践が融合することになると思われる。これまで，一方で理論的であるが，実際には適用できず，ほとんど役に立たないといわれたアカデミックな理論研究が展開されてきた。他方，実際には役に立つが，理論的ではなく，アカデミックでもない研究がなされてきた。

しかし，本章で紹介した組織の経済学的研究は，取引コスト理論，エージェンシー理論，所有権理論と同様にいずれも理論的でありかつ実践的でもある。アカデミックなものは役に立ち，アカデミックでないものは役に立たない。本書で紹介したさまざまな組織の経済理論は，そんな時代が近い将来くることを予感させる理論群だといえるだろう。

練習問題

1. 囚人のジレンマとはどのような状態か。説明しなさい。
2. ゲームが有限回しか繰り返さない場合，1回限りのゲームと同じ結果になる。なぜか。
3. 名声の役割について説明しなさい。

第 5 章の参考文献

Calabresi, G. [1970] *The Costs of Accidents : A Legal and Economic Analysis*, Yale University Press.
Coase, R. H. [1960] "The Problem of Social Cost," *Journal of Law and Economics*, 3 : 1-44.
Coase, R. H. [1988] *The Firm, the Market, and the Law*, University of Chicago Press.（宮沢健一・後藤晃・藤垣芳文訳『企業・市場・法』東洋経済新報社，1992 年）
Douma, S. and H. Schreuder [1991] *Economic Approaches to Organizations*, Prentice Hall International.（岡田和秀・渡部直樹・丹沢安治・菊澤研宗訳『組織の経済学入門』文眞堂，1994 年）
Kahneman, D. and A. Tversky [1979] "Prospect Theory : An Analysis of Decision under Risk," *Econometrica*, 47 : 263-291.
神戸伸輔［2004］『入門 ゲーム理論と情報の経済学』日本評論社。
菊澤研宗［2006］「リーダーの心理会計」『ダイヤモンド　ハーバード・ビジネス・レビュー』2 月号，94-108 頁。
Kreps, D. M. [1990a] *Game Theory and Economic Modelling*, Clarendon Press.（高森寛・長橋透・大住栄治訳『ゲーム理論と経済学』東洋経済新報社，2000 年）
Kreps, D. M. [1990b] "Corporate Culture and Economic Theory," J. Alt and K. Shepsle (eds.), *Perspectives on Positive Political Economy*, Cambridge University Press.
小林秀之・神田秀樹［1986］『「法と経済学」入門』弘文堂。
中山幹夫［1997］『はじめてのゲーム理論』 有斐閣。
Nelson, R. R. and S. G. Winter [1982] *An Evolutionary Theory of Economic Change*, Havard University Press.
小田切宏之［2000］『企業経済学』東洋経済新報社。
Polinsky, A. M. [1989] *An Introduction to Law and Economics*, Little, Brown.
Posner, R. A. [1973] *Economic Analysis of Law*, Little, Brown.
宍戸善一・常木淳［2004］『法と経済学──企業関連法のミクロ経済学的考察』有斐閣。

多田洋介［2003］『行動経済学入門』日本経済新聞社。
Thaler, R. H. [1985] "Mental Accounting and Consumer Choice," *Marketing Science*, 4 : 199-214.
Vromen, J. J. [1995] *Economic Evolution : An Enquiry into the Foundations of New Institutional Economics*, Routledge.

組織の経済学に関する基本文献

1 取引コスト理論関係

Coase, R. H. [1988] *The Firm, the Market, and the Law*, University of Chicago Press. （宮沢健一・後藤晃・藤垣芳文訳『企業・市場・法』東洋経済新報社，1992年）

　この本は，取引コスト理論や所有権理論に関するコースの論文集です。取引コスト理論の原点といわれている論文「企業の性質」（Coase, R. H. [1937] "The Nature of the Firm," *Economica*, 4: 386-405）や「法と経済学」という新分野の先駆けとなった論文「社会的費用の問題」（Coase, R. H. [1960] "The Problem of Social Cost," *Journal of Law and Economics*, 3: 1-44）が含まれています。この本は，数学では表せないコースの英知であふれています。とにかく，時間をかけてじっくりと読むことを勧めます。

Williamson, O. E. [1975] *Markets and Hierarchies : Analysis and Antitrust Implications*, Free Press. （浅沼萬里・岩崎晃訳『市場と企業組織』日本評論社，1980年）

　この本は，ウィリアムソンの初期の取引コスト理論に関する論文集です。取引コスト理論を理解するためには，必須となる本です。この本は，ウィリアムソンが取引コスト理論を展開し始めたばかりの頃の本なので，彼がどのように取引コスト理論を発展させてきたのかを理解することができます。

Williamson, O. E. [1996] *The Mechanisms of Governance*, Oxford University Press.

　この本は，取引コスト理論を発展させ，コーポレート・ガバナンス問題やコーポレート・ファイナンス分野など多様な分野に応用したウィリアムソンの論文集です。非常にインプリケーションが多い本だと思います。

Williamson, O. E. [1989] "Transaction Cost Economics," Ch.3, R. Schmalensee and R. D. Willing (eds.), *Handbook of Industrial Economics*, Vol. 1, North-Holland.（和田哲夫訳「取引費用の経済学」『郵政研究所月報』1998年，5－6月号，131-149, 107-129頁）

この文献は，取引コスト理論の基本原理とその応用に関して，非常にコンパクトにまとめられており，取引コスト理論の全体像を知るにはよいと思います。しかし，ウィリアムソンの取引コスト理論をより深く知りたい場合には，上記のウィリアムソンの2つの著作を読むことを勧めます。

2　エージェンシー理論関係

Jensen, M. C. [2000] *The Theory of the Firm: Governance, Residual Claims, and Organizational Forms*, Harvard University Press.

この本は，実証的エージェンシー理論に関するジェンセンの論文集です。この論文集の中には，ジェンセンのエージェンシー理論に関する最も有名な論文, Jensen, M. C. and W. H. Meckling [1976] "Theory of The Firm: Managerial Behavior, Agency Costs and Ownership Structure," *Journal of Financial Economics*, 3: 305-360 が入っています。この本をじっくりと読んでみると，エージェンシー理論によって会計，ファイナンス，組織現象が幅広く分析できることがわかってきます。

Holmstrom, B. and J. Tirole [1989] "The Theory of the Firm," Schmalensee, R. and R. Willing (eds.) *Handbook of Industrial Organization*, Vol. 1, North-Holland.

この文献は，規範的エージェンシー理論を非常にコンパクトにまとめています。規範的エージェンシー理論に関する論文はとても多くあり，それらをすべてまとめている本はきわめて少ないと思います。この意味で，この文献は，この分野の研究全体を知るには非常にいいと思います。

3 所有権理論関係

Alchian, A. A. [1977] *Economic Forces at Work*, Liberty Press.

　この本は，アルチャンの英知あふれる論文集です。コースが序文を書いている点が非常におもしろいと思います。とくに，この本ではアルチャンの有名な所有権理論に関する論文，Alchian, A. A. [1965] "Some Economics of Property Rights," *Il Politico*, 30 : 816-829 が入っています。

Demsetz, H. [1988] *Ownership, Control, and the Firm: The Organization of Economic Activity*, Vol.1, Basil Blackwell.

　この本は，デムゼッツの所有権理論に関する論文集です。常識に絶えず挑戦しようとする彼の論文のスタイルは，非常に参考になると思います。この論文集の中には，所有権理論の原点の1つ，Demsetz, H. [1967] "Toward a Theory of Property Rights," *American Economic Review*, 57 : 347-359 が含まれています。また，バーリ゠ミーンズへの批判論文，Demsetz, H. and K. Lehn [1985] "The Structure of Corporate Ownership : Causes and Consequences," *Journal of Political Economy*, 93 : 1155-1177 も含まれています。これらの分野に関心をもつ研究者にとって，非常にエキサイティングな論文集だと思います。

Hart, O. D. [1995] *Firms, Contracts, and Financial Structure*, Oxford University Press.

　この本は，オリバー・ハートの有名な所有権理論の本であり，契約理論の原点といわれています。少し数学的ですが，契約理論に関心のある人は，この本を避けてとおることができないでしょう。また，このハートの著書に関して，デムゼッツによる批判的書評，Demsetz, H. [1998] "Review of Oliver Hart, Firms, Contracts, and Financial Structure," *Journal of Political Economy*, 106 : 446-452 もおもしろいので，ぜひ併読することを勧めます。

4　組織の経済学全体のテキスト関係

Milgrom, P and J. Roberts [1992] *Economics, Organization, and Management*, Prentice Hall.（奥野正寛・伊藤秀史・今井晴雄・西村理・八木甫『組織の経済学』NTT 出版，1997 年）

　組織の経済学関係の本の中で，最も有名なテキストの１つです。内容は非常に充実しています。ただし，取引コスト理論についての説明が若干少ないように思います。また，私の個人的な感想ですが，１人で読むには量が多いのでかなりつらいかもしれません。とくに，ミクロ経済学にふれたことのない人には，みんなで一緒に読むことを勧めます。それだけの価値ある内容の本だと思います。

Besanko, D. A., D. Dranove and M. T. Shanley [2000] *Economics of Strategy*, 2nd ed., John Wiley & Sons.（奥村昭博・大林厚臣監訳『戦略の経済学』ダイヤモンド社，2002 年）

　この本は，取引コスト理論，エージェンシー理論，そして所有権理論を数学をほとんど使わないで比較的わかりやすく説明し，応用しています。数学を使っていないために，逆にだらだらした感じもするという人もいます。そのような人は，上記のミルグロム＝ロバーツの『組織の経済学』と併用して読むとよいと思います。とくに，この本では，企業の境界問題が充実していると思います。

Douma, S. and H. Schreuder [1991] *Economic Approaches to Organizations*, Prentice Hall International.（岡田和秀・渡部直樹・丹沢安治・菊澤研宗訳『組織の経済学入門』文眞堂，1994 年）

　取引コスト理論やエージェンシー理論などをコンパクトに説明した本です。また，進化経済学に関する説明もあり，組織の経済学をめぐって幅広く知ることができます。ただし，この本では所有権理論についての説明がありません。

Eggertsson, T. [1990] *Economic Behavior and Institutions*, Cambridge

University Press.（竹下公視訳『制度の経済学——制度と経済行動（上・下）』晃洋書房，1996 年）

　新制度派経済学をまとめた本です。この本のおもしろいところは，ウィリアムソンの取引コスト理論を new institutional economics とし，所有権理論やエージェンシー理論を neo institutional economics と区別し，取引コスト理論を排除的に扱っている点です。後に，ウィリアムソンがこの区別を批判したため，エッゲルトソンは最終的に「制度の経済学」という名のもとに3つの理論を含めています。この本は，とくに所有権理論の説明が充実しているように思います。

Picot, A., H. Dietl, and E. Frank [1997] *Organization : eine ökonomishe Perspektive*, Schaffer-Poeschel Verlag.（丹沢安治・榊原研互・田川克生・小山明宏・渡辺敏雄・宮城徹訳『新制度派経済学による組織入門——市場・組織・組織関係へのアプローチ』白桃書房，1999 年）

　この本は，ドイツ人による組織の経済学のテキストです。取引コスト理論，エージェンシー理論，そして所有権理論が比較的バランスよく説明されています。ドイツでは，新制度派経済学に関して早い時期から関心がもたれ，体系的に整理しようとする研究者が多いように思います。また，この本をとおしてドイツ固有の企業組織の特徴についても学べると思います。

柳川範之 [2000]『契約と組織の経済学』東洋経済新報社。

　所有権理論やエージェンシー理論を中心とする最新の研究を非常にやさしく解説した本です。簡単な数学モデルを用いて，初心者でも読みやすくなっており，扱っている対象も非常に興味深いテーマが多いと思います。ただし，この本では取引コスト理論の説明はありません。

5　新しい組織の経済学アプローチ関係

進化経済学

　進化経済学の原点の1つが，Nelson, R. R. and S. G. Winter [1982] *An Evolutionary Theory of Economic Change*, Belknap Press です。また，現

在，進化経済学の研究が，アルチャンのダーウィン主義，ネルソン゠ウインターのラマルク主義，進化ゲーム論といった3つの方向に分かれていることをうまくまとめている本は，以下の文献です。Vromen, J. J. [1995] *Economic Evolution : An Enquiry into the Foundations of New Institutional Economics*, Routledge.

行動経済学

行動経済学に関しては，多田洋介 [2003]『行動経済学入門』日本経済新聞社，が，この分野を簡単な数学モデルを用いて基本的なことから最新の話題までをやさしく説明しています。カーネマンやセイラーたちの専門的な学術論文を読む前に読んでおくと，非常に役に立つと思います。また，この分野の中心人物であるセイラーの，Thaler, R. [1992] *The Winner's Curse : Paradoxes and Anomalies of Economic Life,* Prenceton University Press.（篠原勝訳『市場と感情の経済学——「勝者の呪い」はなぜ起こるのか』ダイヤモンド社，1998年）も非常に読みやすい内容となっており，役に立つと思います。さらに，行動経済学の応用分野としての行動ファイナス分野に関する文献としては，Goldberg, J. and R. von Nitzsch [2001] *Behaivioral Finance*, John Wiley & Sons.（眞壁昭夫監訳『行動ファイナンス——市場の非合理性を解き明かす新しい金融理論』ダイヤモンド社，2002年）などが，この分野についてやさしい説明をしています。また，心理会計と取引コストを結びつけてリーダーの行動を説明しようとした文献として，菊澤研宗 [2006]「リーダーの心理会計」『ダイヤモンド・ハーバード・ビジネス・レビュー』2月号：94-108頁，があります。

法と経済学

法と経済学分野でわかりやすいのは，ポリンスキーの教科書，Polinsky, A. M. [1989] *An Introduction to Law and Economics*, Little, Brown です。また，法と経済学に関する日本語の文献としては，個人的には，小林秀之・神田秀樹 [1986]『「法と経済学」入門』弘文堂，が非常に読みやすく，コンパクトにまとまっていると思います。最近では，宍戸善一・常木淳 [2004]『法と経済学——企業関連法のミクロ経済学的考察』有斐閣，などが非常にわかりやす

く，読みやすい本だと思います。

ゲーム理論

　ゲーム理論に関しては，たくさんの素晴らしい本がでていますが，最近の本では，神戸伸輔 [2004]『入門 ゲーム理論と情報の経済学』日本評論社，がエージェンシー理論や情報の経済学についても説明してあり，とても参考になると思います。また，高度な内容も含まれているといわれていますが，個人的には，中山幹夫 [1997]『はじめてのゲーム理論』有斐閣，の説明の仕方がシンプルでよい本だと思います。

索　引

《事　項》

●アルファベット

GM　　59, 217, 218, 219
IBM　　202
ISバンクAS社　　46
LBO　　76, 80, 162
M型企業　→事業部制組織
MBO　　111
MM理論　　154
MTU　　61
PL法　→製造物責任法
SBU　　38
SEC　→米国証券取引委員会
U型企業　→統合型組織
UMWA福祉年金基金　　137

●あ　行

あいまいな組織文化　　204
アドバース・セレクション　　95, 100, 154, 166
アフター・ケア制度　　98, 101
アメリカン・カン社　　69
委員会（等）設置会社方式　　120
威嚇点　　225
伊藤忠商事　　102
インセンティブ・システム　　109, 140, 144
インパール作戦　　169
売上高最大化仮説　　6
エージェンシー関係　　8, 94, 107
エージェンシー・コスト　　95, 154
　　自己資本をめぐる――　　156
　　負債をめぐる――　　159
エージェンシー問題　　95, 127
エージェンシー理論　　7, 8, 93
　　規範的――　　96, 140
　　実証的――　　95, 124, 154
エージェント　　94
エリサ法　　139

●か　行

会計検査制度　　100
階層組織構造　　136
外部性　　180, 233
　　――の内部化　　187
価格調整メカニズム　　15
学歴競争　　105
華人企業グループ　　44
ガダルカナル戦　　85
価値関数　　251, 258
ガバナンス制度（統治制度）　　30, 52
株式市場　　110
下　流　　52
環境問題　　183
監査役設置会社方式　　120
完全合理性　　19
感応度逓減　　251
カンパニー制　　47
完備契約　　221
管理範囲　　35
官僚制　　201
官僚（組織）文化　　202, 204
関連的多角化戦略　　62
機会主義　　7, 20
　　――的行動　　95
企業家企業　　194
企業集団　　40
企業成長率最大化仮説　　6
企業の意思決定プロセス　　132
企業の境界　　16, 52, 214
企業の行動理論　　4
企業の統合戦略　　216
企業文化　　271
技術的依存性　　53
技術的ノウハウ　　65, 71
期待賠償責任　　264
規範的エージェンシー理論　　96, 140
規模の経済　　70, 193

282

強制的契約　141
京都議定書　191
業務的意思決定　36
金　利　103
繰り返しによる信頼　270
グループ内取引　42
経営者支配の企業理論　6
経営者の効用最大化仮説　6
経営的意思決定権　133
経済心理学　250
契約の束　8, 107, 132, 155
契約を破る自由　262
系列取引　40
ゲーム理論　268
原状回復賠償責任　264, 266
限定合理性　3, 7, 19
公企業　197
行動経済学　250
後方統合　53
効用最大化　7, 19
国有企業　197
コースの定理　82, 185
国家資格　211
個別契約　258
コーポレート・ガバナンス　76, 107, 108
　株主による――　78, 80
　債権者による――　78, 79
　資金提供者による――　77
　ドイツ型――　121
　日本型――　199
　米国型――　117
コーポレート・コントロール市場　110
ゴミ問題　188
コロンビア・ピクチャーズ社　53
コングロマリット　63, 68
コングロメラト　44

● さ　行

最適資本構成　154, 160, 161
最適な所有権の規模　196
サイレント・パートナー　118, 119
錯綜した組織　134, 135
参謀本部制組織　34
残余コントロール権　215
残余請求権　132, 198

残余ロス　155
シアーズ社　143
ジェンセン=メックリング・モデル　131
事業部制組織　36, 219, 79
シグナリング　104
自己拘束コスト　130, 155
自己選択　105
自己統治　110
資源配分システム　23
　市場的な――　23
　組織的な――　16, 23, 24
　中間的な――　23, 40
　ハイブリッド型――　23
資産特殊性　20, 22, 54
市場取引コスト　17
実証的エージェンシー理論　95, 124, 154
支配権　198
支配的意思決定権　133
資本集約的な生産関係　200
資本ストック　245
社会的責任投資　191
ジャワ軍政　237
ジャンク・ボンド　80
囚人のジレンマ・ゲーム　268
ジョイント・ベンチャー　45
譲渡権　198
情報の非対称性の仮定　94
上　流　52
所有権　178, 179, 200
　――の帰属　205
　――の内容　206
　――の保有期間　206
　物的資産の――　215, 216
所有権構造　206
　堅固な――　207
　柔軟な――　207
　ドイツ型企業組織の――　211
　日本型企業組織の――　212
　米国型企業組織の――　208
所有権配分の正当性　206
所有権明確化政策　190
所有権理論　7-9, 177, 181, 187, 232
所有と支配の分離　5
進化経済学　244
新古典派経済学　2, 3, 14, 92

索　引　283

──による企業規模の決定　16
新所有権理論　214, 220
新制度派経済学　7
心理会計　250, 255
心理勘定　255
心理的バイアス　251, 258
　　契約形態をめぐる──　266
垂直的関係　52
垂直的統合　56-58
　　──に対する政府介入　28
水平的多角化　62
スクリーニング　104
スタンダード・オイル社　53
ストック・オプション　110
スポット契約　54, 57
製造物責任法（ＰＬ法）　98
制度派経済学　5
セカンドベスト解　144, 226
ゼネラル・モーターズ社　→ GM
前方統合　53
専門職人文化　202
戦略的意思決定　36
相互監視システム　136
組織的ノウハウ　65, 72
組織デザイン　30
組織内取引コスト　17
組織の経済学　9, 272
組織の所有権構造モデル　208
ソニー　47, 48, 53, 67
ソニー・コンピュータエンタテインメント　67
損害賠償制度　263
損　失　251
損失回避　251

● た　行

ダイムラー・ベンツ社　61
貸与図方式　41
大量虐殺　233
大量生産組織文化　201, 203
多国籍化戦略　70
タフト＝ハートレー信託　137
タフト＝ハートレー法　137
単純階層組織　34, 194
単純な組織　133, 134

チェボル　44
地代契約　143
チーム生産の理論　194
中間組織　40
　　──の行動原理　42
　　──の効率性　42
　　──のメンバーシップ　42
中間組織的な取引形態　24
中古車市場　100
長期取引契約　55
賃金契約　142
敵対的買収　110
出来高賃金契約　142
テレコム・イタリア・モバイル SpA 社　46
ドイツ型企業組織の所有権構造　211
ドイツ型コーポレート・ガバナンス　121
ドイツ型トップ・マネジメント組織　122
ドイツ企業の賃金制度　151
ドイツ共同決定法　122
ドイツの国民文化　203
統合型組織　35
統合勘定　255
投資インセンティブ　216
統治制度　→ガバナンス制度
土地所有制度　187
トップ・マネジメント組織
　　ドイツ型──　122
　　日本型──　118
　　米国型──　116
トヨタ自動車　60
取締役会の無機能化　86
取引コスト　8, 17, 77, 200
　　──を節約するガバナンス制度　23
　　資金調達をめぐる──　79
取引コスト節約原理　17, 20, 22
取引コスト理論　7, 8, 14, 52, 214
取引頻度　21
ドレクセル・バーナム・ランバート社　80

● な　行

内部化された世界　179
ナッシュ交渉解　224
日本型企業組織の所有権構造　212
日本型コーポレート・ガバナンス　119
日本型トップ・マネジメント組織　118

日本企業の賃金制度　151
日本の国民文化　204
日本の多国籍企業　73
年金基金　113
ノンバンク　167

● は　行

ハイブリッド型資源配分システム　23
ハイブリッド型取引関係　40
パートナーシップ企業（制）　193, 202
ハートの企業観　216
範囲の経済　63
ピア・グループ　31
　巨大化した――　33
ビジネス・グループ　45
人質　21
頻度　21
ファーストベスト解　144
ファンダメンタル・トランスフォーメイション　25
フィッシャー・ボディ社　59, 217-219
フォーカル・ポイント　271
不確実性　21, 54
不完備契約　214, 226, 263
複数エージェント・モデル　148
複数期間エージェント・モデル　148
不条理な（組織）現象　82, 165, 232
フランチャイザー　48
フランチャイジー　48
フランチャイズ制　48
ブランド・ネーム　66, 72
フリー・キャッシュ・フロー　161
フリー・ライダー　33
プリンシパル　94
プルーデント・マン・ルール　138
プロスペクト理論　250
分割不可能な専門化した物的資産　64
分社化　219
分離勘定　255
米国型コーポレート・ガバナンス　117
米国型トップ・マネジメント組織　116
米国企業の賃金制度　150
米国証券取引委員会（SEC）　116
米国組織の所有権構造　208
米国の国民文化　203

米国の多国籍企業　73
米国労使関係法　137
ペプシコ社　68
防衛医科大学校　105
包括契約　258
報酬制度　140
法と経済学　261
保証制度　101
ホールド・アップ問題　21, 56
ボルボ社　166
ボンディング　130
ボンディング行動　113
ボンディング・コスト　130, 155

● ま　行

マクドナルド社　48, 50, 146
マトリックス組織　37
見えざる手　15
見える手　16
三越事件　86
無関連的多角化戦略　63, 68
無形資産　70
名声の担い手　268
メイン・バンク（制）　113, 117, 118
メタ・ルーティン　245
持株会社　197
持株会社制度　39
モニタリング　129
モニタリング・コスト　98, 129, 154
モニタリング・システム　109
モラル・ハザード　57, 66, 95, 97, 127, 154, 166

● や，ら，わ行

ユニバーサル・バンク（制）　113, 114, 117, 121, 123
利益　251
利害の不一致の仮定　94
リスクに対する態度　144
リスク配分制度　140, 144
リーバイ・ストラウス社　142
ルーティン　200, 244, 246
　――の突然変異　247
レイオフ　101
レファレンス・ポイント　250, 251

レモン市場　　100
連帯責任制度　　235

労資共同決定企業　　199
ワーク・シェアリング　　101, 102

《人　名》

●ア　行

アカロフ（G. A. Akerlof）　　96
アルチャン（A. A. Alchian）　　7, 194
ウィリアムソン（O. E. Williamson）　　6, 7, 19, 25, 30, 31, 76, 214
ウインター（S. G. Winter）　　9, 244
ヴェブレン（T. Veblen）　　4
オーマン（R. J. Aumann）　　268

●カ　行

カーネマン（D. Kahneman）　　250
カラブレイジ（G. Calabresi）　　261
クレプス（D. M. Kreps）　　268
コース（R. H. Coase）　　7, 14-17, 183, 261

●サ　行

サイアート（R. M. Cyert）　　4
サイモン（H. A. Simon）　　3, 4, 19
シェリング（T. C. Schelling）　　268
ジェンセン（M. C. Jensen）　　7, 8, 95, 124, 132, 153, 161
ジョーンズ（G. R. Jones）　　199
スティグリッツ（J. E. Stiglitz）　　96
スペンス（A. M. Spence）　　96, 104
スミス（A. Smith）　　2
セイラー（R. H. Thaler）　　250, 255
ゼルテン（R. Selten）　　268

●タ　行

ティース（D. J. Teece）　　63, 70
デムゼッツ（H. Demsetz）　　7, 8, 186, 194, 196
トヴァースキー（A. Tversky）　　250

●ナ　行

ナッシュ（J. F. Nash, Jr.）　　268
ネルソン（R. R. Nelson）　　9, 244

●ハ　行

バーゼル（Y. Barzel）　　234
ハート（O. D. Hart）　　214, 220
バーリ（A. A. Berle）　　5, 8, 156, 196
ハルサーニ（J. C. Harsanyi）　　268
ピコー（A. Picot）　　198
ファーマ（E. F. Fama）　　7, 96, 132
フォン・ノイマン（J. von Neumann）　　268
ポズナー（R. A. Posner）　　261
ホフステッド（G. Hofstede）　　151, 202
ボーモル（W. J. Baumol）　　6
ポリンスキー（A. M. Polinsky）　　183, 262
ボルフ（B. Wolff）　　198
ホルムストローム（B. R. Holmstrom）　　96

●マ　行

マーシャル（A. Marshall）　　2
マーチ（J. G. March）　　4
マリス（R. Marris）　　6
マーリーズ（J. Mirrlees）　　96
ミラー（M. H. Miller）　　153
ミリケン（M. Milken）　　80
ミーンズ（G. C. Means）　　5, 8, 156, 196
メックリング（W. H. Meckling）　　7, 8, 96, 124, 153
モジリアーニ（F. Modigliani）　　153

●ラ，ワ行

レーン（K. Lehn）　　196
ロス（S. A. Ross）　　96
ワルラス（L. Walras）　　176

著者紹介

菊澤　研宗（きくざわ　けんしゅう）
　1957 年　生まれ
　1981 年　慶應義塾大学商学部卒業
　1986 年　慶應義塾大学大学院商学研究科博士課程修了
　1988 年　防衛大学校社会科学教室専任講師
　1993 年　ニューヨーク大学スターン経営大学院客員研究員
　1999 年　防衛大学校社会科学教室・総合安全保障研究科教授
　2002 年　中央大学大学院国際会計研究科教授
　現　在　慶應義塾大学商学部・商学研究科教授
　　　　　博士（商学），慶應義塾大学 1998 年

主要著作

『業界分析　組織の経済学』（編著）中央経済社，2006 年；『比較コーポレート・ガバナンス論』（第 1 回経営学史学会賞受賞）有斐閣，2004 年；『企業統治構造の国際比較』（共著）ミネルヴァ書房，2003 年；『組織の不条理』ダイヤモンド社，2000 年；『企業統治の国際比較』（共著）文眞堂，2000 年；『日米独組織の経済分析』文眞堂，1998 年；『コーポレート・ガバナンス』（編著）中央経済社，1995 年

組織の経済学入門──新制度派経済学アプローチ
Introduction to Organizational Economics: New Institutional Economics Approaches

2006 年 10 月 25 日　初版第 1 刷発行

著　者　菊　澤　研　宗
発行者　江　草　忠　敬
発行所　株式会社　有　斐　閣
　　　　〒101-0051
　　　　東京都千代田区神田神保町 2-17
電　話　（03）3264-1315〔編集〕
　　　　（03）3265-6811〔営業〕
　　　　http://www.yuhikaku.co.jp/
印　刷　株式会社暁印刷
製　本　株式会社明泉堂

© 2006, Kenshu KIKUZAWA
Printed in Japan

★定価はカバーに表示してあります。
落丁・乱丁本はお取替えいたします。

ISBN4-641-16277-8

Ⓡ本書の全部または一部を無断で複写複製（コピー）することは，著作権法上での例外を除き，禁じられています。本書からの複写を希望される場合は，日本複写権センター（03-3401-2382）にご連絡ください。